Alexander Pelkim

Unheilvolle Vergangenheit

Tatort: Iphofen

echter

Die Handlung und die handelnden Personen dieses Romans sind frei erfunden. Jede Ähnlichkeit mit toten oder lebenden Personen ist nicht beabsichtigt und wäre rein zufällig.

Der Umwelt zuliebe verzichten wir bei diesem Buch auf die Folienverpackung.

Bibliografische Information der Deutschen Nationalbibliothek

Die Deutsche Nationalbibliothek verzeichnet diese Publikation in der Deutschen Nationalbibliografie; detaillierte bibliografische Daten sind im Internet über ‹http://dnb.d-nb.de› abrufbar.

1. Auflage 2021

www.echter.de

Umschlag: Tobias Klose, Würzburg
Umschlagbild: Olaf Holland/Shutterstock
Satz: Crossmediabureau – https://xmediabureau.de
Druck und Bindung: PRESSEL, Remshalden

ISBN
978-3-429-05588-2 (Print)
978-3-429-05133-4 (PDF)
978-3-429-06517-1 (ePub)

Alexander Pelkim

Unheilvolle Vergangenheit

Inhalt

Wilderer

Hunger tut weh, ob im eigenen Magen oder beim Anblick der hungernden Kinder. Dies wurde Wilhelm Burgecker angesichts der jammernden und quengelnden Sprösslinge erneut schmerzlich bewusst. Die zwei kleinen Würmer, die litten, waren seine ein- und dreijährigen Söhne, Julius und Philipp. Der große hagere Mann rieb sich nachdenklich die Hände. Von dem wackeligen Stuhl aus, auf dem er saß, beobachtete er die Kleinen. Der Jüngste lag in einem geflochtenen Wäschekorb, schrie und weinte. Sein Bruder hockte auf dem blank gescheuerten Holzboden, kaute auf einer geschnitzten Holzfigur herum und stimmte zwischendrin immer mal wieder in das Geschrei mit ein. Wilhelm besann sich auf seine eigene Kindheit, in der oftmals Mahlzeiten ausfallen mussten oder das Essen zumindest so knapp war, dass ihre Mutter verzichtete, um den Kindern das Wenige zu überlassen. Sie war gezwungen betteln zu gehen, da sie zu einer sozialen Schicht gehörte, der nichts anderes übrig blieb, wollten sie und ihre Kinder überleben.

»Sag mir, wie ich die hungrigen Mäuler stopfen soll!« Eine Frau, den Arm voller Kleidungsstücke, betrat den Raum. Mit traurigen dunklen Augen und besorgtem Blick sah sie auf die beiden Kleinen, während sie die Kleidung auf den Tisch legte. Clara Zirner, die Mutter der Kinder, wirkte müde, niedergeschlagen und ratlos. Nachdenklich beobachtete Wilhelm seine gleichaltrige Partnerin. Sie war weiß Gott keine Schönheit und sah nicht wie Ende zwanzig aus, ging es ihm durch den Kopf. Dafür war sie fleißig und treu, und das zählte für ihn mehr als Aussehen. Zudem ließen das Leinengewand, die Schürze und ihr Kopftuch die Achtundzwanzigjährige wesentlich älter erscheinen. »Es ist nichts Essbares mehr im Haus außer einer harten, trockenen Brotkante.«

»Kannst du nicht vielleicht ...« Wilhelm zögerte und stammelte verlegen. »... den ... den Bauern ... ich meine wegen ein paar Kartoffeln ... es war doch eine gute Ernte und der Keller ist gefüllt.«

»Hast du vergessen, dass ich diesen Monat schon mal bei ihm war?«

»Ja, ja, aber ich bekomme frühestens am Monatsende wieder Lohn und das ist erst in knapp einer Woche, ich habe nichts mehr«, entschuldigte sich Wilhelm. »Er bekommt es ja wieder und außerdem helfe ich, sooft ich kann, unentgeltlich auf dem Hof und im Weinberg. Ist das etwa nichts? Dafür kann er sich doch wohl mit ein paar Kartoffeln erkenntlich zeigen«, knurrte Wilhelm leicht gereizt.

»Dafür darfst du kostenfrei mit hier drin wohnen.« Clara seufzte ergeben. »Ich kann es ja mal probieren, habe aber wenig Hoffnung.«

»Das nennst du wohnen?«, schimpfte Burgecker und machte eine ausladende Bewegung mit den Armen. »Diese baufällige Bruchbude, bei der durch sämtliche Ritzen der Wind pfeift und die Feuchtigkeit dringt?«

Was er meinte, war ein zweistöckiger Anbau im Fachwerkstil, der an die Stallungen grenzte. Die Fensterrahmen und Riegelfelder zeigten Spuren von Verwitterung und Abnützung, wobei durch Spalten, die nicht da sein sollten, das Tageslicht und die Witterung nach innen drangen. Zudem fand der Regen den Weg durch das schadhafte Hausdach, zu dessen Reparatur der Hausherr keinerlei Anstalten machte. Darin untergebracht waren die Bediensteten, die auf dem Hof von Ludwig Hollbein arbeiteten. Meistens handelte es sich um zwei Knechte und zwei Mägde – eine davon war Clara –, die das ganze Jahr über den Hof versorgten. Eng wurde es, wenn in dem Häuschen zusätzlich Tagelöhner untergebracht waren, von denen immer mal wieder welche auf dem Hof mithalfen, hauptsächlich in der Erntezeit. Nur die Hauswirtschafterin, die Ludwig Hollbein den Haushalt führte, seit seine Frau vor mehreren Jahren verstorben war, hatte im Haupthaus eine eigene kleine Kammer. Eine Ausnahme bildete auch Wilhelm Burgecker, der Lebensgefährte von Clara, der, obwohl er nicht auf dem Hof angestellt war, sondern als Steinbrecher im nahen Bruch arbeitete, vom Bauern geduldet wurde. Aber nur, weil der Hausherr auch einen nicht unbeträchtlichen Nutzen davon hatte. Für die kostenlose Mitbenutzung der Kammer half Wilhelm, sooft er konnte, auf dem Hof mit, legte im Weinberg Hand an, kümmerte sich wenn nötig ums Vieh und war sich auch für kleinere und größere Handreichungen nicht zu schade.

Auf Hollbeins Ackerflächen wuchsen Kartoffeln, Rüben und Getreide, in den Stallungen standen Pferde, Kühe und Schweine. Auf einer Wiese hinter dem Haus gackerten Hühner. Im angrenzenden Wasser des aufgestauten Bachlaufes tummelten sich Enten und Gänse unter munterem Quaken und Schnattern. Zudem hatte Ludwig Hollbeins Vater, als er den Hof von seinem Vater übernommen hatte, mit dem Weinbau angefangen und der Sohn hatte das Ganze tüchtig erweitert. Inzwischen nannte er mehrere Weinberge sein Eigen. Sein größter Stolz jedoch war, neben seiner allerliebsten Tochter Elisabeth, die Mitgliedschaft im Magistrat der Stadt Iphofen. Damit war er ein Entscheidungsträger über das Wohl und Wehe seiner Mitbürger. Zu Recht zählte Hollbein aufgrund seines Besitztums und seiner Position zu den angesehenen Bürgern des Städtchens Iphofen.

»Besorge uns etwas Besseres, wenn du kannst. Ich bin froh, ein Dach über dem Kopf zu haben. Oder willst du in einer der Armenwohnungen in den Stadttürmen und Torhäusern untergebracht werden?«, gab Clara zu bedenken.

»Ich weiß nicht, was besser ist, hier bei Hollbein wegen ein paar Lebensmitteln zu Kreuze zu kriechen oder dort von den zugeteilten Lebensmittelrationen zu leben. Zumindest bekommt man da Kartoffeln, Kraut, Rüben und dergleichen ohne zu betteln.« Was Burgecker damit meinte, war die Versorgung der Bedürftigen durch den Armenpflegerat der Stadt. Damit versuchte man die *»unterprivilegierten Bevölkerungsschichten«* – wie es im Amtsdeutsch hieß – vom Betteln abzuhalten, das zu dieser Zeit durch die allgemeine wirtschaftliche Situation weit verbreitet war.

Gerne hätte Burgecker Clara und den Kindern mehr geboten als dieses zugige, feuchte Loch, aber daran war ganz und gar nicht zu denken. »Aber vielleicht …«, überlegte Wilhelm, »… vielleicht ist der Bauer im Moment ein bisschen großzügiger als sonst …«

»Wie kommst du darauf?«

»Nun, man munkelt etwas von einer Hochzeit seiner Tochter mit Franz Joseph Dannemann, dem Sohn eines Magistratskollegen. Der junge Handwerksmeister soll eine gute Partie sein.«

»Na gut, ich spreche mit Hollbein, wenn ich mit der Stallarbeit fertig bin.« Clara seufzte resigniert. Sie hatte wenig Hoffnung auf Erfolg. »Aber so kann es doch nicht weitergehen. Wir haben immer wieder das gleiche Problem. Es langt hinten und vorne nicht, um uns und die Kinder satt zu bekommen«, meinte sie dann vorwurfsvoll.

»Was erwartest du? Was sollen wir …?«

Die Unterhaltung wurde unterbrochen, als sich die Tür öffnete. Herein trat ein junger Mann, von der Statur her genauso schmächtig wie Wilhelm Burgecker, aber gut einen halben Kopf kleiner als dieser. Das lange rotblonde Haar hing ihm bis auf die Schultern. Wegen der leicht stechenden Augen, dem etwas verschlagenen Blick und der spitzen Nase hatte er Ähnlichkeit mit einem Fuchs. Nie und nimmer hätte man ihn und den größeren dunkelhaarigen Wilhelm Burgecker für Brüder gehalten. Nicht nur äußerlich, auch vom Charakter her waren die zwei grundverschieden. Wilhelm wirkte, trotz seiner angespannten Lebenssituation, ruhig und freundlich. Ferdinand dagegen war der rastlose rebellische Taugenichts, der hier und da als Tagelöhner arbeitete und sich so durchs Leben schlug. Eigentlich waren er und Ferdinand Burgecker auch nur Halbbrüder, da jeder einen anderen Vater hatte, den die beiden aber nicht kannten. Den gemeinsamen Nachnamen hatten sie durch einen Knecht erhalten, der ihre Mutter geheiratet hatte und die zwei Jungen als seine Kinder anerkannte. Leider hielt die Ehe ihrer Mutter nur zehn Jahre, dann verließ der Stiefvater die Familie, ihre Mutter starb vor mehreren Jahren an Typhus. Seitdem waren sie auf sich alleine gestellt gewesen.

Beide waren schon in jungen Jahren durch Diebstähle mit dem Gesetz in Konflikt gekommen und dadurch mit »*verschärftem Arrest*« durch »*Entziehung warmer Kost und das Nachtlager auf bloßen Brettern*« bestraft worden. Während die Maßnahmen bei Wilhelm Wirkung gezeigt hatten und er sich eines Besseren besann, war Ferdinand weiter auf die schiefe Bahn geraten und erst vor Kurzem aus dem Ebracher Zuchthaus entlassen worden. Trotzdem hielt Wilhelm an seinem vier Jahre älteren Halbbruder fest und versuchte ihm zu helfen – bisher allerdings mit wenig Aussicht auf Erfolg.

»Was habt ihr für Probleme?«, fragte Ferdinand, der die letzten Worte Wilhelms mitbekommen hatte. Sein Blick richtete sich auf die quengelnden Kinder. »Geht es um eure Bälger?«

»He, rede nicht so von meinen Kindern!«, fuhr Wilhelm seinen Halbbruder an. »Verdammt, ja, sie haben Hunger und ich weiß nicht, woher ich etwas zu essen nehmen soll.« Dann wurde er kleinlaut. »Clara soll mal beim Bauern wegen ein paar Kartoffeln fragen.«

»Schon gut, ich habe es nicht so gemeint«, beschwichtigte Ferdinand, »ich mag die beiden doch auch.« Er überlegte kurz und trat zu Wilhelm hin, um ihm die Hand auf die Schulter zu legen. »Aber Kartoffeln und immer wieder Kartoffeln? Vielleicht sollten wir mal wieder auf die Jagd gehen.«

Wilhelm schüttelte den Kopf. »Du weißt doch, dass es inzwischen für uns verboten ist. Nur noch die hohen Herren und Grundbesitzer haben das Recht zur Jagd.«

Worauf Wilhelm Burgecker hinauswollte, war die Tatsache, dass bis vor zwei Jahren jeder die Niedere Jagd auf Reh, Hasen und Federwild ausüben durfte. Dann hatte man 1850 Jagdgesetze erlassen und nur noch Jäger und Grundbesitzer mit einer bestimmten Mindestfläche waren jagdberechtigt. Für alle anderen wurde das Erlegen der Wildtiere unter strenge Strafe gestellt.

»Papperlapapp, das interessiert mich nicht«, wehrte Ferdinand ab und deutete auf die beiden Kinder. »Willst du lieber deine Kleinen verhungern lassen? Was ist schon dabei, wenn wir uns ein oder zwei Hasen holen.«

»Und wenn wir erwischt werden?«

Mit bedeutungsvoller Miene meinte Ferdinand: »Dann lassen wir uns eben nicht erwischen. Wir gehen doch nicht zum ersten Mal auf die Jagd.«

»Ja, schon, aber es wird immer riskanter. Weißt du noch, wie wir gleich in dem Jahr, als das Jagdverbot in Kraft trat, zweimal dem Forstaufseher des Grafen nur knapp entgangen sind? Der hatte unsere Schlingfallen für die Hasen gefunden. Dass wir ihn entdeckt haben, bevor er uns gesehen hat, war reiner Zufall. Und dann das letzte Mal kurz vor deinem Haftantritt, der Gendarm, der uns beinahe erwischte. Du konntest gerade noch rechtzeitig den Rucksack mit den beiden erlegten Hasen im Gebüsch verstecken.«

Wilhelms Halbbruder lachte. »Siehst du. Das Glück gehört den Tüchtigen. Wir lassen uns nicht erwischen …«

»Ach ja, und warum bist du dann im Zuchthaus gelandet?«

»Das war etwas anderes, ich wurde verpetzt.«

»Man hat jetzt ein Auge auf dich. Du musst vorsichtig sein, sonst landest du gleich wieder hinter Gittern.«

»Und trotzdem«, meinte Ferdinand mit trotzigem Gesicht, »ich sehe nicht ein, warum das Wild nicht weiterhin auch für uns da sein soll. Diese verdammten Großkopferten sehen die Jagd als reines Vergnügen an, das sie mit niemand teilen wollen. Die müssen aber auch ohne die erlegten Tiere nicht verhungern. Was ist dagegen mit uns? Schau dir deine weinenden Kinder an … schreien vor Hunger … nichts zu beißen … und es wird nicht besser werden. Wilhelm, wach auf, du hast keine Wahl, wenn du nicht jedes Mal bei anderen zu Kreuze kriechen willst. Hast du immer noch deinen wahnwitzigen Traum, dich hier ansässig machen zu können und die Bürgerrechte zu bekommen?«, lachte Ferdinand bei dem letzten Satz ironisch. Worauf Wilhelms Halbbruder anspielte, war der begehrte soziale Aufstieg, auf die die verarmte Unterschicht wenig oder gar keine Chance hatte. Dazu fehlte es den Armen nicht nur an den nötigen Gulden für die Aufnahmegebühr. Als anerkannter Bürger genoss man Vorteile und hatte Rechte, die den Nichtansässigen verwehrt blieben.

Energisch schüttelte Wilhelm den Kopf. »Wir warten erst ab, was Clara bei dem Bauern erreicht.«

»Wie weit wirst du mit einer Hand voll Kartoffeln kommen? Ich sage dir, der Wald bietet uns Nahrung genug, holen wir sie uns.«

»Hast du im Zuchthaus nichts dazugelernt? Wie lange soll das gut gehen, bis sie uns erwischen? Es bringt nichts, sich aufzulehnen.« Dieses Mal war es Wilhelm, der sich erhob und seinem Halbbruder die Hand auf die Schulter legte. »Sieh es doch ein, das Gesetz hat den längeren Arm.«

Ferdinand streifte Wilhelms Hand ab und hob beide Arme, als Zeichen der Ergebenheit. »Gut, gut, ich habe verstanden. Dann leidet weiter zusammen mit euren Kindern Hunger.«

Die beiden Männer wandten sich einem anderen Thema zu und kurz darauf verschwand Clara zu ihrer abendlichen Fütterungsrunde.

»Sie ist eine alte Hexe«, ereiferte sich Clara, als sie zwei Stunden später wieder zurückkam.

»Von wem sprichst du?«

»Na, von wem wohl! Von Auguste Perlacher.«

Mit aufgebrachter Stimme nannte Clara den Namen der Haushälterin des alten Hollbein, einer in die Jahre gekommenen Jungfer, die sich nach Claras Einschätzung immer noch einbildete, nach dem Tod von Hollbeins Frau vor fünf Jahren bei dem Witwer landen zu können.

»Warum? Was hast du mit ihr zu schaffen?«

»Ich wollte zum Bauern wegen der Kartoffeln, aber der ist nicht da, also habe ich Auguste gefragt, ob sie mir eine Hand voll geben könnte. Sie hat mich zuerst wie ein Rindvieh angeglotzt und dann losgelegt: wie ich mich erdreisten könnte, wegen Lebensmitteln zu fragen. Ich würde doch für meine

Arbeit anständig entlohnt. Da könnte ja jeder kommen und den Bauern um Almosen anbetteln, ich sollte mich schleichen. Dabei hat sie getan, als wenn das alles ihr gehören würde. Wie ein Drache, der den Goldschatz bewacht, hat sie sich aufgeführt. Zum Glück kam das junge Fräulein, erkundigte sich, was denn los sei, und half mir.« Voller Hochachtung sprach Clara von Elisabeth Hollbein, der bildhübschen Tochter des Bauern, die das Gekeife der Haushälterin mitbekommen hatte. »Auguste hat ihr mit zänkischer Stimme alles berichtet. Elisabeth hat mich dann nach dem ›*Warum*‹ gefragt und ich habe ihr von den Kindern erzählt, dass sie Hunger leiden und wir nichts mehr haben. Da ist sie in den Keller und kam mit einer Schürze voll Kartoffeln zurück. Die Perlacherin hat noch ein bisschen gemault, aber Elisabeth hat ihr den Mund verboten und zu ihr gesagt: ›*Wenn ich etwas verschenke, geht dich das gar nichts an*‹.« Clara lehrte die Schürze auf dem Tisch aus. »Elisabeth ist eine gute Seele.«

Wilhelms Vorsatz, nicht auf die Jagd zu gehen, hielt genau vier Tage. Die letzten Essensvorräte waren aufgebraucht und das Hungerproblem stand wieder vor der Tür. Ferdinand brauchte nicht einmal viel zu tun, um die Meinung seines Bruders zu ändern. Selbst Clara, die Wilhelm schon mehrmals vor diesem Schritt abgehalten hatte, ließ es geschehen. Trotzdem konnte sie sich eine Bemerkung nicht verkneifen, die Ferdinand galt.

»Es ist nicht richtig, wenn du deinen Bruder zu etwas Ungesetzlichem verführst, aber … die Not zwingt uns dazu.«

Noch am gleichen Tag frühabends machten sich die Brüder auf den Weg, ihr Vorhaben in die Tat umzusetzen. Wilhelm immer noch mit sich hadernd, ob es die richtige Entscheidung war, Ferdinand zuversichtlich, mit dem Bewusstsein, der Obrigkeit ein bisschen schaden zu können. Wohlweislich hatte Ferdinand in den Tagen zuvor etliche Hasen- und Kaninchenbauten ausfindig gemacht. Als bevorzugtes Revier hatte er sich den Wald des Grafen von Rechteren-Limpurg-Speckfeld ausgesucht, in dem die verlassene und im Verfall begriffene Burg Speckfeld stand. Durch die Lange Gasse und das anschließende Stadttor verließen sie Iphofen. Vorbei am Zimmerplatz über den Kalbweg strebten sie dem Schießgrund zu, von wo aus sie bergaufwärts in den Wald eindrangen.

Die ganze Strecke über schritt Wilhelm mit einem mulmigen Gefühl im Bauch neben seinem Halbbruder her. Immer wieder sah er sich um und fixierte die Umgebung. Hochgradig nervös reagierte er auf jede Bewegung und auf jeden Laut. Dagegen wirkte Ferdinand locker und entspannt. Zielstrebig bahnte er sich schließlich den Weg durch den Wald. Mit traumwandlerischer Sicherheit fand er die Hasenbaue wieder. Ohne viele Worte gingen sie an die Arbeit. Erst in fast völliger Dunkelheit kehrten sie zurück, die Fallen waren gestellt.

Am darauffolgenden Tag wollten die beiden wieder losziehen. Es war Wilhelms freier Tag, Ferdinand arbeitete sowieso nur dann, wenn er Lust hatte, und das war selten genug. Schon früh an dem sonnigen Spätsommernachmittag machten sie sich auf den Weg zu ihrem Kontrollgang. Sie wollten nach den Schlingen sehen, die sie tags zuvor angebracht hatten. Erneut mussten sie sich in Acht nehmen, um nicht gesehen zu werden. Tatsächlich hatten sie Glück und in zwei ihrer Fallen hing ein Hase. Mit einem Klappmesser tötete Wilhelm die Tiere und ließ sie ausbluten, dann verstaute er sie in seinem Rucksack. Nachdem die Fallen wieder ausgelegt waren, machten sich die beiden auf den Rückweg. Sie waren noch im Wald, als sie

Stimmen hörten. Ferdinand wies seinen Halbbruder an, sich zu verstecken, während er nachschauen wollte, ob ihnen Gefahr durch Entdeckung drohte. Es dauerte zehn Minuten, da war Ferdinand wieder zurück.

»Wer war das?«, erkundigte sich Wilhelm nervös. Ihm war die Anspannung deutlich anzumerken.

»Unwichtig, niemand Besonderes«, winkte Ferdinand ab, »gib mir den Rucksack, wir gehen getrennt nach Hause. Sollte ich erwischt werden, so hast du wenigstens nichts damit zu tun.«

»Warum jetzt plötzlich diese Vorsicht?«

»Alleine fallen wir weniger auf und einer kann sich besser verstecken als zwei«, erklärte ihm Ferdinand, während er den Rucksack in die Hand nahm. »Wenn es dunkel ist, komme ich und bringe dir unsere Beute. Ich hoffe, ich bekomme auch ein Stück vom Hasenbraten«, grinste er und verschwand im Dickicht.

Erst zögernd, dann immer schneller strebte Wilhelm dem Waldrand zu, als er plötzlich mehrmals hintereinander einen Hilfeschrei hörte. Es klang, als wenn jemand in höchster Not wäre. Abrupt stoppte er und lauschte, aber es blieb still. Der junge Burgecker hörte nur seinen eigenen leicht keuchenden Atem, der von seinem hastigen Laufen gekommen war. Standen die Schreie mit seinem Bruder in Verbindung?, überlegte er. Sollte er zurückgehen und nachschauen? Sich dorthin wenden, wohin sein Bruder verschwunden war? Nein, das war nicht empfehlenswert, so seine Überlegung. Außerdem war er sich sicher, dass die Hilferufe nichts mit Ferdinand zu tun hatten, der konnte auf sich aufpassen. Er hatte auch nicht genau lokalisieren können, woher die Stimme gekommen war. Es war besser, sich weiter auf den Heimweg zu machen, entschied Wilhelm, sich um fremde

Angelegenheiten zu kümmern, war nie gut. Eiligen Schrittes ging er weiter. Kurz vor dem Waldrand blieb Wilhelm fast vor Schreck das Herz stehen, als plötzlich eine gebeugte Gestalt vor ihm auftauchte. Beinahe wäre er in sie hineingelaufen. Erst bei näherem Hinsehen entpuppte sich die Erscheinung als eine Person, die auf dem Waldboden etwas aufsammelte. Dann erkannte Wilhelm, wen er vor sich hatte. Die Person hob ihren Kopf, blickte in seine Richtung und kniff die Augen zusammen. Es war die halb blinde und halb taube betagte Minna Rathke, die ihn mit einem zahnlosen Grinsen und zusammengekniffenen Augen anstarrte. Sie schien etwas sagen zu wollen, aber Burgecker schritt eilig und kommentarlos an ihr vorbei. Normalerweise wäre Wilhelm nicht so stillschweigend vorübergegangen, aber irgendetwas sagte ihm, dass es besser war, nicht mit ihr zu reden. Vielleicht hatte sie ihn ja nicht erkannt, worauf er hoffte. Die alte Rathke war eine bedauernswerte Seele, die ihre städtischen Zuwendungen durch das Sammeln von Reisigholz aufbesserte, was von den Stadtvätern und den Waldbesitzern geduldet wurde. Einen Teil davon behielt sie als Eigenbedarf für den Winter, den Rest verkaufte sie für ein paar Kreuzer an die Bäcker im Ort und an Privatpersonen, die ihr die Holzbündel mehr aus wohltätigen Gründen abnahmen. War es kein Holz, so sammelte sie Pilze und Kräuter, die im heimischen Wald wuchsen und für die sie ebenfalls ihre Abnehmer hatte.

Mit erwartungsvollen Blicken wurde Wilhelm von Clara zuhause in Empfang genommen. Seine leeren Hände sorgten bei Wilhelms Partnerin für einen enttäuschten Gesichtsausdruck. Er beruhigte sie mit den Worten: »Wir hatten Erfolg, haben uns aber getrennt, Ferdinand hat die Beute.«

»Was ist passiert?«

»Nichts, mein Bruder hielt es nur für besser, dass wir uns auf dem Heimweg trennen.« Die Schreie im Wald erwähnte er nicht, da er Clara nicht verunsichern oder ängstigen wollte.

Mit dem letzten schwachen Schein des Tageslichtes tauchte Ferdinand mit dem Rucksack auf. Er öffnete den Sack und legte die beiden Hasen und ein Huhn auf den Tisch.

»Woher kommt denn das Federvieh?«, fragte ihn Wilhelm erstaunt.

Grinsend antwortete sein Bruder: »Es ist mir über den Weg gelaufen und plötzlich war es im Sack.«

»Mensch, Ferdinand! Wild zu jagen ist schon riskant genug, aber jetzt wirst du auch noch zum Hühnerdieb. Ich will keinen Ärger mit den Leuten hier im Ort.«

Mit unschuldiger Miene hob Ferdinand die Achseln. »Das Vieh lief alleine draußen vor der Stadtmauer herum. Wahrscheinlich hat es den Weg in den Stall nicht mehr gefunden. Wenn ich es nicht mitgenommen hätte, wäre es sicherlich vom Fuchs geholt worden.«

»Hoffentlich hat dich niemand gesehen.«

»Da kannst du sicher sein.«

Wilhelm nahm seinen Bruder auf Seite und fragte ihn flüsternd: »Hast du die Hilferufe im Wald auch gehört?«

»Ja, klar habe ich das.«

»Und, hast du etwas mitbekommen, wer das war oder was passiert ist?«

»Nein, keine Ahnung.«

»Da muss doch irgendein Unglück geschehen sein. Ich habe ein bisschen ein schlechtes Gewissen, dass ich den Rufen nicht nachgegangen bin.«

»Ach, in anderer Leute Angelegenheiten sollte man sich nicht einmischen.«

»Du bist gut«, meinte Wilhelm vorwurfsvoll, »da war vermutlich ein Mensch in Not.«

»Deine Reue kommt etwas spät«, entgegnete Ferdinand mit leichtem Sarkasmus. »Lass uns die Sache vergessen.«

*

Leider sollten die Brüder den Vorfall im Wald nicht so schnell vergessen können. Am übernächsten Tag verbreitete sich die Nachricht wie ein Lauffeuer durch Iphofen. Man hatte am Waldessaum, in einem Dickicht am Wegesrand, die Leiche des jungen Franz Joseph Dannemann gefunden. Der junge Mann hatte schon als vermisst gegolten, da er nicht von seiner Arbeitsstelle nachhause zurückgekehrt war. Sein Körper wies unzählige Hieb- und Stichverletzungen auf, die zum Tode geführt haben mussten. Nicht weit entfernt von der Leiche fand man eine kleine hölzerne Werkzeugkiste mit Handwerkerutensilien und daneben einen blutigen Stechbeitel und eine Axt voller Blutspuren. Die Untersuchungen ergaben, dass mit den beiden Werkzeugen aus Dannemanns Kiste die Tat begangen wurde. Weitere zwei Tage später standen Gendarmen vor Wilhelms und Claras Tür. Die alte Minna Rathke schien doch nicht so blind und taub zu sein, wie alle glaubten oder wie alle glauben sollten. Sie hatte überall herumgetönt, am besagten Tag jemand im Wald nahe des Tatortes gesehen zu haben. Natürlich wurden die Gesetzeshüter hellhörig und nahmen sie ins Gebet. Schließlich gab sie an, kurz nach den Hilfeschreien, die sie trotz ihrer angeblichen Schwerhörigkeit vernommen hatte, Wilhelm Burgecker gesehen zu haben. Dieser sei, laut ihrer Beschreibung, *»wie der leibhaftige Teufel«* an ihr vorbeigerannt. Da man die Übertreibungen der alten Rathke kannte, nahm man das mit dem Teufel nicht so ernst, aber die Aussage an sich schon.

Der Angeschuldigte war zuerst sprachlos hinsichtlich des Vorwurfes, beteuerte dann aber vehement, nichts mit der Tat zu tun zu haben. Sein Bruder Ferdinand stand ihm bei und bezeugte, *»dass sie nur im Wald gewesen seien wegen der Pilze und nichts und niemand etwas zuleide getan hätten«*. Da Wilhelm auch den Pfarrer als Fürsprecher hatte, der ihm, abgesehen von ein paar Jugendsünden, einen einwandfreien Leumund bescheinigte, wurde der Verdacht gegen Wilhelm fallen gelassen. Es gab keine weiteren Verdächtigen und so trat die Gendarmerie bei den Ermittlungen auf der Stelle.

»Gut, dass mir das mit den Pilzen eingefallen ist«, lachte Ferdinand, nachdem die Vernehmung beendet war, »sonst hätten sie bestimmt wissen wollen, warum wir im Wald waren. Ich habe mich daran erinnert, dass unser Stiefvater um diese Jahreszeit immer Pilze gesammelt hat.« Er kniff die Augen zusammen und überlegte. »Da war so ein komischer Name wie Bovist dabei … und natürlich Waldchampignons und anderes Zeugs.«

»Ich denke, wir sollten vorerst mal nicht mehr auf die Jagd gehen«, meinte Wilhelm Burgecker, dem hinsichtlich der Verdächtigungen die Knie geschlottert hatten. Aber der Drang zu überleben und den Kindern genügend Nahrung zu bieten, war stärker und so waren die beiden Halbbrüder schon zwei Wochen nach dem Ereignis wieder unterwegs.

*

Die Bluttat geriet langsam in Vergessenheit, als zwei Monate später ein weiterer Leichenfund in Iphofens näherer Umgebung für Entsetzen sorgte. Dieses Mal betraf es Gustav Herbrecht, den Jagd- und Forstaufseher des Grafen von Rechteren-Limpurg-Speckfeld, aus Markt Einersheim. Unweit der Stelle, an der der junge Dannemann im Spätsommer zu

Tode gekommen war, fand man den Leichnam des Aufsehers. Er war, ebenso wie das vorhergehende Opfer, mit zahlreichen Stichverletzungen ermordet worden. Aufgrund anderer Verletzungen am Kopf mutmaßte man, dass Gustav Herbrecht zuerst niedergeschlagen wurde. Vermutlich hatte man ihn dann mit einem Messer oder Ähnlichem brutal erstochen. Neben Herbrechts Gewehr fehlten eine wertvolle Taschenuhr und seine Geldbörse, weswegen zuerst von einem Raubmord ausgegangen wurde.

Tags darauf erschienen die Gendarmen erneut bei Wilhelm Burgecker. Dieses Mal nahmen sie ihn mit und beschuldigten ihn direkt, etwas mit dem Mord zu tun zu haben, da es einen Zeugen gebe. Der junge Georg Birkner, Spross eines angesehenen Großbauern aus der Nachbargemeinde Markt Einersheim, hatte sich gemeldet und ausgesagt, Burgecker am Tatort gesehen zu haben. Ein weiterer Zeuge wurde gefunden, der Wochen zuvor einen Disput zwischen Wilhelm Burgecker und Gustav Herbrecht mitbekommen haben wollte. Tatsächlich hatte der Forstaufseher ihn verdächtigt, gejagt zu haben, konnte es aber nicht beweisen, da Wilhelm keine Beute dabeihatte. Daraufhin hatte Herbrecht ihn gewarnt, dass er jetzt Augen und Ohren noch mehr aufhalten werde, um ihn zu erwischen. Jeder wusste, dass Herbrecht ein »*scharfer Hund*« war, der gegen Verstöße in seinem Revier rigoros vorging. Trotzdem habe er dem Bediensteten des Grafen nichts zuleide getan, versicherte Wilhelm den Gendarmen. Weder das Gewehr noch die Taschenuhr oder die Geldbörse wurden bei Burgecker gefunden. Dagegen fanden die Gendarmen bei der Durchsuchung des Anbaus, in dem Wilhelm mit Clara und den Kindern wohnte, in einem Schubfach der leeren Räume, die für Tagelöhner freigehalten wurden, ein blutiges Messer. Man erinnerte sich an den vorhergehenden Mord und Minnas

Aussage. Dieses Mal schenkten die Gesetzeshüter Burgecker keinen Glauben, als er erneut seine Unschuld beteuerte. Auch sein Bruder Ferdinand oder der ortsansässige Pfarrer konnten ihm in diesem Falle nicht helfen. Er wurde ins Untersuchungsgefängnis nach Windsheim überstellt.

Drei Monate nach der Inhaftierung war die Verhandlung am Schwurgerichtshof Ansbach. Durch den Messerfund, die bestehenden Zeugenaussagen von Minna Rathke und dem jungen Birkner sowie die nachweisliche Auseinandersetzung zwischen Wilhelm Burgecker und dem Jagd- und Forstaufseher Herbrecht war für das Gericht die Sachlage klar. Sowohl der getötete Franz Joseph Dannemann als auch Gustav Herbrecht hatten, laut Gericht, den Angeklagten beim *»Jagdfreveln«* ertappt, woraufhin Burgecker sie tötete, um nicht verraten zu werden. Wenig oder gar keine Berücksichtigung fand die Tatsache, dass man Herbrechts verschwundene Sachen bei Burgecker nicht gefunden hatte. Gewehr, Taschenuhr und Geldbörse blieben auch darüber hinaus unauffindbar. Das Schwurgericht war unerbittlich und erklärte den Angeklagten des zweifachen Totschlags und wegen seiner Uneinsichtigkeit – Wilhelm beteuerte bis zum Schluss seine Unschuld – für *»im vollen Maße schuldig«*. Zwar kam er um den Galgen herum, musste aber für das Höchststrafmaß von 20 Jahren ins Zuchthaus.

Seit seiner Gefangennahme verstand Wilhelm die Welt nicht mehr. Bis zum Schluss hatte er gehofft, dass sich alles als ein großer Irrtum herausstellen würde. Erst der Schuldspruch öffnete ihm endgültig die Augen. Jetzt erst wurde ihm so richtig bewusst, wo er die nächsten Jahre verbringen würde. Er bat seinen Bruder, sich um Clara und die Kinder – deren Wohlergehen seine größte Sorge war – zu kümmern in dem Bewusstsein, dass sein Halbbruder dafür eigentlich nicht der Richtige war.

Hatte der Verlust des Verlobten Elisabeth Hollbein schon schwer getroffen, so wurde die Tatsache dadurch verstärkt, dass der Täter unter ihrem Dach gewohnt hatte. Nur wenige Tage nach dem Schuldspruch legte der Bauer Clara nahe, die Stellung bei ihm aufzugeben. Zu sehr würde seine Tochter bei ihrem Anblick und dem ihrer Kinder an den Mörder ihres Liebsten erinnert. Da sie keine neue Anstellung bekam, siedelte Clara Zirner schweren Herzens in eine der Iphöfer Armenwohnungen um. Keiner wollte der Lebensgefährtin eines Mörders Arbeit geben.

Überraschenderweise nahm Ferdinand die Bitte seines Halbbruders – sich um Clara und die Kinder zu kümmern – durchaus ernst. Leider färbte die Verurteilung seines Bruders auch auf ihn ab. Mit dem Namen Burgecker bekam er nicht mal mehr als Tagelöhner eine Beschäftigung. Tagelang beratschlagte Wilhelms Halbbruder mit Clara über die neue Lebenssituation, bis ihm der Ausspruch eines Bauern, bei dem er um Arbeit nachgefragt hatte, die Idee lieferte. »Hier findet der Bruder eines Schwerverbrechers keine Arbeit mehr, am besten du wanderst aus.«

Auswandern – der Gedanke ließ Ferdinand nicht mehr los. Wochenlang besprach er mit Clara das Thema, redete auf sie ein, doch mitzukommen. Zuerst lehnte sie vehement ab, da sie auf Wilhelm, den Vater ihrer Kinder, warten wollte, bis der wieder aus der Haft entlassen würde. Als Ferdinand ihr die lange Zeit von 20 Jahren vor Augen hielt, begann sie sich langsam mit dem Gedanken vertraut zu machen. Aber wohin sollten sie auswandern? Für Ferdinand kam eigentlich nur Amerika in Frage. Er hatte schon einiges von dem Land *»mit den unbegrenzten Möglichkeiten«* gehört. Man könne ja wieder zurückkommen, wenn Wilhelm seine Strafe abgesessen habe, oder ihn nach Amerika nachholen, argumentierte Ferdinand.

So langsam nahm der Plan der Auswanderung Gestalt an und Clara war nicht mehr abgeneigt, nachdem sie bei der Arbeitssuche weiterhin nur Absagen und Ablehnung erfuhr. Nun blieb nur noch die Frage: Woher das Geld für die Überfahrt nehmen?

Überraschend erhielten sie Hilfe von der Stadt Iphofen. Der Magistrat unterstützte hin und wieder Auswanderungspläne und übernahm die Kosten der Bahnfahrt und der Schiffspassage. Man wollte damit soziale Spannungen entschärfen und die Armenkasse dauerhaft entlasten. So entschieden die Stadtväter – unter besonderer Fürsprache von Ludwig Hollbein – im Falle von Ferdinand Burgecker und Clara Zirner, ihr Vorhaben zu finanzieren. An einem nasskalten trüben Tag Anfang November des Jahres 1853 machte sich Ferdinand Burgecker zusammen mit Clara und den beiden Kindern auf den Weg. Zuerst mit dem Pferdewagen und dann mit der Bahn ging es Richtung Norden. Ihr Ziel war Bremen, von wo aus sie ihre Reise nach Amerika antreten wollten.

Ein letztes Mal hatte Clara alles darangesetzt, Wilhelm im Gefängnis besuchen zu können, bevor sie auf die große Reise gingen. Aufgrund ihrer sozialen und finanziellen Situation wurde es ein langer und beschwerlicher Weg bis nach Kaisheim ins Donau-Ries, wo Burgecker im dortigen Zuchthaus seine Strafe absitzen musste. Natürlich war er zuerst alles andere als begeistert, als er von den Auswanderungsplänen hörte. Ferdinand, der Clara begleitete, und auch Clara selbst schilderten ihm die schwierigen Lebensumstände in Iphofen, die sie seit seiner Verurteilung hatten. Trotzdem wurde es für Wilhelm schwer, zu akzeptieren, dass er seine Partnerin und seine Kinder womöglich nie mehr sehen würde, obwohl Ferdinand und Clara ihm versprachen, ihn nach der Entlassung nach Amerika nachzuholen oder zurückzukommen.

Beides Vorsätze, die schwer zu verwirklichen waren, wie sich nicht nur der inhaftierte Burgecker eingestehen musste. Es wurde ein wehmütiger Abschied von Wilhelm. Weniger Tränen weinten sie ihrer alten Heimat nach, als das Fuhrwerk über das Kopfsteinpflaster zum Tor hinausrumpelte.

Ein Todesfall

»Opa ist verunglückt! Ich glaube, er ist tot!« Mit diesen Worten stürmte ein schlanker junger Mann atemlos ins Zimmer. Die Worte galten einer älteren korpulenten Person hinter einem Schreibtisch. Der Mann erhob sich trotz seiner Körperfülle so schwungvoll, dass der Bürostuhl an die Wand knallte, stützte sich mit beiden Händen auf der Tischplatte ab und schaute den jungen Mann entsetzt an.

»Wie? ... Wo? ... Was ist passiert?«, stammelte er dann irritiert.

»Ich habe ihn im untersten Gewölbekeller gefunden. Er muss die Treppe hinuntergestürzt sein.«

»Hast du die Rettung gerufen?«

Aufgeregt nickte der junge Mann. »Ja, ja, selbstverständlich.«

Eilig kam der Ältere hinter dem Schreibtisch hervor. »Warte du im Hof, bis die Rettungskräfte kommen, und zeige ihnen den Weg, ich werde nach Vater sehen.«

Bei den beiden Männern handelte es sich um den derzeitigen Chef des bekannten Iphöfer Weingutes Birkner, Hermann Birkner, und seinen Sohn Stefan, der die schreckliche Nachricht überbracht hatte. Der Siebenundfünfzigjährige mit dem spärlichen Haarkranz und dem stattlichen Bauchumfang hastete aus dem Zimmer, gefolgt von seinem Sohn. Beide stürzten aus dem Haus und wandten sich nach verschiedenen Richtungen. Hermann rannte, so schnell es sein Alter und sein Körpergewicht zuließen, auf die Hallen zu und Stefan zur Hofeinfahrt, um das Sanitätsauto und den Notarzt in Empfang zu nehmen.

Mit Schwung riss Hermann Birkner die Hallentür auf und lief an einer Weinpresse, gestapelten Holzkisten, Behältern und Bottichen vorbei zum Treppenabgang, der in die zwei Stockwerke tiefen Gewölbekeller führte. Sich krampfhaft am eisernen Geländer festhaltend nahm er hin und wieder zwei Stufen auf einmal. Feuchtkalte Luft schlug ihm entgegen, als er sich abwärtsbewegte. Er beachtete weder die Edelstahltanks noch die im Weg stehende Filteranlage oder die Schläuche, die sich an den Tanks entlangschlängelten. Hier unten waren die Vorbereitungen für den Ausbau der Jungweine im Gange. Die einen Sorten lagerten in hochmodernen Tanks aus Edelstahl, andere in traditionellen Holzfässern. Birkner erreichte die Treppe, die in die zweite Gewölbeetage führte, und sah schon von oben seinen Vater liegen. Die verdrehte Körper- und Kopfhaltung ließ nichts Gutes erahnen. Hastig stieg er hinab. Laut keuchend erreichte er das untere Gewölbe und beugte sich über seinen Vater. Mit Zeige- und Mittelfinger suchte er dessen Schlagader am Hals zu ertasten, so wie er es vor Jahren mal in einem Rotkreuz-Kurs gelernt hatte, aber er konnte nichts erfühlen. Betroffen von der Tatsache, dass sein Vater vermutlich nicht mehr lebte, erhob er sich und atmete heftig aus. Viel Zeit zum Nachdenken blieb ihm nicht, als er von oben Stimmen und eilige Schritte hörte. Stefan Birkner tauchte auf, hinter ihm der Notarzt und zwei Sanitäter. Hermann und sein Sohn sahen sich schweigend an, während sich die Rettungskräfte um den Verunglückten kümmerten.

»Weiß es Mutter schon?«, fragte Hermann Birkner schließlich.

Stefan schüttelte den Kopf. »Vermutlich nicht, sie bereitet eine Weinprobe vor. Aber dass etwas passiert ist, war wegen der Sirene und dem Blaulicht nicht zu überhören.«

»Dann geh und informiere sie.«

Im selben Moment vernahm man Schritte von hochhackigen Schuhen im Gewölbe darüber. Das pausbackige Gesicht einer Frau, umrahmt von dunkelblonden schulterlangen Haaren, tauchte an der Treppe auf. »Was ist denn …? Ach herrje, Karl!«, rief sie entsetzt, nachdem sie die Situation erkannt hatte. »Ist er …?«

Bevor jemand antworten konnte, hob der Notarzt seinen Kopf und sah in die Runde. »Tut mir leid, da ist nichts mehr zu machen. Wahrscheinlich Genickbruch. Er muss sofort tot gewesen sein.«

Eine Etage höher ertönte ein Aufstöhnen. Schwiegertochter Waltraud lehnte mit kreidebleichem Gesicht an der Mauer, ihr Mann und ihr Sohn standen stumm und betroffen neben dem Leichnam.

»Wie ist es passiert, war jemand dabei?«, fragte der Notarzt.

Die beiden Männer sahen sich an und schüttelten einstimmig den Kopf.

»Als ich ihn fand, war weit und breit niemand zu sehen«, antwortete der junge Birkner.

»Ich habe auch keine Ahnung, was er so früh hier unten alleine wollte«, sagte Hermann Birkner.

Hermann stieg die Treppe hinauf und wollte seine Frau in den Arm nehmen, doch sie entzog sich seiner Umarmung und blickte ihren Mann vorwurfsvoll an.

»Ich sage die ganze Zeit schon, dein Vater gehört nicht mehr hier in den Betrieb. Außerdem hat er manchmal unsicher und verwirrt gewirkt. Es musste ja mal so kommen.«

»Quatsch!«, unterbrach ihr Mann sie. »Papa war fit. Der Betrieb war sein Ein und Alles und die Kellerführungen sein Steckenpferd. Das hätte ich ihm nicht nehmen können.«

»Aber vielleicht würde er dann noch leben«, entgegnete sie

vorwurfsvoll und stutzte dann. »Wieso Kellerführung? Ich denke, er war alleine?«

»Scheinbar schon.« Hermann zuckte mit den Schultern. »Aber er hat gestern Abend etwas von einer Kellerführung gebrummt. Leider habe ich nicht genau zugehört, da ich ein Telefonat hatte.«

Hermanns Sohn mischte sich ein. »Es kann aber doch niemand dabei gewesen sein, sonst wäre derjenige oder diejenigen doch da. Ich glaube kaum, dass jemand Opa alleine gelassen hätte.«

Nachdenklich nickte Stefans Vater. »Eigentlich hat er die Treppe auch nur noch genutzt, wenn er Besucher dabeihatte, ansonsten hat er den Aufzug genommen.« Schon vor rund 100 Jahren hatte der Großvater des jetzt verunglückten Karl Birkner nachträglich einen Lastenaufzug einbauen lassen. Damit wurden die Arbeit im Keller und der Transport schwerer Teile wesentlich erleichtert. Gerade in der zweiten Gewölbeetage lagerten die edlen Tropfen. Dort in der untersten Etage reiften besondere Weine, in der Hauptsache Rotweine in Eichenfässern, und andere alkoholische Getränke, wie Schnäpse, Brände und Liköre, heran. Ein Teil davon flaschenweise einzeln in Regalen aufgereiht oder in Kisten gestapelt, der Rest im Keller nebenan in Weinballons oder Holzfässern. Nicht umsonst war dieser Bereich Karl Birkners ganzer Stolz.

»Ich denke nicht, dass es heute Morgen passiert ist«, unterbrach der Notarzt die Diskussion zwischen Vater und Sohn.

»Wann denn dann?«

»Der Tod dürfte schon vor Stunden eingetreten sein.«

»Vor Stunden?«, fragte Hermann Birkner ungläubig. »Was bedeutet das?«

»Womöglich liegt Ihr Vater schon seit gestern Abend hier,

aber Genaueres kann nur ein Rechtsmediziner feststellen. Ich werde die Polizei verständigen.«

»Warum denn Polizei? Ist das notwendig? Das hier war doch ein Unfall, oder nicht?« Hermann Birkner dachte an das Aufsehen, wenn heute Uniformierte auf dem Anwesen hier auftauchten. Jeden ersten Samstag im Monat veranstaltete Birkner den *»Markttag im Weingut«* mit Weinproben, Kellerführungen und dem Verkauf seiner eigenen und anderer regionaler Produkte. Heute war dieser Tag und im Dezember war es nochmal etwas Besonderes, da sich der Markttag jedes Jahr an dem Adventswochenende in einen kleinen Weihnachtsmarkt verwandelte. Ab zehn Uhr sollten Tür und Tor geöffnet werden. Hermann sah auf die Uhr, noch nicht mal mehr eine Stunde bis dorthin.

Der Notarzt schüttelte nur den Kopf. »Tut mir leid, aber das ist meines Empfindens nach ein ungeklärter Todesfall und da sind wir angehalten, die Polizei hinzuzuziehen.«

*

Es war so ein trüber grauer Samstagvormittag, der gar nicht zu der vorweihnachtlichen Stimmung passen wollte und an dem man am besten im Bett blieb. Genau das plante Kommissar Rautner auch zu tun. Mit seiner neuesten weiblichen Eroberung unter der Bettdecke würde es bestimmt nicht langweilig werden. Das hatte Julianna, die brasilianische Studentin, in der Nacht schon eindrucksvoll unter Beweis gestellt. Chris sah zuerst auf die schlafende Bettnachbarin und dann auf seinen Chronometer. Es war zwar erst kurz nach acht Uhr in der Frühe, aber der Hunger hatte ihn wach werden lassen und für seine weiteren Vorhaben brauchte er neue Energie, so seine kurze Schlussfolgerung. Vorsichtig, um die junge Frau nicht zu wecken, erhob er sich und entschloss sich, den Tag mit einem ausgiebigen Frühstück im Bett zu beginnen. Eine halbe Stunde später kam er mit einem vollen Serviertablett ins Schlafzimmer. Er hatte sich richtig Mühe gegeben und alles aufgefahren, was sein Kühlschrank so zu bieten hatte. Gott sei Dank hatte er unter der Woche noch – auf Anraten und mit Hilfe seiner Mutter – mal wieder seine Vorräte aufgefüllt. Leider hatte er keine Ahnung, was eine Brasilianerin so aß, so konnte er nur hoffen, dass auch was Essbares für sie dabei sein würde. Auf dem Tablett dampften zwei Tassen frisch gebrühter Kaffee, ein Teller voll Rühreier mit Speck, mehrere Scheiben Toastbrot, alternativ hatte er Käse, Marmelade, Müsli und Obst anzubieten. Kaffee- und Speckgeruch ließen die dunkelhäutige Schönheit erwachen. Aus tiefbraunen, fast schwarzen, halbverschlafenen Augen sah sie Chris erwartungsvoll an. Bei diesem Blick und dem Anblick des perfekten textilfreien Körpers konnte er sich nur schwer auf sein Frühstückstablett konzentrieren, das er mitten im Bett platzierte. Ein betörendes Lächeln, ein heißer Kuss und dann machte sich Julianna über die Rühreier her, sodass Chris sich beeilen musste, seinen Anteil zu bekommen. Nach den Eiern vertilgten sie den Käse und zum Schluss folgte noch ein Marmeladenbrot.

Gerade hatte Chris das Tablett auf den Fußboden gestellt, um sich wieder den *»äußerst angenehmen Dingen«* – wie Chris es nannte – zuzuwenden, als es an der Tür Sturm klingelte. Sein erster Gedanke war, das Läuten zu ignorieren, aber der Ton war penetrant und wollte nicht enden. »Wehe, es ist nichts Wichtiges«, fauchte er genervt, stand auf und zog sich etwas über. In Unterhose und Shirt ging er zur Wohnungstür. Sein Blick durch den Spion ließ ihn erkennen, wer der Störenfried war.

»Hallo Christoph, komme ich ungelegen?«, erkundigte sich eine weibliche Stimme mit unverschämtem Grinsen, als er die Tür öffnete. Die junge Frau drängte sich durch die Tür in den Flur. »Du gehst nicht an dein Handy und dein Telefon hörst du auch nicht. Scheinst ja wieder ein ereignisreiches Wochenende anzupeilen.« Der provokante Kommentar kam von seiner Kollegin Jasmin Blume, die ihn dabei von oben bis unten musterte. Immer wenn die Kommissarin ihren Kollegen ärgern wollte nannte sie seinen korrekten Vornamen, was dieser nicht ausstehen konnte, da ihn alle Welt nur als ›*Chris*‹ kannte und er auch so angesprochen werden wollte.

»Oh tatsächlich, ich habe vermutlich beides stumm gestellt«, brummte Rautner daraufhin missmutig, »aber so wie es aussieht, nützt mir das auch nichts.« Jasmin wollte weitergehen, aber Rautner versperrte ihr demonstrativ den Weg und knurrte gereizt: »Ich habe Besuch, wenn du verstehst, was ich meine.«

Mit gespieltem Bedauern meinte sie: »Ach, das ist aber ärgerlich.« Jasmins Aufmerksamkeit wurde abgelenkt. Chris' Besuch bewegte sich nackt mit aufreizender Gelassenheit vom Schlafzimmer ins Bad. »Dein privates Vergnügen musst du jetzt leider abbrechen, wir haben Arbeit«, eröffnete sie ihm mit einem spöttischen Tonfall in der Stimme.

Ein leises »Sch…« war sein einziger Kommentar, dann wurde er sachlich. »Was ist passiert?«

»Ein Todesfall in Iphofen. Die Sachlage ist nicht ganz klar und so hat der Notarzt die Polizei verständigt.«

»Ich mach mich fertig. Bin sofort zurück.«

Chris verschwand im Bad, wie kurz zuvor sein weiblicher Übernachtungsgast auch. Er wollte retten, was noch zu retten war. »Sorry, mein Job ruft mich. Bist du noch da, wenn ich zurückkomme?«, erkundigte er sich mit einem Kuss in Juliannas Nacken.

»Wann du zurück?«, fragte sie in gebrochenem Deutsch.

Er zuckte hilflos mit den Schultern. »Kann ich nicht sagen.« Während er sich anzog, fragte sie: »Glaube nicht, was ohne dich hier alleine? Besser nachhause.«

»Okay, ich rufe dich wieder an.« Chris nickte und betrachtete sich im Spiegel. Er strich mit den Fingern durchs Haar und begutachtete seinen Drei-Tage-Bart, der auf eine Rasur noch warten musste. »Mach bitte die Tür hinter dir richtig zu, wenn du gehst.« Ein letzter sehnsüchtiger Blick auf Juliannas Körper, die sich anschickte unter die Dusche zu gehen, dann verließ er fluchtartig das Badezimmer.

Verdammt, verdammt, verdammt, fluchte er in sich hinein. Bei solchen Gelegenheiten überkam ihn immer mal wieder die Überlegung, seinen Job zu wechseln, etwas mit geregelter Arbeitszeit anzustreben, aber nichtsdestotrotz liebte er seinen Beruf und die damit verbundenen Aufgaben. Seufzend ergab er sich in sein Schicksal und das hieß eben, Opfer zu bringen.

Seine Kollegin stand immer noch wartend im Flur und grinste breit beim Anblick seines Gesichtsausdruckes. Sie wusste genau um Rautners Stimmungslage. Irgendwie konnte sie ihn ja auch verstehen. Ihr würde es sicherlich ähnlich ergehen, wenn Jan da wäre und sie zum Dienst müsste.

»Dienstwagen oder Mini?«, fragte Chris im Treppenhaus. Das einzige Dienstfahrzeug für ihre Abteilung wurde fast ausschließlich von Rautner benutzt. In Zeiten von Sparmaßnahmen und Etatkürzungen hatte auch die Abteilung der Würzburger Mordkommission unter Fahrzeugmangel zu leiden. Daher hatten sich ihr Chef, Hauptkommissar Habich, und die Kommissare Blume und Rautner darauf geeinigt, dass Rautner den Dienstwagen nutzte und er sowie Jasmin ihre Privatwagen.

»Den Mini, ich stehe eh im Halteverbot.«

»Nichts Neues bei dir! Weiß Theo schon Bescheid?«

Jasmin sah in nachdenklich von der Seite an. »Irgendwie bist du verplant. Liegt das an deiner neuen Flamme?«

»Was ist los mit dir, bist du neidisch?«, konterte Chris.

»Nee, weiß Gott nicht, aber wenn du noch nicht mal mehr weißt, dass Theo dieses Wochenende in seiner alten Heimat ist, dann mache ich mir schon so meine Gedanken.«

»Ach, stimmt ja. Da war doch etwas mit Geburtstag.« Rautner kratzte sich am Kopf.

Der, von dem sie sprachen, war ihr Chef, Hauptkommissar Theo Habich, der Leiter des Teams. Ein ehemaliger Halbschwergewichtsboxer aus Frankfurt am Main, der durch seinen Sport und seinen Beruf nach Würzburg gekommen war und sich in die Stadt und die Region verliebt hatte. Seit dieser Zeit zog es ihn, wenn überhaupt, nur noch zu besonderen familiären Anlässen in die hessische Metropole.

»Genau! Sein Onkel, ich glaube, es ist der Bruder seiner Mutter, wird 80 Jahre alt.«

»Dann bin ich ja als Dienstältester sein Stellvertreter«, grinste Rautner, »und dir weisungsbefugt.«

»Bilde dir bloß nichts ein«, entgegnete Jasmin, die drei Schritte vor ihm lief und die Außentür vor seiner Nase zufallen ließ.

»Hat nichts mit Einbildung zu tun«, belehrte sie ihr Kollege und ignorierte die Provokation mit der Tür, »Ordnung muss sein und Rangordnung eben auch.«

Kommissarin Blume öffnete mit der Fernbedienung ihren Wagen, setzte sich hinters Steuer und rief. »Also gut. Komm endlich ins Auto … Chefchen!«

Demonstrativ stöhnend zwängte sich Rautner in den kleinen Wagen und Jasmin gab Gas. Der Wagen schoss von der schraffierten Fläche auf die Fahrbahn.

Chris hielt sich mit der rechten Hand am Haltegriff fest und fragte: »Wissen wir schon Näheres über den Todesfall?« Eine Bemerkung über Jasmins Fahrstil verkniff er sich, es hätte nur wieder zu einer unnötigen Diskussion geführt und nichts an ihrer Fahrweise geändert.

»Wenn ich es richtig verstanden habe, geht es um einen Treppensturz mit Todesfolge in einem Weingut, aber mehr weiß ich auch nicht.«

Der Rest der Fahrt verlief schweigsam. Jasmin konzentrierte sich auf den Verkehr und Chris trauerte dem ganz anders geplanten Wochenende nach.

Gut zwanzig Minuten später passierte Jasmins Mini die beiden geschmückten Tannenbäume an der Zufahrt zu Iphofens Altstadt, die Einheimische und Besucher an das bevorstehende Weihnachtsfest erinnern sollten, und rumpelte anschließend über das Kopfsteinpflaster. Sie fuhren stadteinwärts, vorbei am Hotel Zehntkeller, einem historischen Gebäude, das seit Mitte des 16. Jahrhunderts als Gerichtsgebäude – das sogenannte »*Zentgericht*« – gedient hatte, bevor es dann irgendwann später seine jetzige Bestimmung erlangte.

»Jetzt müssen wir hier abbiegen«, bemerkte Jasmins Beifahrer, als ein Gotteshaus ins Blickfeld kam, die Kirche »*zum Heiligen Blut*«. Ein durchaus geschichtsträchtiges Gebäude, dessen Ursprung – basierend auf einem Blutwunder nach einer Hostienschändung – um 1300 als Kapelle »*zum Heiligen Grab*« begann und die bald darauf Ziel zahlreicher Wallfahrten wurde. Der von den Einheimischen nur liebevoll genannten »*Blutskirche*« schenkten die Kommissare aber nur wenig Beachtung. Chris vergewisserte sich stattdessen anhand der Handynavigation, dass sie richtig waren. »Genau hier am Julius-Echter-Platz rechts fahren«, gab er Anweisung.

»Das ist aber ein allerliebstes Städtchen«, meinte die junge

Kommissarin. Ihr Blick hing an den farbenprächtigen Fassaden der teils jahrhundertealten Fachwerkhäuser. Viele neu renoviert und die meisten anderen gut erhalten. »Ich muss mir mal die Zeit nehmen und privat hierherkommen.«

»Kannst ja mal einen Gang außen um die Stadtmauer herum am Herrengraben entlang machen. Soll echt erholsam und sehenswert sein. Die Befestigungsanlage ist noch ziemlich gut erhalten und sehr imposant«, brummte Jasmins Kollege.

»Du redest schon wie ein Stadtführer. Woher weißt du das?«

»Ich kenne Iphofen von einem früheren Fall her«, bemerkte Chris. Der fragende Blick seiner Kollegin nötigte ihn zu einer weiteren Erklärung. »Das ist schon über vier Jahre her, also vor deiner Zeit. Hatte auch irgendwie mit einem Weingut zu tun.« Etwas mürrisch meinte er: »Es scheint hier vieles mit Wein in Verbindung zu stehen. Na ja, wenn man sich umsieht, gibt es ja auch reichlich Weinberge ringsherum. Wenn man Theo glauben darf, sind die Weine hier sehr gut. Also ich bin jetzt nicht so der Kenner, aber unser Chef schon«, hob Rautner abwehrend die Hände.

»Ich frag jetzt lieber nicht, was du gerne so trinkst.«

»Ist auch besser so«, gab Chris kurz angebunden zurück.

Das Weingut Birkner lag im Kern des Altstadtbereiches, nur einen Steinwurf vom Museum und vom Benefizium entfernt – einem ehemaligen Besitztum der katholischen Kirche und zuletzt Unterkunft von Klosterschwestern –, das ein privater Investor vor nicht allzu langer Zeit zu neuem Leben erweckt hatte. Zwei Polizeiautos auf der Straße bestätigten Jasmin, dass sie an der angegebenen Adresse richtig war. Trotz des mausgrauen Himmels und nasskalter einstelliger Temperaturen waren schon am Vormittag reichlich Menschen in Iphofen unterwegs. Viele strebten zu dem Weingut, dessen beide Torflügel weit geöffnet waren. Neugierig schielten die Besucher zu den Uniformierten. Es bildeten sich Grüppchen, deren Getuschel sich in der Hauptsache um Vermutungen über die Anwesenheit der Polizei drehte. Die ratlosen Blicke der Umherstehenden ließ vermuten, dass niemand genau wusste, was passiert war.

Angesichts des Andranges waren Parkplätze rund um den Birknerhof Mangelware. Ohne Rücksicht auf die Verkehrssituation und die Tatsache, dass sie in der schmalen Gasse zum Hindernis wurde, stellte Jasmin ihren Wagen ab. Chris hatte es schon längst aufgegeben, ihr diesbezüglich Ratschläge zu geben. Weder Jasmins Fahrstil noch ihr Parkverhalten hatten Rautners Zustimmung, aber er schwieg ergeben.

»Was ist denn hier los?«, fragte Rautner überrascht mit einem Blick in den riesigen Innenhof des Weingutes. Was er meinte, waren die zahlreichen Verkaufsstände, die sich dicht an dicht drängten, und eine immer größer werdende Schar aus Neugierigen und Interessierten, die in das Anwesen strömte.

»Hier ist heute Markttag«, antwortete ein Polizist, der die beiden in Empfang nahm und Rautners Frage mitbekommen hatte.

»Sieht mir eher wie ein Weihnachtsmarkt aus«, bemerkte Jasmin, deren Blick an dem großen geschmückten Tannenbaum in der Mitte des Hofinneren hängen blieb.

»Und wo ist der Tote, um den es geht?«, fragte Rautner und ignorierte Jasmins Äußerung.

»Unten im Weinkeller.«

»Können Sie mir auch sagen, wie wir da hinkommen, oder muss ich mich erst durchfragen?« Die Stimmung des Kommissars hatte sich nicht wesentlich gebessert.

»Ganz hinten rechts, dort, wo mein Kollege steht, durch die Tür und dann die Treppen hinunter«, stotterte der junge

Uniformierte verlegen, »der Tatort liegt im zweiten Untergeschoss.«

»Mensch, Chris, lass deine schlechte Laune nicht an Unschuldigen aus.«

Der Angesprochene brummte etwas Schwerverständliches wie: »Hab keine schlechte Laune«, und folgte der Wegbeschreibung des Kollegen. Jasmin versuchte nicht den Anschluss zu verlieren.

Die beiden Kommissare überquerten den weitläufigen Hof, vorbei an Ständen mit Honig und Marmelade, Wurst und Käse, Eiern und Nudeln, süßen und deftigen Backwaren, Obst und Gemüse sowie Spezialitäten, die es nur zur Weihnachtszeit gab. Ihnen stieg der Duft von Gegrilltem in die Nase. Es konnte probiert, gekauft und auch gleich verzehrt werden. Natürlich sollte der Schwerpunkt des Verkaufes auf dem Wein und dem hochprozentigen Angebot des Weingutes liegen. Bisher war Birkners Konzept ganz gut aufgegangen. Neben Einheimischen und Kunden aus den umliegenden Ortschaften, die den Markt als Einkauf für frische regionale Produkte nutzten, war er auch ein Magnet für Touristen, die in der Region Urlaub machten oder als Tagesausflügler mit dem Zug aus den mittelfränkischen Metropolen Nürnberg oder Fürth anreisten.

Angesichts von Rautners griesgrämigem Gesichtsausdruck öffnete der Uniformierte dienstbeflissen die Tür und zeigte mit dem ausgestreckten Arm zum Treppenabgang. Ohne sich großartig umzublicken, stiegen Rautner und Blume die Stufen hinab. Die neue Rechtsmedizinerin, Frau Doktor Wollner, beendete gerade ihre erste Begutachtung der Leiche und erhob sich. Sie streifte die Gummihandschuhe von den Händen und wandte sich von dem Toten ab.

»Na, Frau Doktor, wie sieht es aus?«

Chris hatte das Ende der Treppe erreicht und warf einen Blick auf den Verstorbenen, der immer noch so dalag, wie ihn sein Enkel vor Stunden gefunden hatte.

»Der Tote hat einen Genickbruch erlitten, aber ich bin mir nicht sicher, ob das die Todesursache war. Darüber werden Sie mehr erfahren, wenn ich den Mann auf meinem Tisch liegen hatte. Im Moment kann ich Fremdeinwirkung nicht ausschließen.« Dorothea Wollner sah sich um. »Wo haben Sie denn Hauptkommissar Habich gelassen?«

Beinahe wäre Chris die Frage herausgerutscht, ob sie ihn vermisse, aber er konnte sich gerade noch zügeln. Jasmin kam ihm mit einer Antwort zuvor. »Unser Chef ist auf Familienfeier. Sie müssen mit uns vorliebnehmen.«

»Ach ja, ich glaube, er erwähnte so etwas«, sagte Frau Doktor. »Es war von einem Geburtstag die Rede.«

»Fremdeinwirkung?«, fragte Rautner kurz angebunden und unterbrach damit die Unterhaltung der zwei Frauen.

»Ich habe Spuren am Toten gefunden«, gab die Rechtsmedizinerin Auskunft und fügte gleichzeitig hinzu: »Aber sicher bin ich mir nicht. Dazu später mehr.«

»Übrigens, wer ist überhaupt der tote Mann? Weiß jemand, was er hier wollte?« Chris sah sich um. Seine Augen erfassten Holzfässer und Flaschen, die sich im schummrigen Licht des Gewölbes verloren. Alles typische Behälter und Utensilien, die ein Weingut eben so zu bieten hatte, sonst gab es vor Ort nichts Besonderes, war Rautners Fazit.

Der uniformierte Polizeibeamte, der bisher schweigsam dabeigestanden hatte, gab Auskunft. Er zeigte auf den Leichnam und erklärte den beiden Kommissaren: »Das ist Karl Birkner, der Senior des Weingutes. Es konnte uns niemand sagen, was er hier unten wollte. Scheinbar gibt es keine Zeugen des Unglücks.«

»Okay. Mit wem von der Familie können wir reden? Wer ist jetzt verantwortlich?«

»Hermann Birkner, der Sohn des Toten, leitet das Weingut. Dessen Sohn hat seinen Opa gefunden.«

»Danke.« Rautner nickte dem Beamten zu. »Wo können wir die Herrschaften finden?«

»Oben, irgendwo im Haus.«

Ohne sich weiter um die zwei Frauen zu kümmern, stieg Rautner die Treppe hinauf. Die Gerichtsmedizinerin und Jasmin sahen sich überrascht an, zuckten die Schultern und zogen die Mundwinkel hoch.

»Chefallüren«, murmelte Jasmin, nur für Frau Doktor hörbar, die daraufhin verständnisvoll lächelte.

»Sie hören von mir, wenn ich Ergebnisse habe«, rief sie Rautner laut hinterher. Der Angesprochene zeigte keine Reaktion. An Jasmin gewandt meinte sie: »Also, ich melde mich«, nahm ihre Tasche in die Hand und machte sich ebenfalls auf den Weg nach oben. Auf halber Höhe drehte sich Dorothea Wollner noch einmal um. »Vor morgen Abend wird das aber nichts mit einem Ergebnis. Ich habe noch mehr ›*Kundschaft*‹, die im Kühlfach der Gerichtsmedizin auf mich wartet.«

Nachdem Kommissarin Blume den uniformierten Kollegen gebeten hatte, so lange zu bleiben, bis die Leiche abtransportiert worden war, folgte sie den beiden hinauf.

Jasmin trat aus der Halle ins Freie und nahm gerade noch wahr, wie Rautner im Haus schräg gegenüber verschwand. Der Hof hatte sich inzwischen deutlich mit Menschen gefüllt, die von Stand zu Stand wanderten. Viele begutachteten zuerst die angebotenen Waren oder taten sich an kleinen Kostproben gütlich, bevor sie sich entschieden, wo und was sie kaufen wollten. Eilig folgte Jasmin ihrem Kollegen ins Haus.

Sie schloss die Haustür hinter sich und plötzlich wurde es ganz still. Jegliches Stimmengewirr und die Marktgeräusche waren auf einmal wie erloschen. Jasmin blieb stehen, um sich zu orientieren. Dann vernahm sie Wortfetzen aus einem der angrenzenden Räume. Sie ging in Richtung der Stimme, als sie in einem der vorderen Zimmer eine Frau sprechen hörte. Sie schien zu telefonieren. Obwohl die Tür leicht geöffnet war, konnte Jasmin ihre Worte nicht verstehen. Durch den Spalt erkannte sie einen Büroraum und eine gut proportionierte dunkelblonde Frau, deren Tonfall erregt klang. Die Neugier der Kommissarin war geweckt. Sie trat näher an die Tür heran und lauschte.

»Glaubst du, wir haben nicht aufgepasst?«, klang es empört. »Schwiegervater hat schon immer das gemacht, was ›*er*‹ wollte. Aus der Ferne lässt sich leicht reden. Du warst ja nicht jeden Tag da und musstest dich mit ihm auseinandersetzen.« Es wurde still im Zimmer. Vermutlich redete gerade derjenige oder diejenige am anderen Ende der Leitung. Dann erfolgte die Antwort. »Das kannst du halten, wie du willst. Ich muss jetzt Schluss machen, wir haben die Polizei im Haus und es ist Markttag.«

Kaum hatte sich Jasmin einige Schritte von der Tür entfernt, als diese sich öffnete und die Dunkelblonde heraustrat. Beim Anblick der jungen Frau stutzte sie. »Was machen Sie hier? Kann ich Ihnen helfen?«, fragte sie etwas ungehalten. Man merkte ihr ihre Erregtheit an, die Jasmin als Auswirkungen des Telefonates interpretierte. Vermutlich glaubte die Frau ihr gegenüber im ersten Moment, dass sich einer der Marktbesucher ins Haus verirrt habe.

»Entschuldigen Sie, ich suche meinen Kollegen«, antwortete Jasmin und zückte ihren Dienstausweis.

»Oh, jaja, kommen Sie, er ist dort hinten.« Sie warf nur

einen flüchtigen Blick auf den Ausweis und zeigte den Gang entlang auf eine Glastür, an der das Schild »*Privat*« stand.

»Und wer sind Sie, wenn ich fragen darf?«

»Ich bin Waltraud Birkner, die Frau von Hermann Birkner, der das Weingut leitet.« Während der Erklärung ging sie voraus. »Muss denn dieser Aufwand wirklich sein? Ich meine … also, ist das denn kein … kein natürlicher Tod … gibt es da etwa Zweifel?«, druckste Frau Birkner herum.

»Nun ja, da niemand dabei war und gesehen hat, wie es passierte …« Jasmin ließ den Rest ihrer Andeutung offen. »Wollen Sie nicht auch wissen, ob Fremdeinwirkung im Spiel war? Die Obduktion wird uns Gewissheit liefern.«

Die beiden Frauen betraten den privaten Bereich der Familie Birkner. Von der Diele aus hörten sie jemand reden. Auf der rechten Seite stand die erste Tür zur Hälfte offen, von dort drang eine Stimme zu den Frauen heraus.

»Das ist das Wohnzimmer, gehen Sie ruhig hinein«, forderte Frau Birkner Jasmin auf und deutete auf die Tür.

Als die Kommissarin eintrat, vernahm sie gerade Rautners Worte: »Sie haben keinerlei Vorstellung, was Ihr Vater da unten zu suchen hatte?«

In dem Zimmer erblickte Jasmin fünf Personen. Drei davon saßen verteilt auf Sesseln und Sofa, ein junger Mann lehnte an der Fensterbank. Mit dem Rücken zum Eingang stand ihr Kollege mitten im Raum und führte seine Befragung durch.

»Nein! Niemand von uns hatte eine Ahnung, dass Vater gestern Abend in den Keller wollte.« Hermann Birkner schüttelte den Kopf.

Ein zweiter Mann, mit ähnlichen Gesichtszügen wie die des korpulenten Weingutchefs, meinte nachdenklich: »Ich kann mir nur vorstellen, dass er ganz einfach noch mal eine

Kontrollrunde machen wollte, da heute Vormittag eine Kellerführung geplant ist.« Der Sprecher war Andreas Birkner, der jüngere Bruder von Hermann. Von der Statur her bedeutend schlanker als sein Bruder, konnte er im Gegensatz zu diesem nur mit einem leicht angedeuteten Bauchansatz aufwarten und besaß noch sein volles dunkelbraunes Haar. Er war im Weingut für die Kellerarbeiten und den Weinausbau verantwortlich. Das dunkelhaarige weibliche Wesen neben ihm entpuppte sich als seine Ehefrau Cornelia, die schweigend das Geschehen verfolgte.

»Sie haben gestern Abend niemand Fremdes im Anwesen gesehen, der mit der Sache in Verbindung stehen könnte?«, hakte Rautner nach.

Jetzt mischte sich der junge Mann am Fenster ein. Stefan, der Sohn von Hermann Birkner, meinte etwas ungläubig: »Sie wissen aber schon, wo Sie hier sind? Dies ist ein Weingut, in dem Kundschaft ein und aus geht, um unseren Wein zu kaufen. Natürlich waren gestern Fremde da. Wir hatten ab spätem Nachmittag eine Weinprobe mit fünfzehn Personen und zusätzlich auch noch weitere Kunden. Das ging alles bis …?« Sein fragender Blick richtete sich auf seine Mutter, die hinter Jasmin das Zimmer betreten hatte.

»Meine Weinprobe war erst nach 20 Uhr beendet. Einige wollten etwas mitnehmen«, überlegte sie laut. »Ich musste die Bestellungen fertig machen und abkassieren. So gegen 20.30 Uhr waren alle gegangen. Danach habe ich Feierabend gemacht. Nein, stimmt gar nicht«, korrigierte Waltraud Birkner sich mit einem Blick auf ihre Schwägerin, »ich habe Cornelia noch geholfen. Es muss schon nach 21 Uhr gewesen sein, als wir fertig waren.«

»Und wer von Ihnen war gestern sonst noch da?«, wollte Rautner wissen.

Hermann Birkner antwortete: »Alle, die wir hier sind, außerdem Stefans Frau Diana und noch zwei Angestellte.«

Jasmin legte ihrem Kollegen die Hand auf den Arm und raunte ihm zu: »Chris, sollten wir nicht abwarten, was die Obduktion ergibt? Vielleicht stellt sich alles als ein tragischer Unglücksfall dar und …« Die Kommissarin ließ offen, dass diese Aktion jetzt und hier völlig sinnlos und hinfällig war, falls sich die Sache als Unglück herausstellen sollte.

Kommissar Rautner zögerte kurz und nickte dann wortlos. Er brach die Befragung mit dem Hinweis ab, dass die Unglücksstelle abgesperrt sei und so lange von niemand betreten werden dürfte, bis man Klarheit über den Tod von Karl Birkner habe.

Draußen auf dem Hof knurrte er missmutig: »Warum sind wir dann eigentlich gerufen worden, wenn wir noch nicht ermitteln können? Es hätte doch gereicht, uns zu verständigen, wenn Frau Doktor Wollner ein entsprechendes Ergebnis hat.« Immer noch hatte Chris nicht ganz verkraftet, dass sich der Samstag anders gestaltete, als er es sich frühmorgens ausgemalt hatte.

»Da war wohl jemand etwas zu diensteifrig«, antwortete Jasmin mit einem verständnisvollen und leicht amüsierten Seitenblick auf ihren Kollegen. Grillduft stieg ihr in die Nase und ihr knurrender Magen erinnerte sie daran, heute noch keine feste Nahrung zu sich genommen zu haben. Mit demonstrativ tiefen Atemzügen sog sie den Geruch ein. »Es riecht so verlockend, wollen wir nicht das Beste daraus machen und etwas Gegrilltes genießen?«, fragte Jasmin und versuchte damit Chris auf andere Gedanken zu bringen.

»Keinen Hunger«, war dessen kurze Antwort.

»Aber ich! So 'ne leckere fränkische Bratwurst geht immer«, entschied Jasmin und steuerte auf den Essensstand zu.

»Ich mag jetzt außerdem kein Fleisch«, brummelte Chris weiter und dachte wehmütig an sein opulentes Frühstück und das, was danach eigentlich hätte passieren sollen.

»Dann iss halt 'ne Tüte Pommes«, sagte Jasmin zu ihm, wie zu einem Kind, das sich nicht entscheiden kann.

»Schau mal die ganzen Leute vor dem Grill. Dauert ewig, bis du da etwas hast.«

»Ach Quatsch, das geht schnell«, ließ sie sich nicht beirren und reihte sich in die Schlange der Wartenden ein.

Jasmin sollte Recht behalten. Nur wenige Minuten später tauchte sie mit einem Bratwurstbrötchen wieder auf. Inzwischen hatte sich Chris näher angeschaut, was an dem einen oder anderen Stand so geboten wurde. Kauend kam Jasmin auf ihn zu und hielt ihm ihr Essen unter die Nase. »Willst du mal probieren?« Mit einem »Nein, danke« drehte er den Kopf weg, schob sich durch die Menschen Richtung Ausgang und verschwand zwischen den Besuchern. »Dann eben nicht«, war Jasmins Reaktion. Gemächlich schlenderte sie hinterher, die Blicke abwechselnd nach links und rechts auf die Stände gerichtet.

Ungeduldig wartete Rautner schon an ihrem Wagen. »Auch wenn ›*du*‹ Zeit hast, ich habe noch etwas vor«, maulte er seine Kollegin an.

»Es wird schon nicht auf zehn Minuten ankommen oder brennt es irgendwo?«, entgegnete sie gelassen.

Ohne darauf zu antworten, nahm Chris sein Handy zur Hand und rief eine Nummer aus seinen Kontakten an. Ungeduldig trommelte er mit den Fingern seiner freien Hand auf den Oberschenkel, während er auf Verbindung wartete. Scheinbar hob niemand ab, da er mehrmals die Wahlwiederholung drückte. Nach endlos dauernden Minuten gab er seine Versuche auf, nicht ohne eine Nachricht auf der Mailbox zu hinterlassen. »Hi, hier ist Chris, wenn du das hörst, melde dich bitte, wir können am Wochenende doch noch etwas unternehmen.«

»Deine neue Flamme?«

»Meine Wochenendbeschäftigung, die mir durch diesen Blödsinn hier versaut wurde«, ließ Chris weiter Dampf ab. »Warum mussten wir dort erscheinen, obwohl noch gar nicht feststeht, ob es ein Fall für uns ist?«

»Weil jemand die Polizei informiert hat und die Angelegenheit ist bei uns gelandet. Unser Chef hat mich angerufen und mich gebeten, dass wir uns der Sache annehmen.«

»Was, Theo?«

»Nein, Schössler. Du kannst ihm gerne dein Ärgernis schildern.«

Der, von dem Jasmin sprach, war Kriminaloberrat Hans Schössler, Leiter der Würzburger Mordkommission und der übergeordnete Chef ihres Teams, das aus Hauptkommissar Habich und den Kommissaren Blume und Rautner bestand.

»Nein, danke! Der alte Sauertopf hätte sicherlich kein Verständnis für meine Wochenendbelange.«

»Er wird seine Gründe dafür gehabt haben«, nahm Jasmin ihren Chef in Schutz. Sie wechselte das Thema. »Was hältst du von der Sache?«, fragte Jasmin mit einem Seitenblick auf ihren Beifahrer. »Ich meine, was auf dem Weingut passiert ist.«

»Schwer zu sagen, ich tippe auf Unglücksfall. Wie das in dem Alter so gehen kann; unsicher auf den Beinen ... bisschen schwindelig ... falscher Tritt ... mit den Gedanken woanders ... dazu das schummrige Licht und bumms, liegt man unten.«

»Und die Druckstellen?«

Zuerst war Rautners Antwort nur ein Schulterzucken, dann bequemte er sich zu einer Antwort: »Vielleicht eine ganz andere logische Erklärung. Abwarten, was die Wollner dazu sagt.«

Jasmin setzte ihren Kollegen vor dessen Haustür ab. Sie war froh, nicht weiter die schlechte Laune ihres Kollegen ertragen zu müssen. Sie selbst fuhr anschließend weiter ins Büro. Es ging aufs Jahresende zu und da wollte sie alle Unterlagen auf dem neuesten Stand haben. Wie so oft blieb die Büroarbeit an ihr hängen, da beide Herren Kommissare im Bezug auf Schriftlichkeiten, Statistiken und den anderen Papierkram etwas nachlässig waren. Außerdem hoffte sie, ab nächsten Freitag ein verlängertes Wochenende in Nürnberg bei ihrem Freund verbringen zu können. Sie stand in einer engeren Beziehung zu Jan-Niklas Berbakowski, einem Hauptkommissar beim Landeskriminalamt, und der hatte sie als seine Begleitung zu einer Hochzeit eingeladen. Berbakowskis Bruder heiratete an Weihnachten und wie üblich bei Frauen hatte Jasmin nichts Passendes zum Anziehen. Also war ein ausgiebiges Shopping-Weekend geplant. Aus diesem Grund hoffte sie inständig, dass sich der Iphöfer Treppensturz als Unglück herausstellte und in der folgenden Woche auch keine weiteren »*ungeklärten Todesfälle*« auftauchten.

Draußen begann es zu dämmern und Jasmin dachte so langsam an Feierabend, als ihr Handy klingelte. Auf dem Display erschien ein ihr bekannter Name und sie nahm den Anruf entgegen.

»Was ist denn mit dir los, schon wieder Heimweh? Ich denke, du bist am Feiern?«, fragte sie erstaunt.

Der Anrufer war kein anderer als Hauptkommissar Habich. »Das ist keine Feier, das ist eine Mastveranstaltung, üppiges Mittagsbuffet, dann Kaffee und Kuchen und jetzt kommt noch ein Abendessen, obwohl nichts mehr reingeht«, hörte Jasmin ihren Chef stöhnen. »Verwandtschaftstreffen sind anstrengender als jeder Dienst.«

Jasmin lachte: »Dann kannst du dich ja die Woche über wieder erholen.«

»Was hat sich bei euch ergeben?«

»Was meinst du?«, fragte die Kommissarin überrascht.

»Na, mit der Sache in Iphofen.«

»Woher weißt du schon wieder davon?«

»Das kommt davon, wenn man sein Handy nicht ausschaltet und Kollegen nicht auf den Dienstplan schauen.« Was Habich damit meinte, war die Regelung der Rufbereitschaft am Wochenende, die festgelegt war und auf deren Liste Jasmin Blume stand und nicht er, den man irrtümlich angerufen hatte.

»Und wer hat dann den Kriminaloberrat informiert?«

»Keine Ahnung, vermutlich irgendein Kollege, der keinen Plan hatte und nicht wusste, dass du zum Wochenenddienst eingeteilt warst. Ist ja auch egal, jetzt erzähl mal, was los war.«

Unverzüglich kam Jasmin der Aufforderung des Hauptkommissars nach und setzte ihn ins Bild. Sie schloss ihren Bericht mit den Worten ab: »Wir müssen die Obduktion abwarten, bis wir wissen, ob wir überhaupt ermitteln müssen, und die erfolgt, laut unserer Gerichtsmedizinerin, frühestens morgen Nachmittag.«

*

»Hallo, Frau Doktor!« Die Stimme ertönte von der halb geöffneten Tür her. »Bin ich zu früh oder können Sie schon etwas sagen?«

Die Angesprochene blickte von ihrer Arbeit auf und schaute erstaunt den Besucher an. Im weißen Kittel mit Einweghandschuhen stand sie an einem der beiden Seziertische über einen Toten gebeugt. Ihr gegenüber beschäftigte sich ein weiterer Kollege mit der Leiche. Im Hintergrund waren zwei Sektionsassistenten dabei, den zweiten Tisch zu räumen. Der dortige

Tote – ein Unfallopfer – wanderte gerade in einen Leichensack. »Ach, der Herr Hauptkommissar!«, stellte sie verwundert fest. »Schon wieder zurück aus dem Schoß der Familie? Es ist doch erst Sonntagmittag vorbei. Sie haben es aber nicht allzu lange ausgehalten.«

Tatsächlich hatte Habich nach dem sonntäglichen Frühstück bei seinem Bruder, bei dem er auch übernachtet hatte, wieder die Heimfahrt angetreten. Schnell noch ein paar kurze Abschiedsworte an den Jubilar und die noch anwesenden Verwandten und dann nichts wie ab. Die Feier am Samstag mit Begrüßungen, Umarmungen, Händeschütteln und Fragen über Fragen hatten ihm gereicht. Theo hier und Theo da, wie ein verlorener Sohn war er herumgereicht worden, dabei hätte doch eigentlich sein Onkel die Hauptperson sein sollen. Da er sich aber bei Familienfesten oft rarmachte, hatte er an dem Wochenende im Mittelpunkt gestanden, was ihm gar nicht behagt hatte.

Habich winkte ab. »Das mit der Familie wird überbewertet. Ist nicht so mein Ding. Außerdem hätte ein längerer Aufenthalt meiner Taille noch mehr geschadet«, lächelte er und strich sich über den Bauch.

Auf den letzten Teil von Habichs Erklärung ging Dorothea Wollner gar nicht ein. »Sie sind kein Familienmensch?«

Verlegen druckste Hauptkommissar Habich herum. »Nun, was meine Verwandtschaft betrifft eher nicht, und Familie …, na ja, für eine eigene ist es schon ein bisschen zu spät.«

»Es ist nie zu spät.« Die blonde Rechtsmedizinerin schüttelte den Kopf und fixierte ihn aus ihren blauen Augen. »Aber lassen wir das, deswegen sind Sie sicherlich nicht gekommen. Wir sind gerade bei der inneren Leichenschau.« Sie deutete auf den nackten Leichnam, der dort mit geöffneter Bauchdecke auf dem kalten Edelstahltisch lag. Der Hauptkommissar zeigte keine Reaktion, er war solche Anblicke gewöhnt. »Karl Birkner ist nicht alleine durch Genickbruch gestorben … Nein, anders ausgedrückt, er hätte auch ohne den Sturz nicht mehr lange gelebt …«

»Und warum?«

»Weil es bei dem alten Birkner gleich mehrere mögliche Todesursachen gibt«, bemerkte die Gerichtsmedizinerin ungerührt, so als wenn das alltäglich wäre.

»Wie geht denn so etwas?«

»Es gibt einerseits Anzeichen für einen Herzinfarkt, dann haben wir den Genickbruch und außerdem noch eine weitere Verletzung …«

»Wie definiert sich ›*weitere Verletzung*‹ genau?«

Nach Habichs Frage entstand eine kleine Pause. Frau Doktor Wollner atmete hörbar aus. »Bei der äußeren Leichenschau haben wir Hämatome im Bauchbereich entdeckt …«

»Verursacht durch was?«

»Kann ich noch nicht genau sagen.«

»Was vermuten Sie aufgrund Ihrer bisherigen Diagnose?«

Jetzt wiegte die Medizinerin den Kopf hin und her. »Vermutungen gebe ich eigentlich nicht gerne ab …«

»Na ja, soll ja nichts Offizielles sein, nur mal so unter uns … rein spekulativ.«

Nach einer weiteren kurzen Denkpause meinte Dorothea Wollner: »Also, die Druckstellen an den Oberarmen haben sich bestätigt. Davon ausgehend ist das wahrscheinlichste Szenario: Birkner wurde bedroht und an den Armen gepackt. Er bekam Angst oder Panik, das wiederum löste einen Infarkt aus. Zum einen durch seinen hohen Blutdruck und seinen Diabetes, zum anderen durch Nikotin und Übergewicht – gegen die ersten beiden Beschwerden nahm er auch Medikamente. Damit gehörte er sowieso zur absoluten Infarkt-Risikogruppe. Gleichzeitig oder ziemlich zeitnah erhielt er möglicherweise Schläge oder Tritte in den Bauch. Vielleicht wurde er auch mit Wucht gegen irgendwas geschleudert oder gedrückt«, überlegte die Medizinerin. »Dadurch entstanden innere Verletzungen und es kam zu Blutungen im Bauchraum. Kurz danach muss er dann gestürzt sein und brach sich zusätzlich das Genick.«

»Die Gewaltanwendung konnte vor Ort nicht festgestellt werden?«

»Nein, weil ich durch seine Kleidung nichts bemerkt habe und andere äußerliche Anzeichen gab es nicht. Der Notarzt hat Genickbruch diagnostiziert und die Bauchverletzung ebenfalls nicht festgestellt, geschweige denn den Infarkt. Somit habe ich die anderen möglichen Todesumstände erst im entkleideten Zustand und bei der Obduktion heute früh erkannt.«

»Also kein natürlicher Tod?«

»Das möchte ich bezweifeln! Wenn er sich die Hämatome nicht selbst zugefügt hat oder diese sonst durch einen Unfall passierten, dann wahrscheinlich nicht«, meinte die Rechtsmedizinerin etwas ironisch.

»Selbst zugefügt … Unfall …?« Habich runzelte die Stirn, »Wie wäre das möglich?«

»Eigentlich gar nicht.« Nach kurzem Überlegen fuhr Frau Doktor fort: »Gestolpert und mit dem Bauch gegen etwas gestoßen oder auf etwas gefallen. Mehr kann ich Ihnen vielleicht nach meinen weiteren Untersuchungen sagen. Der Infarkt ›*könnte*‹ natürliche Auslöser haben, die Druckstellen an den Armen dagegen eher nicht oder er hätte sie sich selbst zugefügt.« Auch jetzt schien der Hauptkommissar die leichte Ironie in Wollners Stimme nicht zu bemerken.

»Die Kriminaltechnik soll sich vor Ort mal umschauen, ob sie dort Dinge findet, an denen man sich so eine Verletzung zuziehen kann.«

»Warten Sie, bis ich weiß, um was es sich handeln könnte oder es zumindest näher eingrenzen kann.«

»Wann sind Sie so weit?«

»Geben Sie mir bis zum späten Nachmittag Zeit. Ich rufe Sie an und dann bekommen Sie auch umgehend meinen Bericht.«

»Sagen Sie, wie lange hätte es bei dieser Verletzung im Bauchraum gedauert, bis man stirbt?«

»Je nach Schwere der Verletzung schätze ich mal, so drei bis vier, maximal zehn Minuten.«

»Können Sie mir schon etwas über die Todeszeit sagen?«

Frau Doktor Wollner beugte sich wieder dem Toten zu und meinte beiläufig: »Auch hierüber Genaueres später.« Habich verstand dies als Aufforderung zu gehen. Er hatte gerade die Hand am Türgriff, als er in seinem Rücken die Worte vernahm: »Wann darf ich mich mal bei Ihnen revanchieren?« Überrascht drehte sich Habich noch einmal um und sah die Rechtsmedizinerin schmunzeln. »Inzwischen habe ich meine neue Küche«, schickte sie als Erklärung hinterher.

Der Hauptkommissar hatte Dorothea Wollner mehrmals zum Essen ausgeführt, nachdem sie ihn nach Empfehlungen, in Würzburg und Umgebung gut Essen zu gehen, gefragt hatte. Sie war erst vor wenigen Monaten wegen ihres neuen Postens als Gerichtsmedizinerin in die Stadt am Main gezogen und musste ewig auf die Lieferung ihrer bestellten Küche warten. Da man vom Hauptkommissar wusste, dass er ein kleiner Gourmet in Sachen fränkische Küche und fränkischer Wein war, hatte man Frau Doktor Wollner an ihn verwiesen. Als Single mit gescheiterten Beziehungen war Habich der Weiblichkeit gegenüber ein wenig zurückhaltend, aber die hübsche Blondine hatte ihn wieder wach gerüttelt und Empfindungen in ihm geweckt. Trotzdem wusste er den privaten Kontakt mit der neuen Gerichtsmedizinerin noch nicht richtig einzuordnen. Er spürte, dass da von seiner Seite aus etwas war, aber er war auch ein gebranntes Kind und sie erst kürzlich mit einer Scheidung behaftet gewesen.

»Jederzeit«, antwortete Habich. »Schade, ich wollte Ihnen noch einige gute Lokale zeigen.«

»Das dürfen Sie gerne, aber jetzt bin ich erst mal dran. Wie wäre es mit nächstem Samstag bei mir?«

»Soll mir recht sein.«

»Dann erwarte ich Sie um 19 Uhr. – Kleiderordnung bitte völlig leger und zwanglos«, rief sie ihm hinterher.

Ach herrje, jetzt war es passiert. Die bedeutungsvollen Blicke und das leichte Grinsen von Wollners Mitarbeitern ließ erahnen, was gedanklich hinter deren Stirn vor sich ging. Es konnte nicht lange dauern und der *»Buschfunk«* würde das Date mit allen Vermutungen und Mutmaßungen in den Büros verbreiten.

Theo hatte noch nicht den Ausgang erreicht, als ihm ein Gedanke durch den Kopf schoss. Für die Einladung brauchte er ein Mitbringsel, dabei kannte er weder Dorothea Wollners Wohnung noch ihren Geschmack oder woran sie Gefallen finden würde. Hier stand er vor einem echten Problem. In solchen Dingen war er nicht bewandert und auf Beratung angewiesen.

Der Anruf von Frau Doktor Wollner erreichte Hauptkommissar Habich im Büro. Draußen war es schon dunkel, aber Habich hatte keine Lust gehabt, nach Hause zu gehen. Plötzlich war ihm seine Wohnung einsam und leer vorgekommen und so hatte er sich auf der Dienststelle in Arbeit vertieft. »Hallo Herr Hauptkommissar, hier ist die Gerichtsmedizin. Den Abschlussbericht müssten Sie in Ihrem Postfach finden, ich habe ihn an Ihre dienstliche Mailadresse geschickt.«

»Was können Sie mir vorab sagen?«

»Also, es war auf jeden Fall kein natürlicher Tod. Meine

Vermutungen haben sich insoweit bestätigt, wie ich es Ihnen heute Mittag schon geschildert habe. Ob es ein Unglück oder Mord war, müssen Sie jetzt herausfinden.«

»Wie sieht es mit dem Todeszeitpunkt aus?«

»Die Annahme des Notarztes, der Tote habe dort schon die ganze Nacht über gelegen, war zutreffend. Aufgrund der niedrigen Temperatur in dem Gewölbe kann ich die Zeit maximal auf eine Stunde eingrenzen. Damit komme ich auf etwa 19 bis 20 Uhr.«

»Danke! Ich werde mir den Bericht gleich zu Gemüte führen.«

»Sind Sie im Büro?«, fragte Dorothea Wollner überrascht.

»Ja, zuhause war es mir zu langweilig.«

»Na gut, ich hatte einen langen Tag und mache jetzt Feierabend. Morgen kann ich Gott sei Dank mal ausschlafen.« Mit den Worten »Wir sehen uns spätestens Samstagabend« beendete sie das Gespräch, bevor Habich weitere Fragen stellen konnte.

Habich suchte und fand die Mail der Gerichtsmedizinerin. Mit Ruhe, den Kopf in die Hand gestützt, las er, was Frau Doktor bei der Obduktion alles festgestellt hatte. Das, was sie ihm schon zum größten Teil als Vermutung mitgeteilt hatte, wurde nun hiermit offiziell bestätigt. Eine halbe Stunde später schaltete der Hauptkommissar das Licht aus und machte sich auf den Heimweg.

Ein alter Bekannter

»Einen wunderschönen guten Morgen.«

Mit diesen Worten stürmte Rautner am Montag in aller Frühe ins Dienstzimmer der Würzburger Mordkommission, das er sich mit seiner Kollegin teilte. Jasmin, die gerade Kaffee aufsetzte, drehte sich überrascht um.

»Du meine Güte, da hat aber jemand gute Laune. Olá, Brasilien lässt grüßen!«, lachte Jasmin. »Ich vermute, du konntest das Wochenende noch retten.«

»Aber hallo, mehr sage ich nicht.« Schmunzelnd machte er ein Zeichen, dass seine Lippen ansonsten verschlossen bleiben würden.

»Es geht vermutlich wieder um die holde Weiblichkeit!«, kommentierte Hauptkommissar Habich die Szene, die er von dem Türrahmen der Verbindungstür zu seinem Zimmer aus verfolgte. »Nichts als Frauen im Kopf! Gibt es bei dir auch noch etwas anderes?«

»Neidhammel«, konterte Rautner, »bloß, weil du dich am Wochenende mit einer Rentnergang auf dem 80. Geburtstag abgeben musstest.«

»Ach«, winkte Habich ab und verschwand im Nachbarzimmer, um weiterem Geplänkel zu entgehen. Es sollte aber nicht lange dauern, da tauchte der Hauptkommissar, mit einer Akte in der Hand, wieder auf. »Wir haben einen neuen Fall.«

»Meinst du die Sache in Iphofen oder einen *›ganz neuen Fall‹*?«, hakte Rautner nach.

Habich sah auf den Aktendeckel. »Es geht um Karl Birkner aus Iphofen. Ich habe hier den Bericht der Gerichtsmedizin.«

Rautner nahm seinem Chef die Akte aus der Hand, schlug sie auf und las. Nach wenigen Sätzen hob er den Kopf. Sein Blick ging in Richtung des Hauptkommissars. »Immer diese medizinischen Begriffe, die kein Mensch versteht. Was ist ein Aortenaneurysma?«

»Keine Ahnung«, gestand Habich und griff zum Hörer, »aber das lässt sich ändern.« Er stellte das Telefon auf Lautsprecher und alle drei konnten es klingeln hören. Bevor jemand abhob, legte Habich plötzlich wieder auf und schlug sich mit der flachen Hand gegen die Stirn. »Ich habe ja ganz vergessen, dass Frau Doktor Wollner frei hat. Ich werde es ... äh, morgen früh in Erfahrung bringen.« Beinahe hätte sich der Hauptkommissar verplappert, aber er wollte die Sache mit der hübschen Rechtsmedizinerin von sich aus nicht an die große Glocke hängen. Auch wenn immer noch die Gefahr bestand, Wollners Kollegen aus der Gerichtsmedizin könnten das sonntägliche Gespräch verbreiten. Dass Frau Doktor Wollner ihre Mitarbeiter entsprechend geimpft hatte, den Mund zu halten, konnte Habich nicht wissen. Für ihn galt, solange niemand davon wusste, würde es keine Gerüchte und blöden Bemerkungen geben. Selbst seinen beiden engsten Mitarbeitern wollte er die Sache so lange wie möglich verschweigen, hatte Habich entschieden. Noch wusste er selbst nicht, wohin der private Kontakt zu Dorothea Wollner führen würde, und so lange hatte er sich Stillschweigen auferlegt. Sollte sich die *»Beziehung«* vertiefen, würden die anderen es noch früh genug erfahren, sollte es ein Strohfeuer sein, so brauchte er wenigstens keine Erklärungen abzugeben, wenn keiner was davon wusste.

»Hier ist auch von Hämatomen im Bauch- und Brustbereich die Rede. So wie sich das im Bericht liest, sind das Fremdeinwirkungen durch Tritte oder Schläge.«

»Ja, ja, ich weiß.« Habich überlegte kurz, dann nickte er. »Okay, Jasmin, du recherchierst mal ein bisschen über das Weingut. Du weißt schon, so Allgemeines, Hintergründe und die finanzielle Situation. »Wir«, dabei sah er Rautner an, »werden uns vor Ort noch mal umsehen. Ich will mir selbst ein Bild machen. Chris, du versuchst herauszubekommen, wer alles am Tattag noch im Weingut war. Also, ich meine, außer die, von denen wir schon wissen. Wenn wir eine Namensliste haben, beginnen wir mit den Befragungen. Die Spusi wurde schon gestern Abend von mir angewiesen, sich noch mal am Leichenfundort umzusehen. Die müssten schon im Weingut an der Arbeit sein. Ich habe aber wenig Hoffnung, dass die etwas Verwertbares finden.«

Während die beiden Kommissare das Büro verließen, richtete Jasmin ihr Augenmerk auf den Computerbildschirm. Zuerst durchforstete sie das Internet nach allem, was sie über den »*Birknerhof*« finden konnte. Neben der eigenen Webseite des Weingutes fand sie in den lokalen Medien Berichte über den »*Markttag*«, über Auszeichnungen von Weinen und andere meist werbewirksame Aktivitäten rund um die Produkte der Familie Birkner. Auch im gesellschaftlichen Teil der örtlichen Presse traf Jasmin einige Male auf den Name Birkner. Hier half ihr das Archiv des regionalen Zeitungsverlages weiter. Sowohl als Parteimitglied, als Kreisrat und Iphöfer Stadtrat fand der Tote in der Vergangenheit oftmals Erwähnung. Sein Sohn Hermann war nicht nur im eigenen Betrieb in die Fußstapfen des Vaters getreten. Seit Karl Birkner sich vor etlichen Jahren aus allen politischen Ämtern zurückgezogen hatte, war Hermann Birkner als Stadtratskandidat nominiert worden und hatte den Platz des Vaters übernommen. Nur für den Kreistag hatte der Sohn nicht kandidiert. So nach und nach trug Jasmin alle Informationen zusammen und speicherte sie ab, bevor sie sich den Finanzen des kleinen Unternehmens widmete.

*

Dort wo am Samstag die Verkaufsbuden aufgebaut waren, herrschte nun das normale Alltagstreiben. Die Kundenparkplätze waren zu zwei Dritteln von Fahrzeugen belegt, darunter erkannten die beiden Kommissare auch einen Wagen der Spurensicherung. Im hinteren Teil des Hofes wurde gerade ein Kleintransporter per Hand mit einer größeren Menge von Weinkisten beladen und ein 7,5-Tonner mit offenem Heck wartete scheinbar darauf, entladen zu werden. Rautner stellte den Dienstwagen auf einem der ausgewiesenen Parkplätze ab. Nachdem er seinem Chef den Weg zum Fundort der Leiche beschrieben hatte, begab er sich wegen der Namensliste ins Büro des Weingutes.

Habich schlenderte derweil über den Hof, der einen sauberen und aufgeräumten Eindruck machte. Auch das Anwesen ringsherum befand sich in gutem Zustand, ein Zeichen dafür, dass das Geschäft florierte und somit auch in die Erhaltung der Gebäude investiert werden konnte. Das große Tor der Halle, auf die Rautner gedeutet hatte, war offen und davor stand der Lkw, von dem soeben palettenweise in Folie eingeschweißte leere Weinflaschen entladen wurden. Ein Mann stellte die Ware mit einem Hubwagen am Heck des Lkws ab, ein anderer Mann fuhr die Paletten mit einem gasbetriebenen Stapler in den rückwärtigen Teil des Gebäudes. Keiner der beiden kümmerte sich um den Hauptkommissar. Der blieb kurz stehen, sah beim Entladen zu und warf einen Blick in die Runde. Am anderen Ende der Halle, dort, wo die angelieferten Flaschen abgestellt wurden, erkannte der Hauptkommissar eine größere Abfüllanlage. Vom Tor aus gesehen links, etwa in der Mitte der Halle, stand ein imposantes Teil aus Edelstahl mit einer Trommel. So viel wusste Habich inzwischen von der Weinverarbeitung, dass dies eine Weinpresse war, in die die Trauben nach der Lese wanderten. An der Wand dahinter reihten sich mehrere verschieden große Edelstahltanks auf, in die der gepresste Traubensaft anschließend gepumpt wurde. Etwa auf der Hälfte der rechten Wand erblickte Habich den Treppenabgang, durch das rotweiße Polizeiband gut gekennzeichnet als Weg zum Ort des Geschehens. Daneben, am hinteren Ende der Wand, der alte Aufzug mit der dazugehörigen Fördertechnik auf dem Gehäusedach. Zielstrebig steuerte er auf die Treppe zu, ignorierte die rotweiße Absperrung und stieg darüber. Etwa auf der Hälfte der Stufen trat ihm eine vermummte Person im weißen Overall entgegen. Die erhobene rechte Hand des Vermummten gebot ihm Einhalt. »Betreten verboten, es sind schon genug hier unten herumgetrampelt und haben eventuelle Spuren zerstört«, ertönte die Stimme hinter dem weißen Mundschutz. Habich blieb stehen und sah sich um. Es lagen Schläuche im Gang vor den Tanks herum. Eine Filteranlage und zwei kleine mobile Pumpen standen im Weg. Der Hauptkommissar registrierte das Gesamtbild ebenso wie die Einzelheiten.

»Wieso, ich denke der Tote hat eine Etage weiter unten gelegen?«

»Richtig! Aber vermutlich hat die Sache schon hier oben ihren Anfang genommen und erst dann ist er nach unten gestürzt«, erklärte ihm der Kollege der Spurensicherung. »Wenn, dann sollte es also hier auch schon Spuren geben, was aber ›*ganz schwer*‹ bis ›*gar nicht mehr*‹ festzustellen ist. Wer weiß, wer hier inzwischen alles schon durchgelatscht ist.«

»Na ja, versucht euer Glück, weniger als ›*nichts*‹ könnt ihr nicht finden.«

»Wann hört denn dieses Theater hier auf?«, fragte eine genervte Stimme in Habichs Rücken.

Der Hauptkommissar drehte sich um. Vier Stufen über sich erblickte er einen Mann in Jeans und kariertem Hemd, dessen Alter Habich auf um die Fünfzig schätzte.

»Wer sind Sie?«

»Mein Name ist Andreas Birkner, ich bin hier der Kellermeister. Was soll dieser Unsinn mit der Annahme, es könnte etwas anderes als ein schreckliches Unglück sein?«

»Herr Birkner, es gibt Anzeichen, die darauf hindeuten, dass es sich bei dem Ableben Ihres Vaters nicht um einen natürlichen Tod handelt«, antwortete Habich ruhig und gelassen.

»Und was soll es sonst gewesen sein?«

»Vermutlich ein Tod mit Gewalteinwirkung von außen.«

Betroffen schwieg Birkner einen Moment. »Trotzdem muss es hier weitergehen«, entgegnete er kurz darauf leicht gereizt, »die Weine interessiert es nicht, was passiert ist. Wir können deswegen unsere Arbeit nicht einfach ruhen lassen und die jungen Weine, die hier lagern, sich selbst überlassen. Das wäre unser Ruin.«

»Die Kollegen beeilen sich.« Habich drehte sich zu einem der vermummten Männer um. »Könnt ihr heute Abend fertig sein?«

»Wenn man uns in Ruhe arbeiten lässt, denke ich schon«, tönte es von unten herauf.

»So lange müssen Sie sich leider gedulden.« Der Hauptkommissar hob mit einer Geste des Bedauerns die Schultern und stieg die Treppe empor. Dadurch nötigte er Birkner, ebenfalls den Rückzug anzutreten.

»Wer könnte etwas gegen Ihren Vater gehabt haben?«

»Spontan fällt mir da jetzt niemand ein.«

»Wie war Ihr Vater … so als Mensch, meine ich?«

Etwas zögernd und nachdenklich meinte Birkner: »Er war schon unbequem und schwierig.«

Während des Gesprächs durchquerten sie die Halle, erreichten den Hof und liefen auf das Hauptgebäude zu.

»Erzählen Sie mir mehr über Ihren Vater. Warum war er unbequem und schwierig?«

»Na ja, geschäftlich war er ein strenger Chef und harter Verhandlungspartner. Genauso war auch sein politisches Auftreten. Er war Jahrzehnte aktiv in der Partei und hat sowohl bei den eigenen Parteifreunden als auch gegenüber den politischen Gegnern unverblümt seine Meinung geäußert. Ähnlich war auch sein Verhalten im Stadtrat, dem er über dreißig Jahre angehörte. Aber ihm deswegen etwas anzutun wäre für mich unbegreiflich. Zumal er sich schon jahrelang aus allen Ämtern zurückgezogen hat.«

»Was heißt das genau?«

»Nun, die Leitung des Weingutes hat er an seinem siebzigsten Geburtstag an Hermann übergeben und genauso lange ist er auch politisch nicht mehr aktiv. Weder in der Partei noch im Stadtrat.«

»Wie alt war Ihr Vater?«

»Er wäre im Januar neunundsiebzig geworden.«

»Welches Verhältnis hatten ›*Sie*‹ zu Ihrem Vater?«

Wieder dauerte es einen kleinen Augenblick, bis die Antwort kam. »Wie ich schon sagte, er war streng, aber nicht unmenschlich. Es war schwierig, ihn zufriedenzustellen, aber der Erfolg gab ihm Recht.«

Irgendwie wirkte die Antwort auf den Kommissar ausweichend, doch gab er sich vorerst damit zufrieden.

»Wo waren Sie am Freitagabend so zwischen 19 und 20 Uhr?«

»Glauben Sie etwa, ich … ich … hätte etwas mit dem Tod meines Vaters zu tun?«

»Reine Routine.« Habich zuckte die Schultern. »Wir fragen jeden, der zur fraglichen Zeit in der Nähe war.«

»Ist das … die … die Zeit … wo mein Vater … wo es passierte?«

»Ja, laut unserer Gerichtsmedizinerin.«

Der Gefragte ließ sich mit der Antwort Zeit und überlegte. »Hmm! Zu dem Zeitpunkt war ich irgendwo hier im Weingut.« Dann schien es ihm wieder einzufallen. »Genau, ich war mit einem unserer Angestellten in der Lagerhalle und habe mit ihm schon Arbeiten für diese Woche besprochen, habe noch ein bisschen aufgeräumt und dann bin ich hinauf in meine Wohnung.«

»Ich bräuchte den Namen Ihres Angestellten.«

»Der Mann heißt Hubert Fichtner.«

»Können Sie sich erinnern, ob noch Besucher oder Weinkunden auf Ihrem Anwesen waren?«

»Ich achte da kaum noch darauf, weil wir fast täglich Weininteressenten hierhaben.« Birkner nickte. »Doch! Ich glaube, es standen noch Autos auf den Besucherparkplätzen.«

»Aufgefallen ist Ihnen aber niemand? Oder haben Sie jemand im hinteren Bereich des Hofes gesehen, der da nicht hingehört?« Andreas Birkner verneinte die Frage. »Kann jemand Ihre Angaben bestätigen? … Ich meine, nachdem Sie sich von Fichtner getrennt haben?«

»Äh …, nein, meine Frau war noch unten in der Probierstube und im Verkaufsraum. Ich denke mal, sie hat letzte Vorbereitungen für den Markttag getroffen. Also war ich alleine in der Wohnung.«

Inzwischen hatten die beiden das Haupthaus erreicht und gingen hinein. Andreas Birkner betrat das Büro, wo sie auf Hermann Birkner, den Chef des Weingutes, trafen. Hauptkommissar Habich stellte sich vor und gab dem kräftigen Mann hinter dem Schreibtisch die Hand.

»Ich habe Ihrem Kollegen eine Liste der Anwesenden gemacht, die letzten Freitag hier waren … Also ich meine, alle, die mir namentlich bekannt sind. Von den Weinkunden und Fremden, die bei uns am Freitag auf dem Hof waren, habe ich keine Namen. Ich habe nachgeschaut. Stammkunden, die bei uns einkaufen und die wir in der Kartei haben, waren nicht dabei.«

»Gut«, nickte Habich, »hat Kommissar Rautner schon mit Ihnen gesprochen?«

»Nein, aber ich hätte Ihrem Kollegen sowieso nichts sagen können. Ich war bis etwa Mitternacht hier mit Büroarbeiten beschäftigt.«

»Kann das jemand bezeugen?«

Der Chef des Weingutes brauste auf: »Wollen Sie damit andeuten, dass ich etwas mit dem Tod meines Vaters zu tun habe?«

»Hören Sie, Herr Birkner, wir werden jedem diese Frage stellen, mit dem wir sprechen müssen. Ich habe es Ihrem Bruder auch schon erklärt. Es gehört nun mal zu unserer Arbeit.«

Birkner schnaufte erregt und ließ sich auf den Bürosessel sinken, der unter dem Gewicht ein protestierendes Ächzen von sich gab. »Meine Frau ist irgendwann hereingekommen. Sie hat nur gesagt, dass sie jetzt mit allem fertig sei und in die Wohnung ginge. Ich habe ihr daraufhin zu verstehen gegeben, dass es bei mir noch dauert. Sorry, aber ich habe leider nicht auf die Uhr geschaut, wann das war. Fragen Sie meine Frau, vielleicht weiß die es.«

»Okay, werde ich machen. Wann haben Sie Ihren Vater zuletzt gesehen?«

Hermann überlegte. »Nachmittags haben wir alle zusammen Kaffee getrunken, da war er dabei. Dann habe ich nicht mehr auf ihn geachtet. Er hat sich hier auf dem Gelände frei bewegt und seine Nase noch in viele Angelegenheiten gesteckt. Konnte es nicht lassen, immer noch den Chef zu spielen.« Die letzten beiden Sätze klangen ein wenig vorwurfsvoll.

»Also gut, wo finde ich Ihre Frau?«

»Keine Ahnung.« Hermann Birkner schüttelte den Kopf. »Vermutlich irgendwo auf dem Anwesen ... im Haus ... in unserer Wohnung ... im Verkaufsladen.« Er hob in einer hilflosen Geste die Hände in die Höhe. »Ich kann es Ihnen nicht sagen.«

»Dann werde ich mich ein bisschen umschauen«, entschied Habich und drehte sich Richtung Tür, um gleich wieder kehrtzumachen. »Wo sich mein Kollege befindet, wissen Sie dann wohl auch nicht?«

»Richtig! Er wollte glaube ich, zuerst mit den Angestellten sprechen, mehr weiß ich nicht.«

Habich hob dankend die Hand und schickte sich an, das Büro zu verlassen, als er noch hörte, wie der ältere Birkner zu dem jüngeren Bruder sagte: »Wenn du mal Zeit hast, müssen wir uns unterhalten. Ich muss dir etwas anvertrauen.«

Der Hauptkommissar hielt kurz inne und hörte die Antwort: »Jederzeit, sag mir nur, wann und wo.« Durch das Klingeln des Telefons wurde das Gespräch unterbrochen und Habich entfernte sich. Ihm ging der kurze Wortwechsel nicht aus dem Sinn. Hatte es etwas mit ihrem Fall zu tun oder war es harmlos und für die Ermittlungen uninteressant? Liebend gern hätte er mehr darüber erfahren, was Hermann Birkner seinem Bruder hatte sagen wollen. Sollte er noch mal zurückgehen und versuchen zu lauschen? Vielleicht würden die beiden Brüder nach dem Telefonat ihr Gespräch wieder aufnehmen. Die Entscheidung wurde Habich abgenommen, als der jüngere der Birkner-Brüder in diesem Moment das Büro verließ und zum Treppenaufgang ging, der in seine Wohnung führte. Habich ließ ihn gewähren und steuerte den Verkaufsraum an. Er wollte gerade die Tür öffnen, als ihm Rautner entgegentrat.

»Wie weit bist du?«, fragte er ihn und deutete auf die Liste in Rautners Hand.

»Ich habe bisher nur mit den beiden Ehefrauen von Hermann und Andreas Birkner reden können. Die zwei Mitarbeiter, die auf meinem Zettel stehen, sind schon in der Mittagspause«, sagte er mit einem Blick auf das Papier in seiner Hand und auf die Uhr. »Stefan Birkner, der Sohn des Chefs, ist heute außer Haus und dessen Frau Diana befindet sich noch an ihrer Arbeitsstelle. Sie ist Arzthelferin bei einem hier ansässigen Allgemeinmediziner. Ihre Mittagspause beginnt später und geht bis zum frühen Nachmittag, danach ist sie wieder bis abends im Einsatz.«

»Und was sagen die Frauen?«

»Sie hatten beide bei einer Weinprobe in ihrer Probierstube zu tun. Eine Gruppe bestehend aus fünfzehn Frauen und Männern wollte Weine verkosten. Cornelia Birkner hat sich um den Ausschank gekümmert und Waltraud Birkner die Erklärungen zum Wein beigetragen und Fragen beantwortet. Das Ganze begann gegen 18 Uhr und dauerte fast zwei Stunden. Danach haben sie noch die Bestellungen der Kunden fertig gemacht und alles für den nächsten Tag hergerichtet. Keine der beiden hat, laut ihren Aussagen, für längere Zeit die Veranstaltung verlassen. Wenn alles so stimmt, haben die Frauen für den Tatzeitraum ein Alibi.«

»Na, dann sollten wir auch eine kleine Mittagspause einlegen. Ein Kaffee wäre jetzt recht«, meinte Theo. »Wenn mich nicht alles täuscht, gibt es ganz in der Nähe eine Bäckerei mit Café«, erinnerte sich der Hauptkommissar und strebte zum Ausgang.

Aus dem Tor heraus, schlug Habich zielstrebig eine bestimmte Richtung ein. Rautner folgte ihm durch die Stöhrsgasse und vorbei am neu renovierten Benefizium, bis sie schließlich vor ihrem Ziel, dem »*Franzenbäck*« standen. Drinnen roch es herrlich nach frischen Backwaren. Zudem war nicht nur an der Dekoration und den Lichterketten deutlich zu sehen, dass es mit großen Schritten auf Weihnachten zuging, auch die im Verkaufsraum ausgestellten Christstollen, Plätzchen und Lebkuchen steuerten ihren Teil dazu bei. Im Café fanden sie ohne Schwierigkeiten einen Platz. Rautner bestellte sich einen kleinen Mittagssnack, Habich gelüstete es mehr nach etwas Süßem. Beide bestellten dazu einen großen Pott Kaffee. Nachdem die Bedienung ihre Wünsche aufgenommen hatte, setzte Theo Habich seinen Kollegen über die Unterhaltung mit den beiden Birkner-Brüdern ins Bild.

»Was hältst du bisher von unserem neuen Fall?«, erkundigte sich der junge Kommissar, während sie auf ihr Essen warteten.

»Sag du es mir, du hast doch am Samstag schon einen ersten Eindruck bekommen und bist mir voraus«, entgegnete Habich.

»Wenn diese Sache mit den Druckstellen an den Oberarmen des Toten nicht wären, würde ich es immer noch für einen Unfall halten. Bisher gibt es keinen erkennbaren Grund für eine Gewaltanwendung.«

»Na ja, der alte Birkner war vermutlich nicht immer ein angenehmer Zeitgenosse. Das gaben mir seine beiden Söhne auf ihre Art und Weise zu verstehen.«

»Von der Sorte Mensch gibt es genug, da müsste die Mordrate bedeutend höher sein«, gab Rautner zu bedenken.

»Auch wieder wahr«, brummte Habich und nippte an seinem Heißgetränk, das soeben vor ihnen abgestellt worden war. »Okay, wir haben noch nicht alle befragt und wenn dabei nichts herauskommt, dann müssen wir wie immer tiefer graben, um den Grund für seinen Tod zu finden.«

»Also, die beiden Frauen können wir mit größter Wahrscheinlichkeit ausschließen …«

»Dagegen sind die Ehemänner noch nicht aus dem Schneider«, überlegte Habich. »Mit diesem Fichtner, der bei Andreas Birkner gewesen sein soll, haben wir noch nicht gesprochen und Hermann Birkner war alleine im Büro. Seine Frau ist nach ihrer eigenen Aussage erst gegen 21 Uhr bei ihm gewesen.«

»Aber warum sollte einer der Männer seinen eigenen Vater umbringen? Die Nachfolge war doch schon lange geregelt und ich vermute mal, alles andere auch.«

Schulterzuckend antwortete Habich: »Es muss ja nicht absichtlich geschehen sein. Wenn sich der alte Birkner immer noch eingemischt hat, wer weiß, um was es ging. Vielleicht ein Streit, eine kleine Auseinandersetzung, ein Wortgefecht, eine Handgreiflichkeit, im Eifer oder in Wut, ein Griff an die Arme, ein Schubserer und zack, ist es passiert.« Der Hauptkommissar lehnte sich zurück und beobachtete, wie ihre Essensbestellung aufgetragen wurde. Mit Appetit machte er sich über das süße Teilchen her. Kauend murmelte er: »Es könnte natürlich auch ganz andere Gründe haben.«

»Sehr geistreich«, grinste Rautner, »bei der Fußball-Talksendung im Fernsehen hättest du jetzt dafür ein paar Euro ins Phrasenschwein werfen müssen.«

Habich wischte sich mit der Serviette den Mund ab und wollte gerade etwas entgegnen, als er durch die Türglocke abgelenkt wurde. Seine Aufmerksamkeit galt dem neuen Gast, der das Café betrat. Ein betagter weißhaariger, aber noch sehr vital wirkender Mann setzte sich an den leeren Tisch nebenan. Habich musterte den Neuankömmling, da er ihm bekannt vorkam. Erst nachdem der Fremde Platz genommen hatte, schien dieser die beiden Kommissare zu bemerken. Sein Blick kreuzte sich mit dem des Hauptkommissars.

Ein leichtes Schmunzeln spielte um die Lippen des Mannes, während er Habich zunickte. »Hallo Herr Hauptkommissar, kennen Sie mich noch?«

Sekundenlang herrschte Stille. Gerade wollte der Mann am Nachbartisch seine Stimme erheben, als Habich abwehrend die Hand hob. »Nein, sagen Sie nichts! Herr … Herr Boskov?«

»Nein, Proskov … Horst Proskov.«

»Genau, jetzt weiß ich es wieder! Damals bei dem Fall vor etlichen Jahren sind wir uns im ›*Achterle*‹ begegnet.« Habichs Erinnerung war wieder vollständig da. Es war in der soeben namentlich genannten Iphöfer Weinstube gewesen, wo er mit Geschäftsleuten zusammengetroffen war, in deren Runde sich der Weißhaarige befunden hatte. »Sie waren Lehrer, wenn ich mich recht besinne.«

»Beides genau richtig!«, nickte Proskov lächelnd. »Und jetzt treffen wir uns wieder bei Ihrem nächsten Fall.« Der Satz klang mehr wie eine Frage.

»Ahh, es hat sich schon herumgesprochen.«

»Natürlich! Dahingehend ist Iphofen ein Dorf.«

»Na ja, wir sind uns noch nicht ganz sicher, ob es ein Fall für uns ist. Dazu sind unsere Ermittlungen noch nicht weit genug fortgeschritten.«

»Also könnte es auch ein … ein Unglück sein?« Proskov hatte nach dem richtigen Wort gesucht.

»Hmm!«, war Habichs einziger Kommentar dazu, dann kam seine Gegenfrage: »Kannten Sie Karl Birkner gut?«

»Das will ich meinen«, stimmte der ehemalige Lehrer zu. »Er war zwar eineinhalb Jahre älter als ich, aber wir kannten uns schon in jungen Jahren und waren Freunde, wenn man das so bezeichnen darf.«

»Möchten Sie sich nicht zu uns setzen?«, lud der Hauptkommissar den Mann ein. Gerne nahm der ehemalige Lehrer die Einladung an in der Hoffnung auf ein interessantes Gespräch oder Neuigkeiten. Als Proskov seinen Sitzplatz gewechselt hatte, bemerkte Habich: »Ich würde gerne mehr über den alten Birkner erfahren.«

»Was wollen Sie wissen?«

»Ihre Einschätzung von Wesen und Charakter Karl Birkners zum Beispiel. Vielleicht etwas aus seinem Leben. Ich möchte den Mann kennenlernen, mir ein Bild von ihm machen«, deutete der Hauptkommissar an. »Wie hat er sich seinen Mitmenschen gegenüber verhalten? Solche Dinge interessieren uns.«

Ohne dass der Ex-Lehrer eine Bestellung aufgegeben hatte, brachte die Bedienung einen Tee und eine Butterbrezel für ihn. So wie es aussah, war er Stammgast und man wusste, was er trank und aß. Mit Sorgfalt und Bedacht schüttete er Zucker in sein Getränk und rührte andächtig darin herum. Weder Habich noch Rautner störten Proskov, der seine Gedanken zu sammeln schien.

»Wie man unschwer an meinem Namen erkennen kann, stammen meine Eltern nicht von hier, wir kommen aus Ostpreußen«, holte der Ex-Lehrer bei seinem Bericht etwas weiter aus. Habich ließ ihn gewähren und hörte zu. »Auch ich wurde noch dort geboren und im Alter von vier Jahren kam ich mit meinen Eltern hierher nach Iphofen. Schon in der Grundschule hatte ich den ersten Kontakt mit Karl. Zuerst fiel er mir in den Pausen auf dem Schulhof als Wortführer auf. Sich aufzuspielen und anderen Anweisungen zu geben, hat man ihm scheinbar in die Wiege gelegt. Er war zwar nicht der Klügste in der Schule, aber an Ehrgeiz hat es ihm nie gemangelt. Mit dieser Einstellung schaffte er vermutlich auch den Sprung aufs Gymnasium. Obwohl später ›*böse Zungen*‹ behaupteten, dass auch sein Vater dabei die Finger im Spiel gehabt hatte.

Dazu muss man wissen, die Birkners spielten schon sehr lange eine gewisse einflussreiche Rolle in unserem Städtchen. Noch näher lernte ich Karl durch den Sportverein kennen. Wir haben zusammen Fußball gespielt … na ja, ›*zusammen*‹ ist jetzt übertrieben. Zuerst spielte er eine Altersklasse über mir und ich traf ihn hauptsächlich im Training oder wenn ich zufällig mal bei einem der Spiele zuschaute, bei denen er mitspielte. Erst als ich die Jugendmannschaft verließ, war ich mit ihm in einer Mannschaft. Er war sportlich gesehen ein ›*harter Kerl*‹ und konnte nicht gut verlieren. Diese Eigenschaft ist im erhalten geblieben. Mir hat er mal in jungen Jahren eine Freundin ausgespannt, da war unser Verhältnis eine Zeitlang gespalten. Das Mädel hat es aber weder bei mir noch bei ihm lange ausgehalten, da ist sie schon wieder zu einem anderen gewechselt. Somit mussten wir beide erkennen, dass es für uns nicht die Richtige war, und plötzlich hatten wir wieder mehr Kontakt.« Seine Erzählung ging nur stockend voran. Zwischendurch biss er immer wieder in seine Brezel, kaute genüsslich und schlürfte an seinem heißen Tee. »Eins möchte ich auf jeden Fall anmerken«, sagte der Ex-Lehrer plötzlich mit Nachdruck und hob dabei den Zeigefinger. »Karl konnte ein schwieriger Fall sein, außerdem war er immer auf seinen Vorteil bedacht, aber soweit ich ihn kenne, hat er nie mit unfairen Mitteln gekämpft.« Wieder entstand eine kleine Denkpause. »Dadurch, dass Karl im Gymnasium eine Klasse wiederholen musste, war er für die letzten drei Jahre in der Schule schließlich mein Klassenkamerad. In dieser Zeit entstand die bis dahin intensivste Verbindung zwischen uns beiden, da ich ihm quasi Nachhilfe gegeben habe. Warum Karl unbedingt das Abitur machen sollte, habe ich bis heute nicht verstanden, schließlich stand von vornherein fest, dass er mal das elterliche Weingut übernehmen würde. Dazu brauchte man damals keine höhere

Bildung und erst recht nicht die Notwendigkeit zu studieren. Nun gut, ich habe ihn mit durch's Abi geschleift. Seit dieser Zeit waren wir gute Freunde. Wir haben viel Blödsinn miteinander getrieben. Eben was Jungen in dem Alter so tun.« Der alte Proskov schwelgte kurz in Erinnerungen und lachte, dann wurde er wieder ernst. »Komischerweise trat sein Intellekt erst lange nach der Schule so richtig zu Tage. Auf einmal machte er sich über Dinge Gedanken, die ihn vorher nie interessiert hatten. Er zeigte plötzlich überaus großes Interesse am eigenen Betrieb, früher hatte sich seine Begeisterung für die Arbeit rund um den Wein in Grenzen gehalten. Genauso wie er begann, sich politisch zu engagieren. Eines Tages – Jahre später, nachdem wir Schulzeit und Jugend hinter uns gelassen hatten und erwachsen geworden waren – kandidierte er dann für den Stadtrat und bekam doch tatsächlich genug Stimmen. Ich wollte es erst gar nicht glauben. Schließlich war er immer noch ein bisschen rebellisch und vorlaut, aber genau das schien ihm geholfen zu haben. Eine Wahlperiode später wurde er sogar in den Kreistag gewählt. Wir haben über die Jahrzehnte so manche kommunalpolitische Diskussion geführt und dabei auch manchen Schoppen getrunken«, konnte sich der ehemalige Lehrer an das Vergangene erinnern.

»Was hat Birkner eigentlich direkt nach der Schule gemacht?«

Etwas nachdenklich kratzte sich Proskov am Kopf. »Da muss ich gestehen, bin ich mir nicht mehr hundertprozentig sicher, was Karl genau alles gemacht hat. Es war die Zeit, wo ich an der Pädagogischen Hochschule in Würzburg zu studieren begann, um Lehrer zu werden. In den Jahren haben wir uns etwas seltener gesehen und wenn, dann haben wir wenig über Arbeit und Studium gesprochen. Wenn ich das noch richtig nachvollziehen kann, hat Karl zuerst eine kaufmännische

Lehre in Würzburg absolviert und ist dann zum Juliusspital, um den Weinbau zu lernen oder so ähnlich. Danach ist er in den väterlichen Betrieb gewechselt.«

»Standen Sie auch in der letzten Zeit noch miteinander in Verbindung?«

»Ja, ja, wir haben erst letztens wieder zusammengesessen. Mal habe ich ihn besucht, mal er mich oder wir waren gemeinsam auf einen Schoppen im ›*Achterle*‹.«

»Gab es irgendwelche außergewöhnlichen Ereignisse, wo er sich unbeliebt gemacht hat oder sich Feinde geschaffen haben könnte?«, unterbrach Habich den Ex-Lehrer. Proskov sah ihn etwas verständnislos an. »Ich meine, hatte er mal mit jemandem so richtig Ärger?«

»Äh, also …« Der alte Lehrer kam ins Stottern. »Sie meinen so, dass derjenige ihm etwas hätte antun wollen?«, erkundigte sich Proskov etwas nervös.

»Genau, an so etwas in der Art hatte ich gedacht.«

Energisch schüttelte Proskov den Kopf und meinte: »Und wenn, warum dann jetzt, wo er sich schon jahrelang von allem zurückgezogen hatte?«

Der Hauptkommissar erinnerte sich an die Aussage des Sohnes Andreas Birkner, der eine ähnliche Feststellung gemacht hatte. In Gedanken versunken schüttelte Habich den Kopf. »Es muss ja nichts mit geschäftlichen Dingen oder der Politik zu tun haben, sondern möglicherweise mit dem privaten Bereich.«

Jetzt war es an dem alten Proskov, energisch sein weißhaariges Haupt zu schütteln. »Das kann ich mir nicht vorstellen … Also ich wüsste nichts davon … Karl hat nie so etwas erzählt.« Dann wurde er plötzlich zögerlich. »Obwohl … obwohl ich sagen muss, er war … jetzt wo Sie mich darauf ansprechen … hmm, er war die letzte Zeit schon ein bisschen anders … wie soll ich sagen«, überlegte er, »vielleicht etwas nachdenklich und in sich gekehrt, so als wenn ihm etwas auf der Seele liege. Geäußert hat er sich dazu auf jeden Fall nicht. Letztendlich habe ich es dann doch seinem Alter zugeschrieben. Im Alter verändert sich der Mensch oder zumindest seine Einstellungen, manche von uns werden dann wunderlich, eigenartig … oder wer weiß, was sonst noch«, mutmaßte der alte Mann und brach schließlich seine philosophischen Gedanken ab.

»Er hat sich also auch nicht über Ungewöhnliches ausgelassen oder über außergewöhnliche Vorkommnisse in der letzten Zeit erzählt?«, vergewisserte sich Habich noch einmal, aber als Antwort kam nur ein Kopfschütteln von dem alten Proskov. Der unruhige Blick, der zusammengepresste Mund und das nervöse Zucken der Mundwinkel schien sowohl dem Hauptkommissar als auch seinem Kollegen Rautner entgangen zu sein.

Mit dem Ex-Lehrer kam er nicht weiter, der wusste nichts und konnte ihnen nicht weiterhelfen, entschied Habich nach den letzten Worten. Er winkte der Bedienung und gab ihr ein Zeichen, dass er zahlen wollte. »Herr Proskov, ich danke Ihnen für Ihre Informationen, aber wir müssen wieder los.« Nur eine Minute später standen die beiden Kommissare auf und verabschiedeten sich.

Draußen vor der Tür bemerkte Habich zu Rautner: »Proskovs Erzählung war ja ganz interessant, aber für unseren Fall nicht sehr aufschlussreich.«

»Er wirkte auf mich ein bisschen verwirrt und nervös. Ich glaube, eine sichere Informationsquelle sieht anders aus«, bemerkte Rautner etwas abfällig. »Ich finde es auch komisch, dass die Andeutungen seiner Söhne irgendwie anders klingen, als Proskov uns den alten Birkner geschildert hat.«

»Weißt du, es gibt Menschen mit zwei Gesichtern. Bei den einen präsentieren sie sich freundlich und gesellig, bei anderen unausstehlich. Egal«, winkte der Hauptkommissar ab, »einen ersten kleinen Einblick haben wir auf jeden Fall bekommen.«

Feiner Sprühregen befeuchtete das Kopfsteinpflaster und ein unangenehm kühler Wind pfiff durch die Gassen, als die beiden Kommissare sich auf den Weg zurück zum Weingut machten. Sie schlugen den Jackenkragen hoch und zogen den Kopf ein, mehr Schutz vor dem Wetter hatten sie nicht zur Verfügung.

Rautner suchte als Erstes Stefan Birkners Frau auf. Er traf die Arzthelferin in der Küche an, wo sie zugange war, um Vorbereitungen für das spätere Abendessen zu treffen.

Auf Rautners Frage nach ihrem Alibi antwortete Diana Birkner prompt: »Da muss ich nicht lange überlegen. Zu dieser Zeit hat meine Mutter meinen Sohn gebracht. Sie holt ihn nachmittags vom Kindergarten ab und er bleibt danach bei meinen Eltern, bis mein Hausputz erledigt ist. So praktizieren wir das immer freitags, soweit das möglich ist. Mutter ist erst kurz vor der Tagesschau wieder gegangen. Zwischenzeitlich habe ich noch fast eine halbe Stunde mit meiner Freundin telefoniert. In der Zeit hat meine Mutter hier in der Wohnung weiter auf Benjamin aufgepasst.«

Schnell war dem Kriminalbeamten klar, dass er Diana Birkner von der Liste der Verdächtigen streichen konnte, falls ihre Aussage stimmte. Natürlich würde er sich erst noch die Bestätigung der beiden genannten Zeuginnen einholen müssen. Weiter kam der Kommissar mit seinen Befragungen an diesem Tag nicht. Andreas, der jüngere der Birkner-Brüder, teilte ihm mit, dass Fichtner auf dringender Auslieferungstour sei und erst heute Abend spät zurückerwartet würde. Die zweite Angestellte auf Rautners Liste, Jessica Issing, habe sich wegen eines privaten Termins heute Nachmittag frei genommen, erfuhr er von der Frau des Weingutchefs.

Hauptkommissar Habich hatte sich in der Zwischenzeit am Tatort bei den Kollegen der KTU über eventuell vorliegende Ergebnisse erkundigt, erhielt aber nur ein bedauerndes Kopfschütteln. Auf dem Rückweg traf er seinen Kollegen Rautner, der stinksauer daherkam.

»Welche Laus ist dir denn über die Leber gelaufen?«, erkundigte sich Habich.

»Ich habe das Gefühl, wir werden hier nicht ernst genommen«, polterte Rautner los. »Man hält es nicht für nötig, uns rechtzeitig zu sagen, dass die Leute, die wir befragen wollen, heute Nachmittag gar nicht anwesend sind.«

»Nicht schön, aber auch nicht zu ändern«, beruhigte der Hauptkommissar seinen Kollegen. »Dann fahren wir jetzt zurück ins Büro und sehen mal, was Jasmin inzwischen über die Familie und das Weingut zusammengetragen hat.«

Künstlerpech

Jasmin sah von ihrer Arbeit auf und lächelte, als die beiden Kommissare das Büro betraten. »Na, den Fall schon gelöst?«

»Schön wär's«, knurrte Rautner.

»So schnell geht es nun auch wieder nicht«, warf Habich ein. »Dann lass mal hören, was du für uns hast«, forderte der Hauptkommissar dagegen seine Kollegin auf, nachdem er die Tür hinter sich geschlossen hatte. Er und Rautner setzten sich und blickten erwartungsvoll auf Jasmin.

»Also gut! Erst mal zur Familie. Der Verstorbene hat vier Kinder, die alle verheiratet sind und wiederum Kinder haben. Da wäre Hermann Birkner, der Älteste der Birkners, gleichzeitig Chef des Weingutes, und seine Frau Waltraud …«

»Die kennen wir doch schon«, kommentierte Chris Rautner die ersten Sätze von Jasmin.

»… sowie deren beiden Kinder Stefan und Karola …«

»Stefan Birkner und seine Frau Diana haben wir auch schon kennengelernt«, unterbrach er erneut.

»… wobei Stefan für die Außenarbeiten in den Weinbergen zuständig ist. Über seine Schwester Karola habe ich noch nichts herausbekommen. Als Nächstes hätten wir da Andreas Birkner, den Zweitältesten, verantwortlich für den Weinausbau als Kellermeister.« Wieder wollte Chris dazwischenfunken, aber Jasmin hob warnend die Hand. »Ich weiß, den habt ihr auch kennengelernt, nebst seiner Ehefrau Cornelia … übrigens auch ein unbeschriebenes Blatt ohne weiteren Hintergrund. Sie haben eine Tochter, Stefanie, die studiert BWL. Dann wären da noch die zwei Birkner-Geschwister

Simone und Hannes. Simone heißt jetzt Landinger und ist mit dem Gastronom Markus Landinger verheiratet. Sie besitzen in Volkach ein Restaurant und haben einen dreiundzwanzigjährigen Sohn, Damian. Als Letzter wäre da noch Hannes Birkner, seine Frau Verena und Sohn Tizian …«

»Das ist ja nicht gerade sehr ergiebig«, frotzelte Chris mit geringschätzigem Unterton.

»Was soll denn das jetzt heißen? Wenn du es besser kannst«, meinte Jasmin etwas schnippisch, »dann setzt du dich das nächste Mal hierhin und recherchierst, während ich mit Theo spazieren fahre.«

»Hallo, hallo! Eine Spazierfahrt war unser Tagesprogramm nun auch wieder nicht«, hielt Theo dagegen.

»Ist mir schon klar, aber die Erkundigungen, die ich einhole, präsentieren sich auch nicht von selbst auf dem Silbertablett, außerdem war ich noch lange nicht fertig.«

»Dann mal weiter«, ermunterte Habich seine Kollegin und an Rautner gewandt knurrte er, »und du lässt gefälligst deine blöden Bemerkungen.«

»Also«, fuhr Jasmin fort, »ich habe ein paar ältere Zeitungsartikel gefunden, in denen von Karl Birkner die Rede ist. Man kann weiß Gott nicht behaupten, dass der alte Birkner ein Ja-Sager war. Er hatte bei kommunalen Angelegenheiten des Öfteren eine andere Meinung als der Bürgermeister und die Stadtratskollegen. Ich habe die Zeitungsartikel, die darüber berichteten, abgespeichert, ihr könnt selbst nachlesen, um was es sich im Einzelnen gehandelt hat. Ähnlich hat er sich in seiner Partei benommen, wenn es um politische Entscheidungen ging, die ihm nicht gepasst haben. Auch hierzu gibt es Presseberichte, die ihr nachlesen könnt. Ich habe aber bisher nichts gefunden, was auf persönliche Auseinandersetzungen mit anderen hinweisen könnte, die vielleicht über das normale Maß hinaus eskaliert wären. Zumindest nichts, was in der Öffentlichkeit ausgetragen worden ist. Es sind auch keine Rechtsstreitigkeiten bekannt, die er jemals geführt hätte ...«

Wieder unterbrach Chris Jasmins Ausführungen. »Sollte man den Andeutungen seiner Söhne glauben, dann wundert es mich, dass so ein Mensch niemandem auf die Zehen getreten ist, ohne dass derjenige es ihm heimzahlen wollte.«

»Was aber nicht immer in Mord ausarten muss«, entgegnete Jasmin.

»Richtig, es ›*muss*‹ nicht, ›*kann*‹ aber«, gab der Hauptkommissar zu bedenken. »Hast du noch mehr in Erfahrung bringen können?«

»Da wäre zum einen die finanzielle Situation des Weingutes, die laut Bankauskunft sehr gut aussieht. Die Birkners haben über Jahre hin gut gewirtschaftet, dadurch steht der Betrieb auf absolut stabilen Füßen. Des Weiteren habe ich herausgefunden, dass das Weingut in Form einer Personengesellschaft geführt wird. In dem derzeit existierenden Gesellschaftsvertrag ist geregelt, dass Karl Birkner, seine beiden Söhne Hermann und Andreas sowie die Tochter Simone Anteile besitzen ...«

Dieses Mal war es Habich, der die Ausführungen Jasmins stoppte und laut überlegte: »Das heißt, dass der andere Sohn, Hannes Birkner, nichts oder nichts mehr mit dem Unternehmen zu tun hat.«

»Laut dem Vertrag nicht. Daraus geht auch nicht hervor, ob er jemals beteiligt war.«

»Okay, sonst noch irgendwelche Erkenntnisse?«

»Ich habe für euch noch ein paar Details aus dem Vertrag, falls ihr interessiert seid.«

»Schieß los!«

»Die Kapitalanteile der Gesellschaft sind wie folgt verteilt – ich gebe euch das mal in Prozent an, das ist verständlicher als große Zahlen. Von den drei Männern hat jeder einen Anteil von dreißig Prozent und Simone Birkner zehn Prozent. Der, der das Sagen hat und die meiste Verantwortung, ist Hermann Birkner. Er und sein Bruder erhalten eine Vergütung für ihre Arbeit, dagegen bekommen der alte Birkner und die Tochter nur Gewinnanteile in Höhe ihrer Beteiligung ausbezahlt, falls Gewinn erzielt wird. Die Gewinnausschüttung gilt natürlich auch für Hermann und Andreas Birkner.« Bevor einer der beiden Kommissare wieder eine Zwischenbemerkung loswerden konnte, fuhr Jasmin fort: »Einen letzten Punkt habe ich noch, ob er interessant ist, weiß ich nicht, das wären die Nachfolgeregelungen. Die werden in sogenannten ›*Nachfolgeklauseln*‹ festgelegt. Und da gibt es für jeden der Gesellschafter eine Klausel, das heißt: Jeder der vier hat für den Fall seines Todes bestimmt, wer seine Anteile bekommt.«

»Ist das etwas Außergewöhnliches?«, konnte Chris sich nicht zurückhalten.

»Keine Ahnung. Wahrscheinlich nicht, aber vielleicht ist es von Bedeutung, wie die Nachfolge nach dem Tod von Karl Birkner ausschaut …«

»Und wie sieht die aus?«

»Die Anteile, also die dreißig Prozent, gehen zu gleichen Teilen an die beiden Söhne …«

»Das bedeutet, Karls Tochter Simone bekommt davon nichts«, stellte Habich fest.

»Wie sieht die Nachfolge bei den drei Geschwistern aus?«, wandte sich Chris an seine junge Kollegin.

Jasmin blickte auf ihren Computer und las vor: »Bei Hermann Birkner ist es der Sohn Stefan, bei den anderen beiden die Kinder, Damian und Stefanie.«

»Dabei geht in diesem Fall Karola, die Tochter von Hermann Birkner, leer aus.«

»Sehr gut erkannt«, grinste Jasmin.

»Wie könnte uns das weiterhelfen?«, überlegte Rautner. »Wäre da ein Grund für Birkners Tod zu suchen?«

»Durchaus möglich, Streitigkeiten in der Familie, wegen Geld oder, wie hier, vielleicht wegen der Kapitalverteilung sind nicht unüblich.«

»Aber warum gerade jetzt und nicht schon viel früher?«, fragte Jasmin.

»Vielleicht nur ein Gespräch, das eskalierte«, meinte Habich und erkundigte sich anschließend bei Jasmin. »Wann wurde der Gesellschaftsvertrag letztmals geändert und seit wann gibt es die derzeit aktuellen Nachfolgeklauseln?«

Die Antwort kam prompt: »Der Vertrag wurde vor über acht Jahren zuletzt geändert. Ich vermute, es war, als Hermann Birkner die Verantwortung für das Geschäft übernahm. Die sogenannten geschäftlichen ›*Erbschaftsbestimmungen*‹ wurden ebenfalls zu diesem Zeitpunkt neu geregelt, bis auf die des alten Birkner und seines Sohnes Hermann. Beide haben zu einem späteren Zeitpunkt nochmal eine Änderung vorgenommen. Die Nachfolgeklausel von Karl Birkner datiert von vor gut vier Jahren, die von Hermann ist gerade mal ein Jahr alt.«

»Kann man nachvollziehen, was da geändert wurde?«

»Da hat der alte Birkner seine Tochter Simone aus der Erbnachfolge bei den Weingutanteilen herausgenommen und Hermann hat das Gleiche später bei seiner Tochter Karola gemacht. Fragt mich aber nicht nach dem Grund, den kann ich euch nicht sagen.« Jasmin hob abwehrend die Hände.

»Hast du noch mehr?«

»Nein, das war es.«

»Ach, eins noch, dieser Hannes Birkner, hast du zu ihm

schon nähere Informationen? Er scheint mit dem Weingut nichts zu tun zu haben, zumindest taucht der Name nirgendwo auf, wie du vorhin angemerkt hast«, erkundigte sich Habich.

»Ein paar Infos habe ich schon. Er ist Künstler und wohnt im Steinbachtal …«

»Oho, gute Wohngegend. Was für eine Kunst betreibt er denn?«

»Malerei und Bildhauerei.«

»Dann ist er aber wohl kein Künstler, der am Hungertuch nagt?«

»Nein, muss er auch nicht. Seine Frau Verena ist Professorin in Wirtschaftswissenschaften und Dozentin an der hiesigen Fachhochschule …«

»Das erklärt einiges …«

»Ja schon, aber er scheint auch einen gewissen Namen zu haben und seine Arbeiten ganz gut zu verkaufen. Seine Werke sind nicht unbedingt für ein Taschengeld zu bekommen.«

»Schön, schön!«, war Habichs Kommentar zu Jasmins Ausführungen, dann blickte er auf die Uhr. »Ich glaube, heute werden wir nicht mehr viel in Erfahrung bringen können, machen wir Feierabend.«

*

»Du sollst gleich zum Kriminaloberrat kommen«, empfing Jasmin ihren Chef am anderen Morgen, als er das Büro betrat.

»Alles klar, es hat mich schon gewundert, dass er mich nicht schon gestern zum Rapport gerufen hat«, entgegnete Habich, drehte sich auf dem Absatz herum und schloss die Bürotür von außen.

Am Ende des langen Korridors klopfte der Hauptkommissar an eine Tür. Nach einem lauten und deutlichen »*Herein*« trat Habich ein. Das Büro sah genauso aus, wie seine eigenen Diensträume. Ein Schreibtisch, davor zwei Stühle, links und rechts Aktenschränke mit Schiebetüren und das nötige moderne Equipment wie Computer, Drucker und Faxgerät. Zusätzlich gab es lediglich noch eine kleine separate Sitzecke für etwaige Besprechungen oder besondere Besucher. Bisher hatte Theo dort erst einmal gesessen, wobei es um die Koordination eines größeren Einsatzes mit anderen Abteilungen gegangen war. Einzig der Ledersessel, in dem der Kriminaloberrat saß, sah um einiges bequemer aus als die eigenen Bürostühle. Der schmächtige Mann hinter dem Schreibtisch hob den Kopf und bedeutete Theo nach dem Gutenmorgengruß, sich zu setzen. Wie immer war Kriminaloberrat Schössler akkurat mit Anzug und Krawatte bekleidet. Auch das blasse Gesicht, mit dem der Mann keiner Regung fähig zu sein schien, wirkte wie immer. Er legte den Kugelschreiber auf die Seite und lehnte sich zurück. Mit seinen dunklen Augen beobachtete Schössler gelassen, wie Habich sich setzte, dann herrschte einige Sekunden Ruhe. Theo schwieg bedächtig, da er wusste, dass sein Chef es schätzte, wenn er das Gespräch eröffnen konnte.

»Nun, wie ist die Lage in Ihrem neuen Fall?«, erkundigte sich Schössler endlich.

»Noch ganz undurchsichtig«, erwiderte Theo, »wir wissen noch nicht, ob es ein Unglück war oder Vorsatz.«

»Ich hatte gestern weitere Anrufe von Kommunal- und Landespolitikern und auch aus dem Landesverband seiner Partei zieht man Erkundigungen ein und will wissen, was geschehen ist. Karl Birkner war zwar nicht mehr aktiv, aber Ehrenmitglied und noch immer bestens vernetzt.«

Jetzt war dem Hauptkommissar schlagartig klar, warum sich sein Chef am Samstag gleich mit eingeschaltet hatte, nachdem man den Toten gefunden hatte. Auch der Kriminaloberrat verfügte über Beziehungen in diesen Kreisen und durch entsprechende Telefonate hatte er sich genötigt gefühlt, sich persönlich zu kümmern und er wiederum hatte unverzüglich sein Team in Marsch gesetzt.

»Auch durch Druck von oben werden wir nicht schneller Ergebnisse erzielen können«, reagierte Habich gelassen auf Schösslers Äußerungen. »Den Bericht der Gerichtsmedizin haben wir bekommen und den der KTU erwarte ich heute früh. Die Jungs haben bis gestern spätabends ihre Arbeit gemacht, wobei ich glaube, dass dabei nicht viel herauskommt«, fügte er beiläufig hinzu.

In knappen Sätzen schilderte Habich dem Kriminaloberrat den derzeitigen Stand und den medizinischen Befund. Als er geendet hatte, nickte Schössler wohlwollend und meinte: »Gut! Mit den Medien und der Politik müssen wir leben. Beide haben aus verschiedenen Gründen äußerstes Interesse an dem Fall. Ich verlasse mich wie immer auf Sie und Ihr Team. Sie wissen ja, wenn es Probleme gibt oder Sie auf Hindernisse stoßen, wenden Sie sich an mich.« Den bedeutungsvollen Blick verstand Habich nur zu gut. Der Kriminaloberrat würde nichts unversucht lassen, ihnen die nötigen Türen und Tore zu öffnen, die ihnen sonst vielleicht verschlossen blieben. Genauso würde er ihnen jegliche notwendige Rückendeckung geben, wenn sie vertretbar und gerechtfertigt war.

Eine Viertelstunde später war Theo wieder zurück bei seinen Leuten. Chris und Jasmin schauten ihn erwartungsvoll an.

»Alles in Ordnung, wir machen weiter wie gehabt. Jasmin, du durchleuchtest jeden der Familie Birkner, also Finanzen, Kontakte, Privatleben und was du so findest. Chris, du fährst nach Iphofen und nimmst dir zuerst die beiden Angestellten vor, die wir gestern nicht angetroffen haben. Sprich auch mit anderen Mitarbeitern des Weingutes und den Nachbarn, ob denen irgendetwas Ungewöhnliches aufgefallen ist. Jede Kleinigkeit könnte sich als Hinweis entpuppen. Ich werde mir mal den Künstler ansehen.«

»Hast du nicht etwas vergessen?«, erinnerte ihn Jasmin.

Der Hauptkommissar stutzte, dann tippte er sich erst an die Stirn und dann auf eine Kurzwahltaste am Telefon. Er stellte auf Lautsprecher, sodass auch die beiden jungen Kommissare den Rufton hören konnten.

»Rechtsmedizin, Wollner«, meldete sich die angenehm weich klingende Stimme von Doktor Dorothea Wollner.

»Guten Morgen, Frau Doktor, hier ist Hauptkommissar Habich.«

»Herr Hauptkommissar, wie kann ich Ihnen helfen?«

»Indem Sie mir und meinem Team erklären, was ein Aortenaneurysma ist. Sie sind auf Lautsprecher, die beiden hören mit.«

»Das ist eine sackähnliche unnatürliche Erweiterung der Aorta – also der Hauptschlagader – zum Beispiel im Brust- und Bauchbereich, die zu einer Ruptur … äh, laienhaft ausgedrückt, zu einer Zerreißung oder zu einem Durchbruch führen kann. Das alleine ist oder kann sich zu einer lebensbedrohlichen Situation entwickeln. Im Fall des toten Karl Birkner gab es ein solches Aneurysma im Bauchraum. Es ist durch Schläge oder Tritte geplatzt und hat zu massiven innerlichen Blutungen geführt. Das war eines von Birkners Todesurteilen.«

»Also damit auch die Todesursache …«

»Hmm … nicht eindeutig, der Genickbruch könnte zeitgleich eingetreten sein. Das kann ich beim besten Willen nicht hundertprozentig sagen. Genauso wenig, wie man den Infarkt nicht außer Betracht lassen darf. Alle drei Ereignisse liegen zeitlich so dicht beieinander oder überschneiden sich sogar, dass es nicht möglich ist, die tatsächliche Todesursache zu bestimmen. Mehr kann ich Ihnen von der medizinischen Seite aus nicht weiterhelfen.«

Habich bedankte sich und legte auf.

»So, damit wäre die Frage auch geklärt.«

»Das hört sich mehr nach Körperverletzung mit Todesfolge als nach Mord an«, überlegte Chris.

»Keine voreiligen Schlüsse, bevor wir nicht wissen, was genau passiert ist.«

Der Hauptkommissar sah seine beiden jungen Kollegen an. »Wir widmen uns jetzt unseren heutigen Aufgaben. Auf geht's!« Er erhob sich, ergriff seine Jacke und wandte sich der Tür zu, Rautner folgte ihm wortlos.

Rautner nahm mit dem Dienstwagen den Weg über die Würzburger Nordtangente und die B8 durch Kitzingen nach Iphofen. Der Hauptkommissar erreichte über die Dreikronen- und Mergentheimer Straße das Steinbachtal. Aus dem himmlischen Grau-in-Grau fiel ein leichter Nieselregen herab, der die Straßen feucht werden ließ und die Intervallfunktion des Scheibenwischers aktivierte. Für die Jahreszeit war es viel zu mild, aber der Wetterbericht im Radio sagte auch für die nächsten Tage keine Besserung vorher. Kaum zu glauben, dass es mit großen Schritten auf den dritten Advent zuging. In Anbetracht seines Singledaseins und der kritischen Einstellung zur Kirche und zu den damit verbundenen Feiertagen wollte bei dem Hauptkommissar aber sowieso keine Weihnachtsstimmung aufkommen.

Birkners Haus lag ziemlich versteckt abseits der Straße. Zweimal musste Theo fragen, bevor er die Zufahrt fand. Ein unbefestigter Weg führte gut 150 Meter durch viel Natur bis zu einem versteckt zwischen Bäumen liegenden einstöckigen Bungalow mit separat stehender Doppelgarage und einem Anbau. Eines der Garagentore stand offen und der Stellplatz war leer. Auf der zweiten Garagenfläche, hinter dem verschlossenen Tor, stand ein älteres Modell eines äußerst gepflegt aussehenden Mercedes. Theos kleine Vorliebe für alte Autos ließ ihn neugierig nähertreten. Der Wagen entpuppte sich als ein 230 CE. Das Coupé aus den 80er-Jahren in Lapis-Blau mit beigefarbenem Leder befand sich in optisch hervorragendem Zustand, wie der Hauptkommissar feststellte. Ein bisschen Wehmut kam beim Anblick des Oldtimers bei ihm auf. An so einem Schmuckstück hätte er auch Gefallen, aber leider brauchte er sein Fahrzeug für die Arbeit und da wäre ihm so ein Liebhaberteil zu schade. Nur mit Mühe konnte er sich von dem Gefährt losreißen.

Dreimal musste er den Klingelknopf betätigen, bevor sich im Haus etwas rührte. Ein Mann in Jeans und einem gelben T-Shirt – das aussah, als wenn er darin geschlafen hätte – öffnete ihm schließlich die Tür. Irgendwie erinnerte ihn die Person, die da vor ihm stand, ganz entfernt an eine jüngere Ausgabe von Albert Einstein. Längeres wirres, leicht graumeliertes Haar, dichte Augenbrauen und ein ebenso dichter Schnäuzer zierten das Antlitz seines Gegenübers. Nur die mehrtägigen Bartstoppeln im Rest des Gesichtes wollten nicht recht zu Theos Vergleich passen. Von der Statur her war der Mann gertenschlank und in etwa so groß wie der Hauptkommissar. Seine nackten Füße steckten in Filzhausschuhen.

»Spreche ich mit Hannes Birkner?«, fragte der Hauptkommissar.

»Ja, ja, der bin ich«, sagte der Mann mit rauer, etwas rauchiger Stimme. Birkner sah aus wie nach einer durchzechten Nacht. Als Bestätigung von Habichs Vermutung wehte eine leichte Alkoholfahne zu ihm herüber. »Was wollen Sie von mir?«

Statt einer Antwort klappte Habich seinen Dienstausweis auf und hielt ihn dem Mann unter die Nase. Mit zusammengekniffenen Augen versuchte der zu erkennen, was ihm da vorgehalten wurde. Dann erst gab Habich ihm eine Antwort. »Ich bin wegen Ihrem Vater hier.«

»Ach so, ja gut, kommen Sie herein.«

»Sie wissen Bescheid?«

»Ja, meine Schwägerin Conny hat mich informiert«, antwortete Birkner, nickte mit sichtbar schwerem Kopf und machte dem eintretenden Besucher die Tür frei. Eine schwarze Labradorhündin kam den beiden schwanzwedelnd entgegen. »Betsy, verschwinde«, herrschte Birkner das Tier an, aber Betsy schien sich nichts daraus zu machen. Sie begrüßte den Besucher, indem sie ihn von hinten bis vorne beschnüffelte und auf eine Streicheleinheit wartete, die sie auch bekam. Währenddessen war der Hausherr durch den Flur ins Wohnzimmer gegangen, ohne sich zu vergewissern, dass der Hauptkommissar ihm folgte. Dort öffnete er die Terrassentür und rief den Hund. »Komm, Betsy, du musst heute mal alleine Gassi gehen, ich … ich brauche erst mal was für meinen Kopf.«

»Lassen Sie sich von mir nicht aufhalten.«

Die Labradorhündin schien ihr Herrchen sofort verstanden zu haben. Schnurstracks rannte sie raus in den Garten hinter dem Haus. Der nächste Weg führte Birkner in die Küche, wo er sich ein Aspirin im Wasser auflöste und die Kaffeemaschine einschaltete. Die Tür nach draußen hatte er offen gelassen, damit der Hund jederzeit wieder ins Haus kommen konnte.

»Nehmen Sie Platz, Herr Hauptkommissar«, rief Birkner aus der Küche. »Möchten Sie auch etwas trinken? Einen Kaffee vielleicht?«

»Danke, das Angebot nehme ich gerne an«, antwortete Habich.

Die lauten Geräusche der Kaffeemaschine machten jede weitere Unterhaltung unmöglich. Habich setzte sich an einen großen Kulissentisch, sein Blick ging in die Runde. Ihm stach der imposante Kachelofen ins Auge, der in den Raum hineinragte. Ansonsten war das Zimmer nach Habichs Empfinden sehr spartanisch ausgestattet, vermutlich würden andere es modern nennen. Die komplette Außenwand des Wohnzimmers war aus Glas. Da das Haus an einem leichten Hang lag, hatte man einen freien Blick ins Tal und auf die gegenüberliegende Talseite. Vor der Glasfront stand eine graublaue Ledersitzgruppe mit metallenem Gestellrahmen und dem passenden Tisch dazu. An einer der Wände hing ein riesiger Flachbildfernseher umrahmt von einer modernen Wohnwand. In der Zimmermitte dominierte der massive Tisch mit acht Stühlen, sogenannten Freischwingern mit weißer Lederpolsterung, den Raum. Dem Hauptkommissar fiel auf, dass die restlichen Wände voller Bilder hingen. Sämtliche Motive hatten mit Würzburg, dem Wein und dem Main zu tun, mal realistisch, mal impressionistisch, mal mehr und mal weniger abstrakt. Bei näherem Hinsehen erkannte Theo, alle Bilder waren mit »*H. Birkner*« signiert. Also waren es eigene Werke des Malers. Im Flur waren ihm zwei Skulpturen und weitere Gemälde aufgefallen, die vermutlich auch von dem Künstler stammten. Seine Betrachtung wurde unterbrochen, Birkner kam mit einem Serviertablett aus der Küche und stellte es auf den Tisch. Darauf standen ein Glas Wasser, in dem die Reste einer fast aufgelösten Tablette sprudelten und zwei Tassen dampfenden Kaffees neben einer Zuckerdose und Kondensmilch. Eine der Tassen stellte Birkner vor den Gast. Dann griff er gierig nach dem Glas und trank in großen Schlucken das Wasser mit dem Brausezusatz. Wie als Rechtfertigung für seinen Zustand und seinen Durst meinte er: »Sorry, es war gestern sehr spät, wir haben einen Geschäftsabschluss gefeiert.« Wer hinter dem »*Wir*« stand und um welchen Abschluss es sich handelte, ließ er offen. Nachdem das Glas leer war, gab er ganz bedächtig Zucker und Milch in seinen Kaffee. Fast gleichzeitig mit dem Hauptkommissar hob er die Tasse an den Mund und begann das heiße Getränk zu schlürfen. Habich hatte sich Zeit gelassen und den »*leidenden Künstler*« ausgiebig und unauffällig gemustert, seitdem der aus der Küche gekommen war. Irgendwie wirkte der Künstler auf ihn fahrig und nervös, so als wenn er lieber einen Schluck Alkohol statt Wasser und Kaffee zu sich genommen hätte.

»Wie kann ich Ihnen helfen?«, fragte Birkner nun, während er sein Getränk absetzte. »Darf ich rauchen?«, kam gleich darauf seine nächste Frage. Unruhig nestelte er an einem Päckchen Zigaretten, das auf dem Tisch lag.

»Um Ihre zweite Frage vorwegzunehmen, natürlich dürfen Sie, Sie sind hier zuhause, und nun zu Frage eins: Ich möchte mich mit Ihnen über Ihren Vater unterhalten und was ihm passiert ist. Sie werden verstehen, dass wir nach Täter und Motiv suchen.«

»Bei mir?«, fragte Birkner ungläubig, zündete sich eine Zigarette an und nahm einen tiefen Zug. Anschließend blies er den Rauch in Richtung der offenen Tür. Dass es so langsam frisch in der Wohnung wurde, schien Birkner nicht zu merken, obwohl er nur ein Shirt trug und die Füße zwischen den Filzpantoffeln und den Knöcheln nackt waren. »Stehe ich auch unter Verdacht?«

»Solange wir keine konkreten Anhaltspunkte haben, könnte es jeder gewesen sein, der mit Ihrem Vater in Verbindung stand, also sprechen wir auch mit jedem aus diesem Kreis.«

»Dann können Sie mich ausschließen, ich habe keine Verbindung mehr zu ihm.«

»Schon länger nicht mehr?«

»Es begann eigentlich schon damals, als ich mich für die berufliche Richtung der Malerei und Bildhauerei entschied. Mein Vater hatte etwas anderes mit mir vor. Er wollte mir eine politische Karriere schmackhaft machen und ich sollte etwas studieren, was dem hätte nützlich sein können. Zuerst habe ich versucht ihm diesen Gefallen zu tun und habe in ein entsprechendes Wissenschaftsstudium an der Uni München hineingeschnuppert. Mir war aber schnell klar, dass das nichts für mich war. Dabei habe ich meine spätere Frau kennen gelernt. Sie, mein Großvater und meine Mutter haben mich in dem unterstützt, was ich als meine eigentliche Berufung gesehen habe, der Malerei und Bildhauerei. Ich habe nach einem Jahr mein Studium der Wirtschaftswissenschaften aufgegeben und bin auf die Akademie der bildenden Künste in München gewechselt. Von dem Moment an war ich für meinen Vater gestorben. Er hat immer von *›brotloser Kunst‹* gesprochen. Als Großvater mir einen Teil seiner Anteile am Weingut vererbte und ich mich ausbezahlen ließ, um in meinen Beruf zu investieren, da war es dann ganz aus.« Tapsende Schritte unterbrachen den Künstler in seiner Erzählung. Die Hündin kam von ihrem kleinen morgendlichen Ausflug in den Garten zurück. Birkner und Habich beobachteten sie kurzzeitig, wie sie sich in der Nähe des Ofens auf eine Decke legte, die scheinbar ihren angestammten Ruheplatz kennzeichnete. Inzwischen hatte die Kühle im Wohnzimmer deutlich Einzug gehalten und auch dem Hausherrn schien es aufgefallen zu sein. Er bequemte sich schließlich aufzustehen und die Schiebetür zur Terrasse zu schließen. Dabei fuhr er fort zu erzählen: »Nun, als mein Großvater und einige Jahre später meine Mutter starben, hatte ich in der Familie keine Fürsprecher mehr …«

»Was ist mit Ihren Geschwistern?«

»Vater hat es geschafft, sie gegen mich aufzuwiegeln. Meine Brüder ärgerten sich, dass ich durch die Auslösung meiner Anteile Kapital aus dem Unternehmen zog, was eigentlich zum Investieren gedacht war«, er lachte kurz, »und meine Schwester war sauer, weil sie zu spät kam. Sie hatte nämlich mit ihrem Teil Ähnliches vorgehabt, um ihren Mann bei seinem Gastronomieprojekt zu unterstützen. Aber mein Vater lehnte es dieses Mal ab mit der Begründung, dass es die finanzielle Belastung des Weingutes überfordern würde. Somit ging Simone leer aus und das hat sie mir bis heute nicht verziehen.«

Habich überlegte. »Hätte sie nicht ihren Anteil an einen Außenstehenden verkaufen können, genau wie Sie auch?«

»Nein, es ist so geregelt, dass einerseits Beteiligungen nur innerhalb der Familie weitervererbt werden können und Anteile nicht an Fremde abgegeben werden dürfen.«

»Verstehe ich das richtig, Sie haben gar keinen Kontakt mehr zu Ihrer Familie?«

»Nun *›gar keinen Kontakt‹* ist nicht ganz richtig …«

»Und mit wem stehen Sie noch in Verbindung?«

»Mit Conny, der Frau meines Bruders Andreas, die mich auch informiert hat, und mit Karola, der Tochter meines ältesten Bruders Hermann.«

»Warum gerade mit den beiden?«

»Nun, Cornelia bringt in dem Geschäft nur ihre Arbeitskraft ein, hat aber sonst nichts zu sagen und spielt ansonsten in ihrer *›Nebenrolle‹* brav das treue Eheweibchen. Sie verhält sich allen gegenüber loyal und hat somit auch nichts gegen mich. Anders verhält es sich mit Karola. Sie hat einen etwas lockeren Lebenswandel, macht ihr eigenes Ding und lässt sich nicht von der Familie beeinflussen oder vor deren Karren spannen.« Der Maler und Bildhauer lächelte. »Sie ist nicht ganz so erfolgsorientiert wie der Rest der Birkners und gilt somit als das ›*schwarze Schaf*‹ der Familie. Das hat uns so ein bisschen miteinander verbunden«, dieses Mal grinste der Mann schräg, »was jetzt nicht unbedingt bedeutet, dass wir seelenverwandt sind.«

»Hatten die beiden Frauen deswegen irgendwelche Probleme innerhalb der Familie?«

»Nicht dass ich wüsste. So oft höre und sehe ich auch nichts von den beiden. Wie ich schon sagte, Conny ist sehr neutral, Karola dagegen eher rebellisch. Bei ihr könnte ich mir schon vorstellen, dass sie Ärger mit ihrem Großvater oder ihrem Vater hatte«, er wiegte den Kopf hin und her. »Nein, vielleicht sogar mehr mit ihrer Mutter Waltraud, die sehr dominant sein kann.«

»Okay, noch eine Frage: Wo waren Sie letzten Freitag zwischen 19 und 20 Uhr?«

»In meiner Galerie in der Stadt.«

»Gibt es dafür Zeugen?«

Birkner nippte an seiner Tasse Kaffee und überlegte. »Ich habe dort einiges umdekoriert, kann aber nicht mit Bestimmtheit sagen, ob mich jemand dabei gesehen hat. Meine Mitarbeiterin Natascha war, glaube ich, schon im Feierabend.«

»Was ist mit Ihrer Frau?«

»Oh, nein, nein!«, wehrte Birkner ab. »Die lassen wir mal schön da raus, außerdem kann sie nichts dazu sagen.«

»Warum nicht?«

Der Künstler zuckte mit den Schultern. »Ganz einfach, weil sie ganz selten in der Galerie ist und sich auch ziemlich aus den Querelen mit meiner Verwandtschaft heraushält. Sie hat selbst genug mit ihrem Beruf zu tun.«

»Ich nehme an, Ihre Frau ist auf der Arbeit«, fragte Habich und drehte sich demonstrativ nach allen Seiten um.

»Nein. Ach, da fällt mir ein, sie ist ja seit Freitagmittag weg.

Da hat sie sich zumindest ein Taxi zum Bahnhof genommen. Ich glaube, sie ist in München auf irgendeiner Tagung oder einem Dozententreffen oder was weiß ich. Ich kann Ihnen auch nicht sagen, wann sie zurückkommt.«

Dass Hannes Birkner nicht Bescheid wusste, was seine Frau gerade so machte und wo, ließ ihn einiges über das Familienleben vermuten. Es erschien nicht mehr alles zwischen den Eheleuten in Ordnung zu sein, so sein Eindruck. Jeder schien seiner Wege zu gehen und sein eigenes Leben zu leben. Harmonie und Gemeinsamkeit sahen für ihn anders aus. Aber er konnte sich ja auch irren und das familiäre Verhältnis der beiden war nur ein wenig abgenutzt und oberflächlicher geworden. Vielleicht führten sie auch eine sogenannte »*offene Beziehung*«, wie man es gerne unter Intellektuellen nannte, in der die Partner ab und zu eigene Wege gingen.

»Sie sagen, Sie haben in der Stadt eine Galerie, wo haben Sie denn Ihr Atelier, wenn ich fragen darf?«

Der Künstler deutete mit dem Finger in Richtung Küche. »Wenn Sie aus dem Haus gehen und nach rechts schauen, sehen sie gleich nebenan ein frei stehendes Gebäude, in dem befindet sich mein Arbeitsbereich.«

Habich konnte sich erinnern, dass dort, wo Birkner es beschrieb, so etwas wie ein größeres Gewächshaus mit viel Glas, aber einem massiven Dach gesehen zu haben. Fürs Erste hatte er keine Fragen mehr und so erhob er sich, um sich zu verabschieden. Sowohl der Hausherr als auch die Hündin begleiteten ihn zur Haustür.

*

Dieses Mal traf Kommissar Rautner die zwei Mitarbeiter, deren Aussage noch fehlte, an. Fichtner fand er in einer der

Lagerhallen, wo er Weinkartons zusammentrug und eine neue Lieferung herrichtete. Nur konnte der die Angaben von Andreas Birkner von der Zeit her nicht bestätigen. »Wenn ich mich noch richtig erinnere, war ich gegen 19 Uhr schon zuhause, da muss sich Andreas irren«, gab er zu Protokoll. Sollte das stimmen, was Fichtner sagte, dann hatte Birkner kein Alibi, da dieser behauptet hatte zur Tatzeit mit seinem Mitarbeiter zusammen gewesen zu sein.

Die zweite Person auf Rautners Liste war Jessica Issing. Man verwies den Kommissar ins Weinlager. Dort fand er einen älteren Mann und zwei Frauen, eine weiß- und eine rothaarige, an einer halbautomatischen Etikettiermaschine, wo sie letztmals Hand an die Flaschen legten und sie verkaufsfertig machten, indem sie sie mit einem Etikett versahen. Einen Moment lang beobachtete der Kommissar die Arbeit der drei. Der Mann brachte die vollen Weinflaschen in Holzkisten heran und postierte sie an der Maschine. Eine der Frauen legte die Flaschen einzeln auf den Etikettierer, wo jede ihren Aufkleber bekam. Dann reichte sie die Flaschen weiter zu der zweiten Frau, die sie in Kartons verpackte, diese mit einem Klebestreifen verschloss und auf eine Palette setzte. Gerade war eine Palette voll und der Mann fuhr sie mit einer Elektroameise ins Lager. Kurz darauf karrte er wieder eine Palette mit noch zu bearbeitenden Flaschen heran.

»Können Sie mal eine kurze Pause machen, ich müsste mit Ihnen reden«, sprach Rautner die drei Personen an und hielt seinen Ausweis in die Höhe.

Die Rothaarige nickte, stellte die Maschine ab und rief laut: »Okay, Leute, Pause! Der Herr Kommissar hier will etwas von uns.« Lässig setzte sie sich auf den Tisch, auf dem die Maschine stand, und ließ die Beine baumeln. Mit ihren grünen

Augen schien sie Rautner zu taxieren. »Was können wir für Sie tun?«

»Sind Sie Jessica Issing?«

»Die bin ich.«

»Ich hätte ein paar Fragen an Sie.«

Die Angesprochene entpuppte sich als eine selbstbewusste Frau, die aber auch eine Portion Misstrauen in sich zu tragen schien. Sie ließ über ihre Körpersprache eine gewisse Abwehrhaltung erkennen, indem sie die Arme verschränkte und ihn anstarrte.

»Es geht um den toten Karl Birkner.«

Sie zuckte mit den Schultern und meinte: »Schreckliche Sache! Aber ich hatte nicht viel mit ihm zu tun und er hat uns auch größtenteils in Ruhe gelassen, da er hier ja nichts mehr zu sagen hatte.«

»Aber er war im Weingut immer noch präsent«, stellte Rautner fest und alle drei nickten einstimmig.

Auf Rautners Frage an Jessica, wo sie am besagten Abend zur Tatzeit gewesen sei, antwortete sie: »Das kann ich Ihnen so genau nicht sagen. Vor dem Markttag sind immer noch einige Vorbereitungen zu treffen und da bin ich mal hier und mal da. Der Verkaufsraum wird hergerichtet, sodass von jeder Weinsorte ein gewisser Vorrat parat steht, die Prospekte und Preislisten werden aufgefüllt, ich kontrolliere, ob alle Probiergläser gespült sind und im Schrank stehen. Wir haben eine Extrakasse, die mit Wechselgeld gefüllt werden muss, und die Chefin legt Wert darauf, dass die Dekoration stimmt. Es sind viele kleinere Dinge zu verrichten, die mich mal hierhin und mal dorthin führen.«

»Ist Ihnen sonst etwas Besonderes aufgefallen?«

Jessica überlegte kurz, bevor sie den Kopf schüttelte: »Nein, aufgefallen ist mir nichts, es war alles wie immer. Doch, da ist eine recht lustige Horde eingefallen, die waren für eine

Weinprobe angemeldet. Darum haben sich die Frauen von Hermann und Andreas gekümmert.«

»Haben Sie den Senior an dem Abend gesehen?«

Wieder dachte die Rothaarige kurz nach. »Ja, habe ich. Er hat im Hof ein Schwätzchen mit einem der Verkäufer gehalten, die am Markttag bei uns ihre Erzeugnisse und Waren anbieten.« Der fragende Blick Rautners veranlasste sie zu einer weiteren Erklärung. »Manche Aussteller aus der Nähe kommen schon am Freitag spätnachmittags oder am frühen Abend, bauen ihren Stand auf oder stellen ihren Verkaufswagen hin. Das können aber nur die machen, die einen Platz haben, wo sie nicht stören. Aber das war mindestens eine oder sogar zwei Stunden vor der Zeit, nach der Sie gefragt haben. Wie ich schon sagte, war ich viel zu sehr beschäftigt, um aufzupassen, wer noch alles an diesem Tag hier auf dem Hof war.«

»Wie lange sind Sie schon im Weingut tätig?«

»Dieses Jahr im August waren es drei Jahre. Angefangen habe ich als Aushilfe bei der Weinlese, dann wurde es mehr und letztes Jahr bekam ich schließlich eine Festanstellung.«

»Wann haben Sie am Freitag Feierabend gemacht?«

»Genau kann ich es nicht sagen, aber es muss schon nach 20 Uhr gewesen sein.«

»Und wie kommen Sie zu der geschätzten Uhrzeit?«

»Weil ich, bevor ich gegangen bin, noch mal in der Probierstube war und Cornelia gefragt habe, ob noch etwas zu erledigen ist. Sie hat verneint und gemeint, ich könnte Schluss machen. Dabei habe ich gehört, wie eine Frau aus der Weinproben-Gesellschaft zu ihrem Mann gesagt hat, er möge sich jetzt mit der Bestellung entscheiden, die Winzer wollten auch mal Feierabend machen. Er hat daraufhin gelacht und geantwortet, für die Tagesschau wäre es jetzt eh zu spät, die hätte schon angefangen. Dann bin ich gegangen.«

Anschließend wandte sich Rautner an die beiden älteren Herrschaften. Der Mann und die weißhaarige Frau waren beide Rentner und 450-Euro-Kräfte, die gelegentlich mithalfen und letzte Woche gar nicht im Einsatz waren, wie sich im Gespräch herausstellte. Die beiden Aushilfen beurteilten Karl Birkner als einen schwierigen Menschen, der sehr bestimmend und dominant war, sie hatten ihn aber niemals böse oder unfair seinen Leuten gegenüber erlebt. Die rothaarige Issing hatte sich mit diesbezüglichen Beurteilungen weitgehend zurückgehalten.

Mehr konnte der Kommissar bei den dreien nicht in Erfahrung bringen. Daher bedankte er sich und verließ das Lager mit Jessicas nachdenklichen Blicken im Rücken. Sein nächstes Ziel war Andreas Birkner, mit dem er nochmal reden wollte, da sein Alibi ja geplatzt war, weil Fichtner behauptet hatte, schon viel früher zuhause gewesen zu sein.

Kurz nachdem Rautner das Weinlager verlassen hatte, traf er im Hof auf den Gesuchten, der einen leicht genervten Eindruck machte und eine verpackte Leuchtstoffröhre in der Hand hielt. Auf die zeitliche Unstimmigkeit zwischen der Aussage von ihm und Fichtner angesprochen, meinte er etwas gereizt: »Nun, dann habe ich mich wohl ein bisschen in der Zeit geirrt. Sorry, ich schaue auch nicht ständig auf die Uhr. Die Angaben habe ich so gefühlsmäßig geschätzt.«

»Mit Schätzungen ist uns nicht geholfen. Wir haben jetzt das Problem, dass Sie für die Tatzeit kein Alibi haben.«

»Und ich sage Ihnen erneut, ›*ich habe meinem Vater nichts getan*‹, da ändert auch ein fehlendes Alibi nichts dran«, entgegnete Birkner mit erregter Stimme.

»Auch wenn Sie laut werden, bleibt diese Tatsache vorerst trotzdem bestehen.«

»Tut mir leid, dass ich ein wenig ungehalten bin, aber unsere

Schwester nervt gewaltig. Kaum dass Vater tot ist und noch nicht mal unter der Erde, da fängt sie schon an, vom Erbe zu reden und von ihrem Anteil am Weingut. Ich verschwende daran noch gar keinen Gedanken.«

»Was, denken Sie, ist der Grund dafür?«

»Kommen Sie, wir können uns im Trockenen besser unterhalten«, schlug Andreas Birkner vor, da sich der Himmel verdunkelt und es zu nieseln begonnen hatte. Er deutete auf die Halle, von der aus es in die Gewölbekeller ging, und lief voraus.

»Also nochmal, was, glauben Sie, veranlasst Ihre Schwester dazu, so zu reagieren?«, griff Rautner seine Frage erneut auf, als sie unter Dach waren.

Birkner schaltete das Licht in der Halle an und setzte sich auf einen kleinen Stapel Holzpaletten, aus deren unterster die Gabeln des Elektrostaplers ragten, der dort stand. Dann wendete er sich dem Kommissar zu: »Sagen kann ich Ihnen nicht genau, was sie damit bezweckt, aber ich habe dazu meine Vermutungen.«

»Na, dann vermuten Sie doch mal«, forderte der Kommissar seinen Gesprächspartner auf und setzte sich neben ihn auf das Holz. »Sind es Geldprobleme? Ihre Schwester hat doch mit ihrem Mann in Volkach ein Lokal, oder nicht?«

»Lassen Sie Simone das nicht hören, dass Sie ihr ›*Nobelrestaurant*‹ ein Lokal genannt haben«, grinste Birkner schadenfroh.

»Was macht das für einen Unterschied?«, wollte Rautner wissen und beobachtete dabei eine zuckende Lichtquelle, die in einiger Höhe hing. Andreas Birkner folgte seinem Blick.

»Für mich keinen! Ob Lokal, Gaststätte, Restaurant oder Wirtshaus, das ist mir egal, wichtig ist, dass etwas Gescheites auf den Tisch kommt. Der Übergang von einer dieser Bezeichnungen zur anderen ist eh fließend und diese Begriffe in der

Gastronomie haben in jeder Region einen anderen Stellenwert. Für Simone hingegen gibt es da schon gravierendere Differenzen. Der Begriff ›*Restaurant*‹ hört sich für sie eben vornehmer an und suggeriert damit angeblich eine höhere Qualität, was ich persönlich für völligen Blödsinn halte. Aber ›*Madame*‹ ist halt so.« Er machte dabei ein Zeichen der Hochnäsigkeit.

»Warum haben Sie so eine schlechte Meinung von Ihrer Schwester?«

»Weil sie durch ihren Ehemann und ›*Chefkoch*‹ schon viel Geld in den Sand gesetzt hat. Trotzdem wird sie auch nach Jahren nicht einsichtig, dass dieser Landinger sie nur ausnimmt.«

»Inwiefern?«

»Eigentlich sollte ich meinen Mund halten, es geht mich ja nur bedingt etwas an, aber Sie werden es vermutlich sowieso erfahren, wenn sie in unserer Familie herumschnüffeln. Markus ist für mich der geborene Loser. Er hat – ich glaube, es war im Hotel Maritim in Würzburg – Koch gelernt, es nach der Lehre dort aber nicht allzu lange ausgehalten. Während der Zeit hat er Simone kennengelernt, die damals mit ihrem BWL-Studium angefangen hatte. Nach der Ausbildung hatte er verschiedene Arbeitgeber, immer im Gastronomiebereich, aber wie lange und wo genau, weiß ich auch nicht so richtig. Auf jeden Fall hatten er und meine Schwester eine Beziehung. Plötzlich war Simone schwanger und brach ihr Studium ab. Sie heiratete Markus und dann wurde Damian geboren. Einige Jahre, nach mehrmaligem Wechseln des Jobs, kam ihr Mann mit einem Mal auf die Idee, sich mit einem Lokal selbstständig zu machen. Da meine Schwester Großvaters Liebling war, half er den beiden mit einer finanziellen Starthilfe. Nach sechs Jahren war das erste Mal Schluss mit der Selbstständigkeit. Sie wechselten nach Kitzingen und eröffneten erneut ein

Lokal, erneut mit Unterstützung. Großvater hat die Pleite nicht mehr erlebt und so half mein Vater. Wieder ging es nur fünf oder sechs Jahre gut, dann kam ein zweites Mal das finanzielle Ende. Ein dritter Versuch wurde in Volkach mit einem Restaurant gestartet. Dafür hat Simone Anteile an dem Weingut geopfert. Jetzt stehen sie scheinbar wieder vor dem Aus.« Birkner schlug sich mit der flachen Hand gegen die Stirn. »Wie viele Versuche braucht meine Schwester noch, bis sie merkt, dass ihr Mann ein Versager ist? Erschwerend kommt dazu, dass beide keinen Geschäftssinn haben. Simone möchte gerne repräsentieren und große Dame spielen. Trotz eines angefangenen BWL-Studiums versteht sie scheinbar nichts von Buchführung und Kalkulation oder will nichts davon wissen. Markus ist ebenfalls kein Geschäftsmann, der rechnen kann, sondern eher ein Idiot vor dem Herrn. Die Qualität seiner Arbeit halte ich zudem für drittklassig und er hat ein Alkoholproblem, was er natürlich verleugnet.« Gleich nach dem letzten Satz hob Birkner abwehrend die Hände. »Nicht dass er ständig besoffen ist, das nicht, aber er greift nach Feierabend viel zu oft zur Flasche.«

Das flackernde Licht der defekten Leuchtstoffröhre forderte wieder die Aufmerksamkeit der beiden.

»Wo finde ich Ihre Schwester jetzt?«

»Drüben im Haus. Entweder bei meinem Bruder oder bei Waltraud oder bei Cornelia. Irgendeinem wird sie schon auf die Nerven gehen. Sind wir jetzt fertig?«, erkundigte sich Birkner und stand auf.

»Fürs Erste schon.«

»Sie könnten mir schnell helfen«, schlug Andreas vor. Als Rautner ihn fragend anstarrte, meinte er: »Die Lampe da oben. Eigentlich wollte ich die reparieren, aber dazu brauche ich eine zweite Person, die mir hilft.«

»Und wie?«

»Moment, ganz einfach.« Er stieg auf den Gabelstapler, fuhr rückwärts aus dem Palettenstapel, nahm eine leere Gitterbox auf die Gabeln, steuerte das Gefährt unter die Lampe und stieg ab. »Ich steige jetzt in die Box und Sie müssten den Stapler bedienen, der mich nach oben und wieder herunterbringt.« Er legte die Hand an einen Hebel und führte vor, wie man die Gabeln mit der Box empor- und wieder nach unten befördert. »Einfach hier nach hinten ziehen, bis ich an die Lampe komme, und wenn ich fertig bin, nach vorne drücken, da geht es wieder abwärts.«

Der Kommissar erklärte sich bereit und fünf Minuten später war die Röhre ausgewechselt und brannte wieder ohne Blinken und Flackern.

Das Erste, was Rautner von Simone Landinger kennenlernte, war deren Stimme. Sie tönte durch die geschlossene Bürotür und klang extrem ärgerlich. So wie es sich anhörte, schien sie jemandem Vorwürfe zu machen, dass man sie hintergehen würde. Eine männliche Stimme versuchte beruhigend auf sie einzureden, was aber wenig oder gar keinen Erfolg hatte. Entschlossen drückte der Kommissar die Türklinke herunter und trat ein.

»Wer sind Sie denn und was wollen Sie? Das ist eine Familienangelegenheit, also raus hier«, fauchte ihn eine Brünette mit üppigen weiblichen Rundungen an.

Bevor Rautner antworten konnte, mischte sich Hermann Birkner ein, der hinter dem Schreibtisch saß und die Beschimpfungen seiner Schwester hatte über sich ergehen lassen müssen. »Simone, jetzt halt mal die Luft an. Das ist ein Kommissar, der wegen Vaters Tod ermittelt.«

»Trotzdem geht ihn unsere Sache jetzt und hier nichts an«, entgegnete sie weiterhin aufgebracht.

»Diese Entscheidung müssen Sie schon mir überlassen«, antwortete Rautner ganz gelassen. »Bei einem Tötungsdelikt geht mich im Prinzip erst mal alles etwas an, bis sich herausstellt, dass es nicht fallrelevant ist.«

»Was hier passiert, ist nicht ›*fallrelevant*‹, wie Sie es genannt haben«, kam der nächste bissige Kommentar von Hermann Birkners Schwester.

Die letzte Bemerkung ignorierte Rautner und fragte stattdessen: »Wo waren Sie eigentlich am vergangenen Freitag abends so zwischen 19 und 20 Uhr?«

Ebenso wie bei den beiden Brüdern löste die Frage bei der Frau Entrüstung aus. »Sie werden doch wohl nicht auf die verrückte Idee kommen, ich hätte meinem Vater etwas angetan?«

»Beantworten Sie doch einfach meine Frage. Ob die Idee verrückt ist oder nicht, wird sich nach der Antwort herausstellen«, meinte der Kommissar, der so langsam etwas ungehalten wurde. »Wir können diese Unterhaltung auch gerne auf unserer Dienststelle in Würzburg weiterführen«, setzte er noch einen drauf.

Die Aussicht, bei der Polizei erscheinen zu müssen, bremste das Temperament der Frau deutlich aus. Zwar etwas kleinlauter, aber doch mit einer noch hörbaren Arroganz, antwortete sie nach kurzer Überlegung: »Na, wo werde ich schon gewesen sein. Wir öffnen unser Restaurant um 17 Uhr und ab da war ich auch am Freitag dort anwesend. Nein, halt, sogar schon eine Stunde früher, da wir eine kleine Gesellschaft hatten und ich noch Vorbereitungen treffen musste.«

»Kann das jemand bestätigen?«

»Mein Mann auf jeden Fall, der war schon vor mir in der Küche zugange, und unser Personal, also die beiden Bedienungen, die an diesem Abend Dienst hatten.«

»Schreiben Sie mir bitte Name, Adresse und Telefonnummer ihrer Zeugen auf, wir werden das überprüfen«, entgegnete Rautner kurz angebunden, ohne auf den Tonfall weiter zu reagieren.

Erwartungsvoll sah der Kommissar Simone Landinger an, bis diese sich dazu aufraffte, die gewünschten Daten in ihrem Handy zu suchen. Wortlos reichte Hermann Birkner seiner Schwester Zettel und Kugelschreiber über den Schreibtisch. Während sie die Angaben notierte, herrschte betretenes Schweigen. Gedankenversunken beobachtete Rautner die Frau und überlegte. Was war an diesem Bild nicht normal, was störte ihn? Simone musste mal eine Schönheit gewesen sein. Dies war noch heute deutlich zu erkennen, wurde aber durch das Alter von fast Mitte fünfzig, die ersten Falten und die üppige Figur etwas relativiert. Die überschüssigen Pfunde versuchte sie durch die Kleidung zu kaschieren, was nicht an allen Stellen gelang. Das turmalingrüne Wickelkleid mit dem modernen Printmuster, der figurschmeichelnden Passform und dem tiefen V-Ausschnitt konnten die Problemzonen nicht ganz verdecken. Natürlich, das war es, was nicht passte: die Kleidung der Frau. War beim Tod eines nahen Verwandten nicht angemessene Trauerkleidung üblich? Frau Landinger zeigte aber kein bisschen Trauer oder Betroffenheit hinsichtlich des Ablebens ihres Vaters, obwohl dieser sie sogar finanziell unterstützt hatte. Im Gegenteil, ihre Miene war das eines trotzigen Kindes, das nicht bekommen hatte, was es wollte. Mit diesem Gesichtsausdruck überreichte sie Rautner das Papier mit den Personalinformationen. Achtlos steckte der Kommissar den Zettel ein und verließ grußlos das Büro.

Frisch gepresst

In der Altstadt, dort wo die Häuser dicht an dicht stehen, eine Terrasse, einen Balkon oder einen Freisitz zu haben, ist schon ein Privileg, das bei Weitem nicht jeder hat, der dort wohnt. Die Birkners, also explizit Cornelia und Andreas Birkner, kamen in diesen Genuss, obwohl der Platz von der Größe her gerade mal für einen Tisch und vier Stühle ausreichte. Waltraud und Hermann, deren Wohnung im Parterre lag, hatten diesen Vorzug ebenso wenig wie Stefan Birkner, Hermanns Sohn, der mit seiner Ehefrau eine Etage über Andreas Birkner sein privates Domizil hatte. Die kleine Freifläche im ersten Stock des Wohnhauses war beim letzten Umbau mit eingeplant worden, als man einem älteren Gebäude eine neue Bestimmung gab und damit gleichzeitig den Wohnbereich etwas erweiterte. Eigentlich sollte sie für das Frühstück im Freien und für das Feierabendgläschen Wein dienen, aber es war bisher bei den guten Vorsätzen von damals geblieben. Im Sommer waren die langen Arbeitszeiten schuld und im Herbst und Winter das Wetter, dass es nicht so kam wie geplant. Vielleicht war es aber auch die seit einiger Zeit kriselnde Beziehung, die für diesbezügliche Gemeinsamkeiten keinen Spielraum mehr ließ. Lediglich zum Rauchen war der Platz noch gut, deswegen hatte der Bereich auch eine Überdachung erhalten, damit Cornelia – die diesem Laster frönte – auch bei schlechtem Wetter hinausgehen konnte. Nachdem der Außensitz geschaffen war, hatte es ihr Mann Andreas erreicht, dass seine Frau sich dorthin verzog, wenn die Sucht nach einem Glimmstängel rief.

An diesem Abend stand Cornelia gerade draußen und zog an ihrer Zigarette, als sie zum x-ten Mal mit dem Inhalieren des Rauches innehielt. Wieder und wieder lauschte sie aufmerksam in das Dunkel des feucht-kühlen Abends hinein, während ihre Zigarette vor sich hin glimmte. Gleich darauf blies sie den blauen Dunst in die Luft, steckte den Kopf zur Tür herein und sagte: »Hörst du auch das Geräusch?«

»Ich höre nichts«, erwiderte Andreas, der im Wohnzimmer auf dem Sofa saß und sich einen Krimi ansah.

»Mach den Fernseher etwas leiser und komm mal her. Vielleicht hörst du es ja dann.«

Widerwillig erhob sich ihr Mann, trat zur Glastür und streckte den Kopf heraus. »Nein, ich höre immer noch nichts.«

»Dann komm ganz her zu mir. Bist du etwa schwerhörig?«, lästerte sie. »Ich habe schon eine ganze Weile dieses Geräusch im Ohr, mal stärker und mal schwächer. Dachte erst, es kommt aus dem Fernsehen …«

»Und was denkst du nun?«

»Dass es von irgendwo hier aus der Nähe kommt. Als wenn ein Gerät oder eine Maschine arbeitet.«

»Na ja, kann ja sein, dass noch jemand nach Feierabend etwas handwerkert.«

»Solange es keine Ruhestörung ist.«

»Stört es dich?«

Demonstrativ blickte Cornelia zur Uhr. »Es geht auf 21 Uhr zu, da könnte man schon mal aufhören mit dem Krach.«

Andreas lachte. »Denk dran, wenn wir Weinlese haben, wie lange wir da manchmal abends noch zugange sind … Wein pressen … ihn umpumpen und noch bei Dunkelheit die Gerätschaften im Hof säubern. Das werden dann auch lange Abende mit ein bisschen Lärm und Unruhe … obwohl …«,

Birkner hielt in seiner Rede inne und horchte erneut, »irgendwie kommt mir das Geräusch bekannt vor … das hört sich an … wie«, überlegte er, »… wie unsere Weinpresse.« Er packte seine Frau am Arm. »Hör doch mal, klingt das nicht wie eine Presse, wenn sie das tut, was sie tun soll?«

»Du spinnst doch, wieso sollte unsere Presse laufen? Wer sollte sie eingeschaltet haben und warum?«

»Die Antwort auf das ›*Wieso*‹ weiß ich nicht, auf das ›*Wer*‹ ebenso wenig und auf das ›*Warum*‹ erst recht nicht, aber sperr mal deine Ohren auf, ich denke, du hörst so gut.«

»Warum bekommen Waltraud und Hermann nichts davon mit?«

»Keine Ahnung, vielleicht weil die beiden irgendwo sind, wo man es nicht hört.«

»Willst du nicht mal nachsehen?«

»Tja, wird mir wohl nichts übrig bleiben, wenn du nicht gehen willst.«

»Ich?«, fragte sie irritiert. »Ich habe doch nichts mit dieser Technik zu tun und kenne mich nicht aus. Du bist doch der Experte im Haus.«

Seufzend ging Andreas zurück in die Wohnung und von dort aus nach unten. Zuerst wollte er bei seinem Bruder an der Wohnungstür klingeln, überlegte es sich aber dann anders. Mit einem Blick ins Büro und in die Probierstube stellte er fest, dass dort niemand mehr war, entsprechend lagen die Räume im Dunkeln. Er trat vor die Tür und blieb stehen. Jetzt war es deutlicher zu hören. Ein leichter Wind wirbelte einzelne Regentropfen durch die Luft und ließ ihn frösteln. Andreas bereute es seit dem ersten Schritt aus dem Haus, keine Jacke mitgenommen zu haben. Dann wurde er aber abgelenkt und konzentrierte sich auf das Geräusch. Das hörte sich tatsächlich wie ihre Weinpresse an. Durch das geschlossene Tor und den Wind wurden die Töne etwas gedämpft. Wegen des Wetters – der Regen wurde stärker – überquerte Birkner mit eingezogenem Kopf und im Laufschritt den Hof. Die Tür der Halle war nicht verschlossen, was eigentlich auch nie der Fall war, schließlich wurde abends das große Hoftor abgeschlossen, sodass niemand von außen in den Innenhof eintreten konnte, ohne sich bemerkbar zu machen. Jetzt war es deutlich zu hören. Es klang wie das Brummen des Kompressors. Andreas öffnete die Tür und der Lärm wurde lauter. In der Halle brannte das Licht und seine Vermutung bestätigte sich. Die Edelstahltrommel der Weinpresse rotierte, so als wenn sie Trauben pressen würde. Am Bedienpult drückte Andreas den roten Not-Aus-Schalter und schon wurde es still. Die Totenstille hielt einige Sekunden lang an, bis sie durch das Prasseln dicker Regentropfen auf die Dachziegel aufgehoben wurde. Erst jetzt sah Andreas sich um, ohne etwas Besonderes zu entdecken. Niemand war zu sehen und so blieb die Frage, die schon seine Frau gestellt hatte. Wer hatte die Maschine eingeschaltet und warum? Bislang blieb es für Andreas ein Rätsel, wer sich diesen Schabernack erlaubt hatte, denn als nichts anderes sah er diese Aktion an. Vielleicht konnte ja sein Bruder Hermann Klarheit in diese seltsame Sache bringen. Nur finden musste er ihn erst einmal. Zur Sicherheit drehte er zuerst eine Runde durch die Keller und Gewölbe. Dort fand er aber niemand, der für den Unsinn mit der Weinpresse hätte verantwortlich sein können. Trotz des anhaltenden Regens verließ Birkner daraufhin die Halle und spurtete zurück zum Wohnhaus. Auf das Klingeln an der Wohnungstür seines Bruders öffnete ihm dessen Frau Waltraud.

»Ist Hermann da, kann ich ihn mal sprechen?«, fragte Andreas.

Waltraud verneinte. »In der Wohnung ist er nicht. Hast du schon im Büro nachgesehen?«

»Ja, dort ist alles dunkel …«

»Was ist mit dem Weinlager und den anderen Hallen? Er hat etwas von einem späten Besucher gesprochen, aber mehr weiß ich nicht.«

»Ich war in unserer Abfüllhalle und darunter in den Kellern. Zumindest dort war er nicht. Aber komisch war, dass die Weinpresse lief …«

»Wie, lief, was meinst du damit?«

»Hast du nichts gehört?«

»Was soll ich gehört haben?«

»Na, unsere Presse war in Betrieb. So als wenn jemand Weintrauben hätte pressen wollen …«

»Hat er vielleicht eine Vorführung gemacht?«

»Aber dann lässt Hermann die Maschine doch nicht rennen und geht einfach davon!«

»Stimmt auch wieder, das ist nicht Hermanns Art«, nickte Waltraud nachdenklich. Sowohl sie als auch Andreas wirkten ratlos und irritiert. »Was hat das zu bedeuten? Wo kann er nur sein?«, murmelte sie vor sich hin und fasste einen Entschluss. »Lass uns ihn suchen«, meinte sie, während sie eine Jacke von der Garderobe nahm und überzog.

Im gleichen Moment rief Cornelia von oben: »Andreas, was ist los? Kam der Krach von unserer Presse?«

»Ja, ja, aber wir wollen jetzt Hermann suchen.«

»Warum? Wird er vermisst?«

»Nicht direkt. Wir wissen nur nicht genau, wo er sich aufhält.«

»Kann ich helfen?«

»Wenn du willst. Dann zieh dir aber etwas an, es ist frisch draußen und es regnet«, antwortete Andreas seiner Frau und fügte hinzu: »Ach ja, wenn du herunterkommst, dann bring mir bitte auch etwas zum Überziehen mit.«

Nur Sekunden später kam Cornelia die Treppe herab und gab ihrem Mann eine warme Jacke. Der hatte zwischenzeitlich aus dem Büro zwei Taschenlampen geholt und eine Waltraud in die Hand gedrückt. Während er die Jacke überstreifte, ging er Richtung Haustür, die beiden Frauen folgten ihm. Vor der Tür drehte er sich um. »Könnte er noch mal ausgegangen sein?«, kam es Andreas in den Sinn.

»Schau halt nach, ob das Hoftor abgeschlossen ist«, meinte Waltraud.

»Okay, mache ich, und ihr geht durchs Weinlager. Schaut euch gründlich um, womöglich ist er verunglückt, liegt irgendwo in einer Ecke und kann sich nicht bemerkbar machen. Ich gehe anschließend auf der anderen Seite noch einmal durch die Hallen.«

Andreas checkte zuerst das Tor, das nicht abgeschlossen war. Dann nahm er sich die kleine Halle vor, in der die Fahrzeuge des Weingutes standen. Er leuchtete alle Bereiche aus. Seine nächste Station war die Werkstatt, in der so manche Kleinigkeit selbst repariert wurde. Auch hier fand Andreas seinen Bruder nicht. Zuletzt wiederholte er seinen Weg durch die Halle, in der die Weinpresse und die Abfüllanlage standen, einschließlich der darunterliegenden Gewölbe. Dort unten leuchtete er in jede Lücke, sowie zwischen jeden Edelstahltank und jedes Holzfass.

Gerade war er wieder mit dem alten Aufzug oben angelangt, als die beiden Frauen die Halle betraten. Mit einem Kopfschütteln zeigte Waltraud an, dass auch sie keinen Erfolg bei der Suche nach ihrem Mann gehabt hatten.

»Und, was war mit dem Tor?«, erkundigte sich Waltraud.

»Ist noch offen.« Hilflos hob Andreas die Hände. »Vielleicht ist er doch noch mal ausgegangen und wir machen uns hier zum Affen.«

»Möglich wäre es, er sagt mir ja nichts«, beschwerte sich seine Frau.

In diesem Augenblick klingelte das Handy von Andreas. Er zog es aus der Hosentasche und ging dran. Am anderen Ende war seine Tochter Stefanie, die in der Wohnung auf dem Festnetz versucht hatte ihre Mutter zu erreichen.

»Sie steht hier neben mir. Wir sind unten in einer unserer Hallen«, erklärte Andreas seiner Tochter. Dann hatte er plötzlich eine Eingebung. »Schatz, ist es etwas Wichtiges, weswegen du angerufen hast?«, fragte er und als Stefanie verneinte, sagte er: »Gut, gut, deine Mutter ruft dich gleich zurück.« Er trennte die Verbindung, wandte sich an die Frauen und klopfte sich mit der Hand an die Stirn. »Mensch klar, warum bin ich da nicht gleich draufgekommen. Er hat doch sicherlich sein Handy dabei. Ohne geht er normalerweise nicht aus dem Haus. Wir können ihn doch anrufen.«

Eine Antwort oder einen Kommentar der Frauen wartete er nicht ab, sondern rief in seinem Handy die Rubrik *»Kontakte«* auf. Dort fand er die Nummer seines Bruders, drückte die Ruftaste und stellte auf Lautsprecher. Alle drei vernahmen den Rufton in Andreas' Handy. Was sie aber noch hörten, war ein zweiter, leiserer Ton, nämlich ein Klingelton. Überrascht sahen sie sich an und dann in die Runde. Wo kam der Ton wohl her? Waltraud und Cornelia begannen, in der Halle herumzulaufen, um das Geräusch zu lokalisieren. Mehrere Male ertönte es, dann brach es ab. Aus dem Handy von Andreas ertönte in diesem Moment die Ansage: »Der angerufene Teilnehmer meldet sich nicht.« Birkner betätigte die Wahlwiederholung und als es bei ihm erneut klingelte, war auch wieder der Klingelton eines Handys zu hören. Wieder schwärmten die Frauen aus und auch Andreas begann sich zu bewegen. Schnell hatte er die Richtung ausgemacht und er lief auf die Weinpresse zu. Die beiden Frauen näherten sich ebenfalls.

»Hier irgendwo bei der Presse muss es sein«, meinte Andreas und sah sich um. »Vielleicht hat Hermann sein Handy verloren und es ist unter die Maschine gerutscht«, überlegte er. Kniend leuchtete er den Boden unter der Weinpresse aus, Waltraud und Cornelia suchten drumherum. Abermals brach der Ton ab und die Verbindung wurde getrennt. Ein drittes Mal wählte Andreas die Nummer seines Bruders. Abwartend stand er direkt vor der Presse, als es klingelte. Verwundert sah er auf die Gerätschaft aus Edelstahl.

»Das klingt, als wenn es aus der Trommel käme. Sollte das Handy dort drinliegen?« Ein plötzlicher böser Verdacht schoss ihm durch den Kopf, den er aber sofort wieder verdrängte. »Wahrscheinlich ist Hermann das Handy da hineingefallen und er hat es nicht mehr herausbekommen.« Er lachte kurz und unsicher in der Hoffnung, dass es so wäre. »Das wäre ja auch kein Wunder bei seiner Körperfülle.«

»Nun mach schon auf und schau nach«, sagte Waltraud ungehalten.

Birkner zog den Notschalter, der immer noch gedrückt war, und schaltete die Maschine ein. Dann betätigte er den Press-Button an der Steueranlage, über dem »*open*« stand. Die Tür der Trommel öffnete sich hydraulisch. Mit gemischten Gefühlen trat Andreas an die Öffnung in der Trommel und leuchtete mit der Taschenlampe hinein. Ein lautes »Oh nein«, verbunden mit einem Aufstöhnen, ließ nichts Gutes erahnen. Andreas drehte sich weg und sein entsetzter Blick sprach Bände. Er hatte seinen Bruder gefunden.

»Andreas, was ist?«, fragte Waltraud unruhig.

»Hermann … Hermann liegt dadrin …«

»Was sagst du … was macht … was ist mit ihm?«, erkundigte sich Hermanns Frau nervös.

Sie wollte hin zur Weinpresse und hineinsehen, aber Andreas versperrte ihr den Weg. »Bitte, Waltraud, bitte lass es sein«, bat er sie, während er sie mit einer Hand festhielt und mit der anderen Hand am Handy den Notruf wählte. »Conny, kümmere dich mal um sie«, forderte er seine Frau auf. »Am besten ist, du bringst sie ins Haus.«

Waltraud wirkte plötzlich apathisch, als ihre Schwägerin sie in den Arm nahm und aus der Halle führte. Nachdem Andreas den Notruf abgesetzt hatte, verließ auch er die Halle, um das Tor für die Einsatzkräfte zu öffnen. Seine Gedanken kreisten dabei um die Frage: Wie war Hermann da hineingeraten?

Zum zweiten Mal innerhalb weniger Tage zuckten Blaulichter im Hof des Weingutes. Erneut schüttelte der Notarzt nur den Kopf zum Zeichen, dass er da nichts mehr ausrichten könne, und erneut wurde die Polizei informiert, da auch in diesem Fall der Verdacht eines *»nicht natürlichen Todes«* bestand.

Kurz nach Eintreffen des Notarztes war auch Stefan, Hermanns Sohn, mit Frau und Kind aufgetaucht. Sie hatten den Abend bei Stefans Schwiegereltern verbracht und waren gerade nach Hause gekommen.

»Onkel, was ist hier los?«, erkundigte sich Stefan verwundert.

Mit blassem, immer noch schockiert wirkendem Gesicht antwortete der: »Dein Vater …«

»Ja, was ist mit meinem Vater?«, unterbrach ihn der junge Mann ungeduldig.

»Er … er ist … Stefan, dein Vater ist tot.«

»Papa ... tot! ... Warum? ... Was ist passiert?«, fragte Stefan verständnislos.

»Oh mein Gott!« Stefans Frau schlug entsetzt die Hand vor den Mund. Mit der anderen hielt sie ihren fast vierjährigen Sohn fest, der plötzlich quengelte: »Opa, Opa, will zu Opa.«

Stefan nahm seine schockierte Frau in den Arm und drückte seinen Sohn an sich, bevor er ihr riet: »Ich glaube, du solltest unseren Jungen besser nach oben bringen.« Sie nickte wortlos mit tränenreichem Blick und verschwand im Haus. »Kannst du mir mehr erzählen?«, wandte er sich an seinen Onkel, nachdem sich die Tür hinter seiner Frau geschlossen hatte.

Andreas berichtete ihm in kurzen Worten von der laufenden Weinpresse, der anschließenden Suche nach Hermann und wie sie ihn schließlich gefunden hatten.

Die Rettungskräfte waren schon abgerückt, als Hauptkommissar Habich im Weingut eintraf. Den Weg zum Unglücksort kannte er, nachdem ihn ein uniformierter Kollege informiert hatte.

Zwei Dinge registrierte Habich, als er in die Öffnung des mit Strahlern ausgeleuchteten Edelstahlbehältnisses blickte. Eine Person, die am Boden lag und offenbar der Tote war, und die Blondine, die sich über ihn beugte, in eine intensive Begutachtung des Leichnams vertieft.

»Guten Abend, Frau Doktor. Selbst in so einem Behältnis machen Sie eine gute Figur.«

Der gesenkte Kopf mit dem schulterlangen gewellten Haar ruckte abrupt in die Höhe und zwei blaue Augen fixierten die Stelle, von der die Stimme kam. Wie immer war Habich sofort fasziniert und ein angenehm kribbelndes Gefühl machte sich in ihm breit, als er zudem noch ihre belustigt klingende Stimme hörte: »Sollte das jetzt charmant sein oder wollen Sie mich aufziehen? Übrigens nennt man das Trommel und das ganze Gerät eine Weinpresse. So viel habe ich in der kurzen Zeit schon gelernt, seit ich hier in Unterfranken bin«, konterte Frau Doktor Wollner.

»Entschuldigen Sie, wenn es falsch rüberkam, es sollte ein Kompliment sein«, rechtfertigte sich Theo.

»Na gut, das will ich mal glauben«, meinte sie großmütig, lächelte verstohlen und machte Anstalten, das Innere der Trommel zu verlassen. Galant half ihr der Hauptkommissar beim Aussteigen.

»Nun zum dienstlichen Teil. Was können Sie mir schon über die Umstände seines Todes sagen?«

»Puh, die sind genauso wenig eindeutig wie bei seinem Vater. Wenngleich auch nicht ganz so kompliziert.« Die Rechtsmedizinerin suchte nach den richtigen Worten. »Gehen Sie schon mal von einem gewaltsamen Tod aus, denn laut Aussage seines Bruders lief die Presse und der Deckel war geschlossen. Das kann er natürlich nicht selbst gemacht haben, da er ja drinlag. Ob er aber schon tot war, als man ihn dort hineinlegte, oder ob er darin starb, kann ich jetzt noch nicht sagen. Er hat zahlreiche äußere Verletzungen, von denen ich noch nicht feststellen kann, ob sie durch die Rotationen der Trommel kommen oder ihm schon vorher zugefügt wurden. Das wird erst eine gründliche Obduktion klären.«

»Wie sieht es mit der Todeszeit aus? Können Sie dazu schon etwas sagen?«

»Nach der Körpertemperatur zu urteilen, würde ich mich«, sie blickte dabei auf ihre Armbanduhr, »na, sagen wir mal auf eine Zeit vor eineinhalb bis zwei Stunden festlegen.«

Habichs Blick ging ebenfalls zur Uhr. »Das wäre dann so gegen 20 Uhr gewesen. Der gleiche Zeitpunkt wie beim Vater«, stellte er fest.

»Meinen Sie, das hat eine Bedeutung?«

»Nein, nein, das halte ich für Zufall. Wenn es der gleiche Täter ist wie beim Senior, dann wartet er ab, bis es hier auf dem Weingut ruhig wird und die meisten Besucher und Mitarbeiter gegangen sind.« Jetzt erst fiel Dorothea Wollner auf, dass Habich alleine war. Sie sah sich um. »Wo ist denn der Rest Ihres Teams?«

»Denen gönne ich ihren Schönheitsschlaf.«

»So einen noblen Chef hätte ich auch gerne«, lächelte Frau Doktor Wollner.

»Na ja, die zwei oder drei Befragungen schaffe ich schon alleine und dann müssen wir sowieso erst Ihren Befund abwarten.«

»Sie können trotzdem schon beginnen nach einem Mörder zu suchen. Der Leichnam wird heute noch in die Gerichtsmedizin gebracht und ich mache mich sofort morgen früh daran.« Dorothea Wollner verabschiedete sich und machte Platz für die Männer der KTU. Jetzt kamen die Stunden der Kriminaltechniker.

Eine Frage beschäftigte den Hauptkommissar schon, seitdem er den Leichnam gesehen hatte: Wie war der Mann dort hineingekommen? Freiwillig sicherlich nicht, also musste er entweder bewusstlos oder schon tot gewesen sein. Damit bestand die Möglichkeit, dass es mindestens zwei Täter waren, oder eine einzelne Person hatte sich irgendwelcher Hilfsmittel bedient. Denn eines war ziemlich sicher, einen leblosen 130-Kilo-Mann anzuheben und in die Trommel zu wuchten, erforderte Kräfte, die man alleine nicht aufbringen konnte. Aufmerksam ging sein Blick in die Runde und blieb an dem Gabelstapler hängen, der dort immer noch stand, seit Rautner Andreas geholfen hatte die Lampe zu wechseln.

»Erich«, rief Theo den Leitenden der Kriminaltechniker zu

sich. »Was denkst du? Wenn du so einen schwergewichtigen Mann wie unseren Toten«, dabei zeigte er auf die Weinpresse, »dort hineinbringen wolltest und wärst alleine, wie würdest du das anstellen?«

Der Angesprochene überlegte kurz und sah sich um, dann nickte er. »Ich würde ihn auf eine Palette legen, den Stapler nehmen, an die Öffnung ranfahren und dann hinein damit.«

»Sehr gut!« Der Hauptkommissar klopfte dem Kriminaltechniker auf die Schulter. »Also, dann wisst ihr ja, worauf ihr euer Augenmerk richten müsst. Nehmt euch den Gabelstapler gründlich vor und auch die Holzpaletten. Vielleicht findet ihr ja Fasern, Fingerabdrücke oder sonst irgendetwas Brauchbares.«

Habich suchte die Familie des Opfers auf. Wie der Hauptkommissar schon vermutet hatte, waren die Aussagen der Angehörigen wenig hilfreich. Der jüngere Bruder von Hermann hatte mit seiner Frau ferngesehen und Waltraud hatte zur vermuteten Tatzeit mit einer Freundin telefoniert. Hermanns Sohn war mit seiner Familie bei den Schwiegereltern gewesen und sonst hatte sich laut den Angaben der Anwesenden niemand im Weingut aufgehalten. Drei gravierende Auffälligkeiten registrierte Habich, die ihm Gedanken machten. Da war die laufende Presse, von der man nicht wusste, wer sie eingeschaltet hatte, und da war die Bemerkung von Hermanns Frau, dass ihr Mann noch jemanden erwartet hatte. Nur war es vorerst wenig hilfreich, wenn keiner den Besucher kannte oder gesehen hatte. Zu guter Letzt stellte Habich bei Andreas Birkner im Laufe des Gespräches eine Unsicherheit und Nachdenklichkeit fest, die ihm zu denken gab. Beinahe war es ihm so vorgekommen, als wenn ihm der Mann etwas hätte sagen wollen, was er dann doch nicht tat. Die ersten Ermittlungen verliefen somit bei dem Hauptkommissar erwartungsgemäß erfolglos. Habich entschied, die Untersuchungen der Kriminaltechniker und von Frau Doktor Wollner abzuwarten.

*

»Wir haben eine zweite Leiche.« Mit diesen Worten eröffnete Hauptkommissar Habich den neuen Arbeitstag, nachdem alle ihre Tasse dampfenden Kaffee vor sich stehen hatten.

»Wo kommt die denn jetzt plötzlich her?«, fragte Rautner überrascht.

Der Bericht ihres Chefs über die Ereignisse des gestrigen Abends gab Aufklärung.

»Will da jemand die Birkners eliminieren?«, fragte Kommissarin Blume und versuchte ihre Enttäuschung zu verbergen. Damit rückte ihr angepeiltes freies Wochenende in unerreichbare Ferne. Der Fall weitete sich aus und sah im Moment nicht so aus, als wenn er schnell zu lösen wäre.

»Der Gedanke drängt sich auf«, nickte Theo. »Aber warum gerade jetzt? Wir müssen herausfinden, ob sich in letzter Zeit irgendetwas bei den Birkners oder in deren Umfeld geändert hat, was diese Morde ausgelöst haben könnte. Denn von zufälligen Tatopfern können wir, glaube ich, nicht mehr ausgehen.«

»Jetzt lautet eine unserer Fragen wieder: Wer profitiert von den Morden?«

»Man könnte den Eindruck gewinnen, dass es um die Führung des Weingutes geht oder um Anteile daran, aber das muss nicht sein. Für die Motive kann es durchaus andere Gründe geben.«

»Okay, wo sollen wir ansetzen?«

»Zuerst werden noch mal die Alibis der gesamten Familie durchleuchtet. Ich möchte lückenlos wissen, wer wo zu den beiden Tatzeiten war. Macht euch Notizen, damit wir eine Übersicht bekommen. Bei denen das nicht hundertprozentig geklärt werden kann, holen wir die Spaten raus und graben tiefer. Jasmin, du kümmerst dich zuerst um die Familie Landinger. Chris, du fängst in Iphofen im Weingut an. Ich nehme mir noch mal den kreativen Kopf der Birkners vor. Ich bin mir ziemlich sicher, dass wir die Künstlerfamilie am ehesten von unserer Liste der Verdächtigen streichen können. Trotzdem möchte ich sichergehen. Derjenige, der nicht erreichbar ist und für den es auch keinen Nachweis über seinen Aufenthalt während der Tatzeiten gibt, nehmen wir uns besonders vor. Bis spätestens heute Nachmittag sollten die Berichte der Kriminaltechnik und der Gerichtsmedizin vorliegen, dann sehen wir weiter, was die Kollegen gefunden haben.«

*

Der Hauptkommissar traf den Künstler in Würzburg in seiner Galerie an, die etwas versteckt in der Schustergasse lag. Die beiden Schaufenster links und rechts des Einganges waren mit Birkners Werken dekoriert. Auf der einen Seite Gemälde und auf der anderen Seite Arbeiten seiner Bildhauerei. Ähnlich sah es innen drin aus. Ringsherum an den Wänden präsentierte Hannes Birkner seine Malerei – teils mit, teils ohne Rahmen – und im Raum standen seine Skulpturen, manche auf dem Boden, andere auf Säulen, Sockeln oder kleinen Glastischchen. Hier gab es reichlich Kunst, die verkauft werden wollte. Eine nicht unattraktive dunkelhaarige Dame – vom Kommissar auf Anfang bis Mitte dreißig geschätzt – begrüßte ihn freundlich, als er das Geschäft betrat. Erst sein Ausweis und sein Anliegen, den Künstler in einer dienstlichen Angelegenheit sprechen zu wollen, ließen das Interesse an ihm auf den Nullpunkt sinken. Ab dem Zeitpunkt sah sie ihn wie einen Fremdkörper an, der hier *»in den heiligen Hallen der Kunst«* nichts zu suchen hatte. Fast schon schnippisch bemerkte sie: »Ich weiß nicht, ob Herr Birkner jetzt Zeit für Sie hat.« Trotzdem ging sie nach hinten durch eine offene Tür und kam gleich darauf wieder in Begleitung des Gesuchten zurück. Der Hauptkommissar musste innerlich schmunzeln. Birkner erfüllte vollkommen das Klischee eines Künstlers mit seinen verwaschenen Jeans, dem etwas wirren graumelierten Haar, das bis zu den Schultern reichte, und einem ungepflegt wirkenden Gesicht, sodass man annehmen konnte, er habe die ganze Nacht seinen *»künstlerischen Eingebungen«* gefrönt. Nur das karierte Hemd sah bedeutend frischer aus als das T-Shirt bei Habichs Hausbesuch im Steinbachtal. Dagegen war seine Mitarbeiterin, die den Kommissar in Empfang genommen hatte, das krasse Gegenteil in ihrem schicken Outfit. Sie trug einen engen schwarzen Rock, eine cremefarbene Seidenbluse, streng nach hinten zu einem Pferdeschwanz geraffte Haare sowie ein perfektes Make-up. Warum nur fiel ihm bei dem Anblick der jungen Frau plötzlich eine japanische Geisha mit blassem ausdruckslosem Gesicht ein? Vermutlich weil sie sich jetzt ähnlich benahm und keine Miene verzog, als sie in ihren High Heels vor ihrem Chef herstolzierte.

Dieses Mal wusste Birkner noch nicht über die neuesten Geschehnisse auf dem Weingut Bescheid. Trotz des fehlenden Kontaktes zu seinen Geschwistern zeigte sich Hannes von dem Tod seines Bruders zutiefst betroffen. »Das ist doch krank. Wer macht denn so etwas?« Verständnislos schüttelte er den Kopf.

»Es hat fast den Anschein, als wenn man Ihrer Familie an den Kragen wollte. Zuerst Ihr Vater und jetzt der Bruder. Gäbe es dafür einen Grund, der Ihnen dazu einfiele?«

»Um das zu beantworten, bin ich nicht mehr dicht genug an meiner Verwandtschaft dran. Ich habe Ihnen ja schon bei Ihrem ersten Besuch mein Verhältnis zum Rest der Verwandtschaft geschildert. Und durch die wenigen sporadischen Kontakte mit Cornelia und Karola erfahre ich nicht so viel.«

Auch wenn sich Hannes Birkner über das Geschehen auf dem Weingut erschüttert zeigte, kam der Hauptkommissar nicht umhin, ihn nach seinem Alibi zu fragen.

»Gestern Abend hatten Natascha«, dabei zeigte er auf die junge Dame, die sich jetzt im Hintergrund hielt, »und ich bis nach 21 Uhr hier zu tun. Wir haben zwei meiner Werke für den Transport fertig gemacht, die werden heute im Laufe des Tages abgeholt und zudem war noch ein später Kunde da, der zwei Gemälde gekauft und gleich mitgenommen hat. Meine Mitarbeiterin und der Käufer werden Ihnen das sicherlich bestätigen.«

»Und was ist eigentlich mit Ihrer Frau und Ihrem Sohn?«

»Verena ist immer noch in München und mein Sohn Tizian studiert in Berlin.«

Einer Überlegung folgend fragte Theo: »Wie laufen eigentlich Ihre Geschäfte?«

Der Maler und Bildhauer strich sich über sein unrasiertes Kinn und meinte mit einem schiefen Lächeln: »Bei Freiberuflern wie mir gibt es Phasen, in denen die Geschäfte mal besser oder auch mal schlechter laufen. Ich hatte in der letzten Zeit eine kleine Durststrecke zu überwinden, aber jetzt kann ich mich nicht beklagen. Mein Glück scheint die anhaltende Zinspolitik der Europäischen Zentralbank zu sein.« Der fragende Blick des Hauptkommissars nötigte ihn zu einer weiteren Erklärung. »Na ja, auf der Bank bekommt man nichts mehr für seine Ersparnisse und so sehen manche Leute, die einerseits Interesse an Kunst und andererseits Geld übrig haben, meine Werke als Geldanlage an. Ich bin nicht böse drum«, gestand Birkner.

Aus den Augenwinkeln heraus hatte Theo während des Gesprächs mit Hannes Birkner dessen Mitarbeiterin beobachtet.

Sie sah gelegentlich verstohlen herüber, wandte aber immer wieder schnell den Blick ab, wenn sie glaubte, dass Habich ihr das Gesicht zudrehte. War es nur Neugier oder steckte da mehr dahinter? Irgendwie glaubte Habich Besorgnis in ihrem Gesicht zu erkennen. Hatte sie Angst um sich oder ihren Chef?

»Dann habe ich im Augenblick keine Fragen mehr an Sie. Ach ja, den Namen des Kunden bräuchte ich noch.«

»Wenden Sie sich bitte an Natascha, die wird Ihnen die Adresse heraussuchen.« Der Künstler verabschiedete sich und verschwand in einem Hinterzimmer. Im Vorbeigehen instruierte er seine Mitarbeiterin über Habichs Wunsch. Die dezent versteckte Vertrautheit zwischen den beiden entging Theo nicht.

Bevor sich der Hauptkommissar an Birkners Mitarbeiterin wandte, verweilte er einen Moment vor einem größeren Bild. Das Gemälde zeigte Würzburg in der Abenddämmerung mit dem Main und der Feste im Hintergrund in einer etwas eigenwillig abstrakten Interpretation. Hätte sich nicht eine kleine handschriftliche Beschreibung unter dem Bild befunden, hätte er etwas länger gebraucht, um festzustellen, was es genau darstellen soll. Aber er gestand sich auch ein, kein Kunstkenner zu sein, und maß sich somit kein Urteil an. Als er schließlich auf die Dame zusteuerte, hielt die schon einen Zettel mit den gewünschten Informationen in der Hand. Er hatte den Eindruck, als wenn sie ihn schnell loswerden wollte.

Theo bedankte sich, steckte die Notiz in seine Jackentasche und pflanzte sich unbeirrt vor der Dunkelhaarigen auf. Einen kurzen Augenblick sah er ihr wortlos in die dunklen Augen, in denen er ein leichtes Flackern zu bemerken glaubte, dann fragte er: »Können Sie sich noch an letzten Freitag erinnern?«

»Natürlich, um was geht es denn?«

»Wann haben Sie da Feierabend gemacht?«

Sie überlegte ganz kurz. »Das müsste so gegen 19 Uhr gewesen sein.«

»War da Ihr Chef noch da?«

»Ja, war er und auch noch länger.«

»Woher wollen Sie das wissen?«

»Weil ich in der Stadt noch Besorgungen gemacht habe und als ich auf dem Heimweg hier vorbeigekommen bin, brannte noch Licht.«

»Aber gesehen haben Sie niemand?«

»Nein, das direkt nicht, aber wer soll sonst noch da gewesen sein. Außer ihm und mir gibt es keinen, der etwas in dem Geschäft zu suchen hätte.«

»Was ist mit einer Putzfrau?«

Natascha schüttelte energisch den Kopf. »Die kommt frühmorgens zwischen sieben und halb acht. Je nachdem wie viel Arbeit sie hat, bleibt sie meistens so bis neun oder halb zehn. Wir öffnen nämlich erst um zehn Uhr.«

»Also hat sie einen Schlüssel.«

»Aber sicher, anders könnte sie nicht herein.«

»Und gestern?«

»Da hat mich Hannes … äh, Herr Birkner abends gegen 21 Uhr nach Hause geschickt. Wir haben noch auf einen Interessenten gewartet, der vorher keine Zeit hatte. Mein Chef war sich aber sicher, dass da ein Geschäft zu machen ist, und so sind wir geblieben.«

»War Ihr Chef noch da, als Sie gingen?«

»Ja, er und der Kunde haben noch einen Sekt miteinander getrunken und geredet.«

»Wie lange arbeiten Sie schon in der Galerie?«

»Fast fünf Jahre.«

»Wie ist Ihr Verhältnis zu Ihrem Chef?«

»Wie meinen Sie das?«, fragte die Frau etwas nervös.

»Na, wie schon, mögen Sie Ihren Chef?«

»Ich verstehe Sie nicht ... Natürlich mag ich Hannes ... äh, Herrn Birkner ... Sonst würde ich nicht hier arbeiten«, antwortete Natascha zögerlich.

»Mögen Sie ihn so, dass Sie für ihn lügen würden?«

»Wo denken Sie hin, Herr Kommissar«, entgegnete sie entrüstet.

»Sagen Sie mal, ist Herr Birkners Frau nicht eifersüchtig, wenn ihr Mann den ganzen Tag mit so einer hübschen jungen Frau zusammen ist?«, fragte Theo lächelnd sein Gegenüber.

»Er ... er ist ja kaum da, außer wenn wichtige Kundschaft kommt, die von ihm persönlich betreut werden will, oder bei Events, die wir so jedes halbe Jahr mal veranstalten. Ansonsten ist er in seinem Atelier oder unterwegs und holt sich Inspiration.«

»Aber Sie verehren ihn ... oder ist da noch mehr?«, hakte Theo nach. »Sind Sie in ihn verliebt? Ich meine nur«, tat er plötzlich ganz unschuldig, »nicht, dass Sie deswegen für ihn falsch aussagen, das ist nämlich strafbar.« Habich war sich sicher, die junge Frau würde sogar unter Eid versichern, dass das Wasser den Berg hinauffließt, wenn ihr Chef das wollte.

Mit einem Mal begann Nataschas kühle, fast abweisende Art zu bröckeln. Ihr Adamsapfel hüpfte aufgeregt beim Schlucken und trotz des Make-ups bemerkte Theo, dass sich die Wangen leicht röteten. »Aber ... aber ... also ... ich ... ich weiß nicht ...«, stotterte sie.

»Genau, weil Sie es scheinbar nicht wissen, wollte ich Sie darauf aufmerksam machen.«

»Herr Hauptkommissar, ich finde, es reicht jetzt«, ertönte plötzlich eine Stimme in leicht erregtem Tonfall. »Natascha hat ihre Aussage gemacht und damit sollte es gut sein, alles andere ist Privatsache und gehört nicht hierher.« Hannes Birkner stand im Rahmen der Tür, durch die er vorhin verschwunden war. Er schien das Gespräch zwischen Habich und seiner Mitarbeiterin schon mehrere Sätze lang verfolgt zu haben.

Hauptkommissar Habich hob verständnisvoll die Hand zum Abschied und räumte ein: »Ich wollte nur dafür sorgen, dass keine Missverständnisse entstehen. Es soll im Nachhinein keiner sagen können, er hätte nicht gewusst, dass eine solche Gefälligkeit rechtliche Konsequenzen haben könnte.« Ohne auf eine Antwort zu warten, verließ er die Galerie.

Eigentlich hatte Habich den Künstler gedanklich schon von seiner Liste der Verdächtigen gestrichen, aber die anfängliche Hochnäsigkeit seiner Mitarbeiterin war ihm sauer aufgestoßen. Daher galt der letzte Teil seines Auftrittes in der Galerie ausschließlich ihr.

Von der Schustergasse aus ging Theo zu Fuß Richtung Unterer Marktplatz und schlenderte durch den Grünen Markt und Spezialitätenmarkt, die beide an mehreren Tagen die Woche geöffnet hatten. Trotz des miesen Wetters – es war feuchtkalt und ein Wind, der die Menschen frösteln ließ, pfiff durch die Reihen der Verkaufsstände und Marktbuden – herrschte reichlich Betrieb zwischen den Ständen. Bei der Marienkapelle bog er links ab und nahm die Treppe zur Tiefgarage unter dem Markt, wo sein Wagen stand. Auf dem Weg dorthin hatte er sich seinen nächsten Schritt überlegt, wurde aber in seinen Gedanken unterbrochen. Zuerst hatte er gar nicht mitbekommen, dass es sein Handy war, das da klingelte. Einige Meter weiter und mehrere Klingeltöne später wurde es ihm bewusst. Er kramte das Smartphone aus den Tiefen seiner Jackentasche und drückte die Empfangstaste. Am anderen Ende war Jasmin, die ihm mitteilte, sie sei in Volkach fertig und werde nun nach Iphofen fahren, um Chris zu unterstützen.

»Mach das, ich komme vielleicht auch noch«, war sein einziger Kommentar dazu, dann beendete er das kurze Telefonat. Gerade wollte er das Gerät wieder in seiner Jacke verstauen, als ein Blick auf das Display ihm den Eingang einer SMS anzeigte. Es war die KTU, die ihm mitgeteilt hatte, dass ihr Bericht vorliege. Daraufhin disponierte Theo um und fuhr zurück auf die Dienststelle.

Kaum im Büro angekommen, tauchte Erich, der Chef der Kriminaltechnik, bei Theo auf und legte ihm den Bericht auf den Schreibtisch.

»Du hattest Recht.«

»Womit?«

»Na, mit deiner Vermutung, dass der getötete Hermann Birkner mit Hilfe des Gabelstaplers in die Weinpresse bugsiert wurde. Auf der obersten Holzpalette haben wir eine geringe Menge Blut von Birkner und Faserspuren von seiner Kleidung gefunden.«

»Wie sieht es mit Fingerabdrücken aus?«

»Sehe ich wenig bis gar keine Chance. Die gibt es wie Sand am Meer, sowohl am Stapler als auch an der Presse. Teilabdrücke, überlagerte Abdrücke und verwischte Abdrücke, was das Herz begehrt. Ich habe die brauchbaren mal durch unsere Datenbank gejagt. Das Einzige, was ich herausfinden konnte, war, dass sich Kollege Rautner am Stapler verewigt hat, sonst keine Treffer.«

»Warum von Rautner?«

»Das musst du ihn selbst fragen. Ansonsten wurden noch keine Fingerabdrücke von Personen genommen, die damit zu tun haben könnten, also kann ich auch keine abgleichen. Beim ersten Opfer war es unnötig. Ein Mordinstrument gab es nicht zu identifizieren und der Tatort war durch die Kellerbesichtigungen dermaßen ›*kontaminiert*‹, dass es unsinnig gewesen wäre. Im zweiten Fall habe ich auch wenig bis gar keine Hoffnung, aber bitte, es ist eure Entscheidung. Bring uns Abdrücke und wir machen einen Abgleich. Aber wir haben auch fremde DNA an dem Toten gefunden.«

Habich überlegte. »Das heißt, ihr braucht neben den Fingerabdrücken noch Abstriche zur DNA-Analyse. Okay, ich kümmere mich darum.«

»Hast du schon den Bericht der Gerichtsmedizin?«

»Warum?«

»Na ja, wegen der endgültigen Todesursache. Ich habe schon so meine Vermutungen, aber …« Der Kriminaltechniker ließ seinen Satz unvollendet.

Der Hauptkommissar checkte seine Nachrichten auf dem PC, von der Gerichtsmedizin war noch kein Bericht dabei. Schlagartig tauchte vor Theo das Bild von Dorothea Wollner auf. Warum nur ging ihm die hübsche Blondine nicht aus dem Kopf? Waren seine Empfindungen für die Frau doch stärker, als er sich selbst bisher zugestehen wollte? Hätte so eine Beziehung überhaupt eine Zukunft?, sinnierte er an seinem Schreibtisch vor sich hin. Schließlich war sie ein paar Jährchen jünger als er. Ach Quatsch …

Der Leiter der KTU hatte hinsichtlich Habichs kurzer gedanklicher Abschweifung Geduld bewiesen und derweil auf einem Stuhl Platz genommen. Dann holte er den Hauptkommissar aber in die Gegenwart zurück. »Was ist jetzt mit der Gerichtsmedizin?«

»Ach so, ja … nein, ich habe noch nichts von dort gehört«, schüttelte Theo den Kopf und nahm den Hörer in die Hand, um zu telefonieren. Über den Lautsprecher hörten die beiden Männer den Rufton, bis abgehoben wurde.

»Hallo Herr Hauptkommissar, was kann ich für Sie tun?«, vernahmen die beiden Männer eine wohlklingende Stimme, die der Gerichtsmedizinerin Dorothea Wollner gehörte. Sie hatte die Nummer des Anrufers erkannt und gleich die richtigen Schlüsse gezogen. »Lassen Sie mich raten«, erklang es aus dem Hörer, bevor Theo eine Antwort geben konnte, »könnte es etwas mit dem Bericht zu tun haben, auf den Sie warten?«

»Wie immer präzise auf den Punkt gebracht, Frau Doktor. Herr Berger, der Leiter der Kriminaltechnik, ist bei mir und hat wegen des Todes von Hermann Birkner so seine Vermutungen, die er aber ohne Ihr Zutun nicht preisgeben möchte. Bitte helfen Sie mir, dass wir ihm sein Geheimnis entreißen können«, flachste Theo.

»Nun denn, in Kurzform vorab meine Ergebnisse. Sie geben ja sonst sowieso keine Ruhe.« Frau Wollner atmete hörbar aus und entschloss sich zu kooperieren. »Unser Opfer ist erstickt …«

»Ich hab's geahnt«, nickte Berger.

»Na, wenn es so ist, dann brauche ich ja nicht weiterzureden. Kennen Sie den Rest meines Befundes auch?«, bemerkte die Gerichtsmedizinerin gelassen, jedoch mit einem spöttischen Unterton. Theo erschien zu der Stimme aus dem Hörer zum zweiten Mal innerhalb kurzer Zeit das Gesicht von Dorothea Wollner. Vor seinem geistigen Auge sah er die hohen Wangenknochen, einen leicht geschwungenen Mund mit vollen Lippen, der sanfte Blick aus den blauen Augen, umrahmt von blonden schulterlangen welligen Haaren, alles Dinge, die ihn an ihr faszinierten. Vermutlich würden sich jetzt aber auf ihrer sonst so glatten Stirn einige Falten bilden, eine Angewohnheit, wenn sie ihrem Unmut Ausdruck gab, und das war vermutlich gerade der Fall, obwohl der, für den es gedacht war, sie nicht sehen konnte.

»Nein, nein! Natürlich nicht«, beeilte sich Berger zu antworten. Er verzog dabei sein Gesicht, als wenn er in eine Zitrone gebissen hätte.

»Wären Sie dann so freundlich mich ausreden zu lassen«, schickte sie mit Nachdruck hinterher. Mit einer weiteren Bemerkung schien sie nicht zu rechnen und begann daher mit ihrer Ausführung. »Also, wie ich schon angemerkt habe, ist Hermann Birkner erstickt, und zwar an seiner eigenen Zunge«, die Medizinerin hielt kurz inne, ihr war der Überraschungsausruf des Kriminaltechnikers nicht entgangen. »Es scheint doch noch etwas zu geben, was Sie nicht geahnt haben«, schickte sie spitz durchs Telefon. »Da es keine eindeutigen Abwehrverletzungen gibt, ist es sehr wahrscheinlich, dass er bewusstlos war, als man ihn in diese Trommel verfrachtet hat. Dort muss ihm die Zunge nach hinten gerutscht sein und hat die Luftröhre blockiert. Ich habe eine Kopfwunde gefunden, die mit ziemlicher Sicherheit die Bewusstlosigkeit auslöste. Entweder wurde er mit irgendeinem Gegenstand geschlagen oder er ist mit dem Hinterkopf gegen eine harte Kante gefallen oder gestoßen worden. Die Rotation der Maschine hat ihm dann einige zusätzliche Verletzungen eingebracht, aber die waren nicht tödlich. Leider kann ich dadurch aber nicht mehr mit Sicherheit sagen, ob welche von diesen Hämatomen durch Stöße oder Tritte entstanden sind, so wie ich es bei Karl Birkner feststellen konnte. Nun sind Sie dran, Herr Berger«, klang es aus dem Lautsprecher der Telefonanlage.

Theo blickte zu dem schlanken Mittfünfziger mit den grauen Haaransätzen an Schläfe und Deckhaar und fragte: »Nun, inwieweit hat sich deine Ahnung erfüllt und kannst du mir dazu nachweisbare Ergebnisse liefern?«

Der Angesprochene nickte: »Wir haben am oberen Ende einer der Gabeln des Staplers – dort wo sie am Gabelträger befestigt ist – Blut vom Opfer gefunden, und das nicht gerade wenig. Er muss schon etwas stärker geblutet haben.« Er richtete seine Worte hin zum Telefon. »Frau Doktor, das würde sich mit Ihrer Feststellung decken, dass er mit einer harten Kante in Berührung kam. Ob mit Absicht oder aus Versehen, lässt sich nicht feststellen. Desgleichen befand sich sein Blut auf der obersten Palette. Das wiederum würde die Vermutung bestätigen, dass er mittels des Gabelstaplers im bewusstlosen Zustand auf ebendieser Palette transportiert wurde. Was ich falsch eingeschätzt habe, war die eigentliche Todesursache. Ersticken ja, aber ich dachte durch die Maschine selbst …«

»Wie kommst du darauf?«, fragte Theo dazwischen.

»Diese pneumatische Weinpresse bei den Birkners hat ein geschlossenes System, dass theoretisch auch mit Gas befüllt werden kann.« Der fragende Blick Habichs nötigte dem Kriminaltechniker weitere Erklärungen ab. »Das heißt, die Öffnung zum Einfüllen wird hermetisch verriegelt und …«

»Was hat das Ganze mit Gas zu tun?«

»Mit diesen Inertgasen …«

»Rede deutsch und nicht so geschwollen im Fachchinesisch«, unterbrach ihn der Hauptkommissar.

»Gut, gut, diese Edelgase – dazu gehören unter anderem auch Stickstoff oder Kohlendioxid, die bei dem Verfahren häufig verwendet werden – verringern ganz erheblich den Sauerstoffanteil beim Pressen der Trauben. Dadurch kann man eine Oxidation verhindern, die eintreten kann, wenn zum Beispiel zu viel Sauerstoff in den Gärbehälter gelangt. Keine Angst, ich werde dir keinen Vortrag über den Weinausbau halten. Genauso wenig will ich dich jetzt mit chemischen Details langweilen oder überfordern«, grinste Berger, »auf jeden Fall kann man in so einem luftdicht abgeschlossenen Teil eben auch ersticken, weil durch das Gas der Sauerstoff verdrängt wird. Dahin ging eigentlich meine Vermutung.«

»Das bedeutet aber auch«, überlegte Habich laut, »es war jemand, der sich mit dieser Technik auskennen muss.«

»Na ja, nicht unbedingt.« Der Kriminaltechniker schüttelte den Kopf. »Nachdem feststeht, dass kein Gas im Spiel war. Die Programme sind eigentlich recht leicht zu starten …«

»Frau Doktor, haben Sie Anzeichen von diesem Gas gefunden?« erkundigte sich Theo sicherheitshalber.

»Nein, keine Spur! Meine Herren, brauchen Sie mich noch?«, erklang es aus dem Telefon. »Bevor Sie sich weiter die Köpfe heißreden, würde ich gerne wieder an meine Arbeit gehen. Ich kann ja im Moment nichts mehr zur Aufklärung beitragen, oder?«

»Oh, nein, nein, Frau Doktor Wollner«, beeilte Theo sich zu sagen. Mit den Worten »Ich danke Ihnen für die Auskunft« beendete er das Gespräch mit der Gerichtsmedizinerin und wandte sich Berger zu. »Jetzt wieder zu unserem Fall. Nochmal zum Mitschreiben. Du behauptest also, dass jeder die Weinpresse aktivieren könnte?«

»Ja, durchaus! Wenn man nicht ganz hinter dem Mond lebt und kein völliges technisches Unverständnis für Computer hat, sollte das kein Problem sein«, überlegte der Kriminaltechniker kurz und ergänzte dann: »Obwohl es die Bedienung natürlich erleichtert und es schneller geht, wenn man schon mal damit zu tun hatte.«

»Apropos schnell! Wie schnell kann man die Presse in Gang bringen?«

»Einschalten … Programm wählen … Programm starten, fertig!«

»Also alles eine Sache von wenigen Augenblicken.«

Der Leiter der KTU erhob sich und nickte. »Genauso sieht

es aus. Ich muss jetzt aber auch weiter. Alles andere kannst du in meinem Bericht lesen und wenn noch Fragen sind, ruf mich an.«

Die Tür schloss sich hinter dem Kriminaltechniker und Theo war alleine. Die plötzliche Ruhe wirkte auf ihn einen Moment lang bedrückend, dann widmete er sich dem Bericht der KTU. Während er las, teilte ihm ein Signal auf seinem Computer mit, dass eine Nachricht eingegangen war. Die Datei enthielt den Bericht der Gerichtsmedizin. Vertieft in die Schriftstücke fand er an diesem Tag den Weg nach Iphofen nicht mehr.

Die Rebellin

»So, was haben wir bisher?«, begann Hauptkommissar Theo Habich seine Besprechung am anderen Morgen mit seinen beiden Kommissaren.

»Diese Simone Landinger ist wirklich eine unangenehme Zeitgenossin. Ich verstehe nicht, wie so jemand ein Restaurant führen kann. Die Frau hat keinen Stil, um mit Gästen umzugehen, und Freundlichkeit scheint ihr ein Fremdwort zu sein«, preschte Jasmin vor. Zwischen Kaffee und Frühstückshörnchen plapperte sie drauflos, um ihre gestrigen Eindrücke loszuwerden. »Dagegen hat ihr Mann, na ja, sagen wir mal …« Die Kommissarin machte eine bedeutungsvolle Pause. »… ein … ein gewisses Charisma, was zumindest auf Frauen wirkt …«

»Oh, hat dich der Mann beeindruckt?«, stichelte Rautner.

»Nein, so würde ich das jetzt nicht nennen, aber er hat einen gewissen Charme, den er gekonnt versprüht. Seine Kochkünste dagegen kann ich nicht beurteilen. Von der Wesensart her würde ich denken, er passt besser in den Service zu den Gästen als seine Frau. Auf jeden Fall ist er freundlicher und umgänglicher als sie. Ganz sicher ist, dass wir ihn von der Liste der Verdächtigen streichen können. An beiden Tagen hat er – laut Aussagen seiner Bedienungen, der Küchenhilfe und des Beikochs – zu den Tatzeiten in der Küche gestanden. Das Gleiche gilt für seine Frau Simone, deren Anwesenheit ebenfalls von den Mitarbeitern des Restaurants bestätigt wurde.«

Während Jasmin ihren Bericht ablieferte, schrieb Kommissar Rautner Namen an eine fahrbare Tafel und heftete mit

Hilfe von kleinen bunten Magneten die passenden Bildchen dazu. An oberster Stelle kamen die beiden Opfer und darunter folgten die nähesten Verwandten.

»Der Künstler und seine Familie sind höchstwahrscheinlich ebenfalls außen vor. Frau und Sohn sind gar nicht da und er hat ein Alibi von seiner Mitarbeiterin. Außerdem soll Hannes Birkner zu dem zweiten Tatzeitpunkt noch mit einem Kunden zusammen gewesen sein.« Theo holte einen Zettel aus seiner Jacke, die hinter ihm an der Stuhllehne hing, und reichte ihn seiner Kollegin. »Jasmin, sei so gut, ruf bitte die Nummer auf dem Zettel an und überprüfe das mit dem späten Verkaufstermin mal.« Zu Rautner gewandt meinte er: »So wie es aussieht, kannst du die Landingers streichen und den Künstler und seine Familie mit ziemlicher Sicherheit ebenfalls.«

Der Kommissar durchkreuzte mit seinem Filzschreiber die genannten Namen.

»In Iphofen sind wir auch nicht wirklich weitergekommen«, zog Chris Bilanz, nachdem er mit seiner Arbeit an der Tafel fertig war. »Jeder hat mindestens bei einem der Tatzeiträume ein Alibi. Der Sohn des zweiten Opfers, Stefan Birkner, war am Freitag abends beim Fußballtraining und hat anschließend mit seinen Kameraden bis nach 22 Uhr zusammengesessen, beim zweiten Mord war er mit seiner Frau bei den Schwiegereltern. Somit hat Stefans Frau, Diana Birkner, auch ein Alibi für Dienstag und am Freitag war ihre Mutter da und hat ihr den kleinen Sohn gebracht. Also können wir die beiden vergessen.« Wieder fuhr er mit seinem Stift über die Tafel und überschrieb die beiden Namen mit einem großen X. »Kommen wir zu den beiden Frauen Waltraud und Cornelia Birkner. Beim ersten Mord waren die zwei zusammen und geben sich gegenseitig ein Alibi. Dagegen war Waltraud Birkner zum zweiten Tatzeitpunkt alleine in ihrer Wohnung. Cornelia Birkner wiederum war mit ihrem Mann Andreas zusammen. Momentan bleibt uns – mit viel Fantasie – einzig und allein Andreas Birkner als möglicher Kandidat, da sein erstes Alibi mit Fichtner geplatzt ist und ihm seine Frau Cornelia für die zweite Tat theoretisch ein Alibi gegeben haben könnte, das nicht stimmt. Somit sieht unser bisheriges Ergebnis sehr dürftig aus.«

Theo schüttelte nachdenklich den Kopf. »Es gibt einen Grund für die Morde ... Es gibt immer einen Grund und sei er auch noch so widersinnig. Es waren auf jeden Fall keine Zufallstaten. Wir müssen den Kreis möglicher Verdächtiger erweitern.«

Die Überlegungen der drei Kommissare wurden durch den Klingelton von Jasmins Handy gestört. Sie sah kurz aufs Display, zögerte einen Moment und entschied sich dann, den Anrufer wegzudrücken.

»Verdammt, wir haben keinen Ansatzpunkt, den wir aufgreifen könnten«, nahm Rautner den Faden wieder auf.

»Falsch, wir haben ihn noch nicht gefunden«, verbesserte der Hauptkommissar. »Nur die Ruhe, ich bin mir sicher, entweder wir haben etwas übersehen oder sind noch nicht auf den richtigen Ansatz gestoßen.«

Erneut wurde die geistige Arbeit der drei Kommissare durch das Klingeln eines Handys unterbrochen. Abermals war es das von Kommissarin Blume und wie schon zuvor nahm sie das Gespräch nicht entgegen. Theo beobachtete sie dabei, blieb aber ruhig. Überraschenderweise ließ sich auch Rautner nicht zu einem Kommentar oder einer spitzen Bemerkung hinreißen.

Habich führte seinen Gedankengang weiter: »Wir drehen jetzt akribisch jeden Stein im Leben von Karl und Hermann Birkner um ...«

Dieses Mal wurde er durch sein Diensttelefon unterbrochen. Er hob ab und meldete sich. »Ah, Herr Berbakowski, was verschafft mir die Ehre Ihres Anrufes?«, fragte er in den Hörer hinein. »Sie suchen Jasmin?«

Hektisch begann die Genannte ihrem Chef Zeichen zu geben, dass sie nicht da sei. Theo hörte derweil weiter aufmerksam dem Mann am anderen Ende der Leitung zu.

»Nun, wenn sie nicht an ihr Handy geht, wird das schon seine Gründe haben. Wir sind an einem neuen Fall dran und womöglich haben Sie einen ungünstigen Zeitpunkt erwischt. Ich sage ihr, dass Sie angerufen haben.«

Nach einer kurzen Verabschiedung legte Habich auf. Halb besorgt und halb ungehalten richtete er seine Augen auf Jasmin. »Was ist los? Warum verleugnest du dich und willst nicht mit Berbakowski sprechen? Ich lüge nicht gerne, wenigstens dann nicht, wenn es nicht sein muss. Bring das, was auch immer es sein sollte, in Ordnung und sprich mit ihm.«

Jeder der beiden Männer im Raum wusste inzwischen, dass Jasmin ein Verhältnis mit dem Hauptkommissar vom LKA hatte. Entstanden war die Liaison bei einem Einsatz, bei dem sich die Wege der beiden gekreuzt hatten. Dabei führten zwei Fälle, der der Würzburger Kommissare und der von Jan Niklas Berbakowski, zusammen und entpuppten sich als ein Fall, der von allen gemeinsam gelöst wurde. Seitdem führten Jasmin und Berbakowski eine lockere Liebesbeziehung.

Jasmin druckste herum und suchte nach den passenden Worten. »Es ist nur … wegen … wegen der Heirat seines Bruders. Jan hat mich als Begleitung zur Hochzeitsfeier auserkoren und ich bin mir nicht sicher, ob es richtig ist, dorthin mitzugehen. Außerdem habe ich für so ein Fest nichts anzuziehen und wir wollten jetzt am Wochenende deswegen zusammen in Nürnberg shoppen gehen. Aber … aber wegen unseres neuen

Falles … Na ja, es sieht schlecht aus für ein freies Wochenende … und … und ich weiß einfach nicht …«

»Werde dir erst mal klar, was du nun willst. Wegen eines freien Tages – zumindest für den Samstag – da mach dir mal keine Gedanken, das kann ich verantworten. Entscheide dich zuvor, ob du Berbakowski begleitest oder nicht, und dann kriegen wir das schon hin, dass du dich entsprechend in Schale werfen kannst«, beruhigte Theo sie und zwinkerte ihr zu. Dann wurde er wieder ernst. »So und nun wieder volle Konzentration auf unseren Fall.«

Einerseits wirkte Jasmin durch die Zusage ihres Chefs erleichtert, andererseits konnte ihr niemand die letztendliche Entscheidung abnehmen.

»Was ist mit den Nachkommen der Birkners und Landingers?«, überlegte Rautner laut.

»Tizian, der Sohn des Künstlers, studiert in Berlin und fällt damit schon flach«, antwortete Theo.

»Landinger junior können wir ebenfalls vergessen, der ist für mindestens ein Jahr im Studienaustausch in den USA. Das muss ein sehr heller Kopf sein, der sich mit Zukunftstechnologien aus dem Bereich der Künstlichen Intelligenz befasst«, wusste Jasmin zu berichten. »Dann wäre da noch Stefanie, die Tochter von Andreas und Cornelia, aber die wohnt und studiert irgendwo im Stuttgarter Raum und fällt somit auch weg.«

»Stefan Birkner ist ebenfalls außen vor, bleibt nur noch seine Schwester Karola, die haben wir noch nicht erreicht.«

»Warum nicht?«, wollte Habich wissen.

Etwas überrascht schaute Chris seinen Chef an. »Ganz einfach, weil keiner weiß, wo sie sich herumtreibt.«

»Was macht Karola Birkner eigentlich beruflich?«

»Zurzeit scheinbar nichts Regelmäßiges.«

»Von was lebt sie dann?«

»Bisher konnte ich nur erfahren, dass sie in der Gastronomie und bei Festlichkeiten als Servicekraft jobbt. Ansonsten ist sie des Öfteren unterwegs und macht Reisen.«

»Und wie finanziert sie das?«

Jasmin schaltete sich ein. »So weit sind wir noch nicht. Karola Birkner haben wir noch nicht durchleuchtet.«

»Dann sollte das auf die To-do-Liste ganz oben mit drauf.«

Ein Anruf von Kriminaloberrat Schössler, der Habich zu sich bat, stoppte die Besprechung für kurze Zeit. Aber schon nach fünfzehn Minuten war der Hauptkommissar wieder zurück. In der Zwischenzeit hatte Jasmin durch einen Anruf das zweite Alibi des Künstlers Hannes Birkner überprüft. Der Angerufene bestätigte, dass er zur angegebenen Zeit in der Galerie war, zwei Kunstwerke gekauft hatte und mit Birkner noch ein Gläschen Sekt getrunken hatte. Erst gegen 21 Uhr habe er sich verabschiedet.

»Wie gehen wir jetzt weiter vor?«, erkundigte sich Chris.

Für einen Augenblick sah Habich zum Fenster hinaus auf das graue und trübe Wetter, das überhaupt keine Chance auf vorweihnachtliche Stimmung zuließ, dann wandte er sich an seine beiden Mitarbeiter. »Jasmin, du organisierst, dass wir von allen, die im Weingut regelmäßig tätig sind, dort wohnen oder als mögliche Verdächtige noch im Raum stehen, die Fingerabdrücke und Abstriche für einen DNA-Test bekommen. Die gehen dann zur Kriminaltechnik zum Abgleich. Anschließend wirst du dir mal das Stadtratsgremium von Iphofen vornehmen. Es geht dabei nicht nur um die aktuellen Stadträte, sondern speziell um diejenigen, die zu Zeiten von Karl Birkner aktiv waren und vielleicht schon ausgeschieden sind. Sprich mit denen, versuche in Erfahrung zu bringen, ob sie selbst oder andere mit dem alten Birkner irgendwelchen Stress hatten oder von so etwas wissen. Und du«, sagte

Theo zu Chris, »übernimmst das politische Umfeld, in dem sich Birkner bewegt hat. Also seine engsten Parteigenossen und seine ärgsten Widersacher, die er in den aktiven Zeiten hatte. Bring in Erfahrung, mit wem er noch in Kontakt stand, wie seine politischen Mitstreiter über ihn dachten und ob es irgendwelche besonderen Ereignisse in Verbindung mit ihm gab. Selbst wenn sie Jahre zurückliegen, solltest du sie näher beleuchten, ob er da vielleicht Altlasten hinterlassen hat. Die gleiche Vorgehensweise gilt für dich«, richtete Habich den letzten Satz an Jasmin. »Denkt dabei auch daran, wie der zweite Tote da hineinpassen könnte. Wir suchen jemand, der nicht nur gegen den alten Birkner, sondern auch gegen seinen Sohn etwas hatte.«

»Und du traust mir so viel Fingerspitzengefühl auf der politischen Ebene zu, ohne dass ich in ein Fettnäpfchen trete?«, vergewisserte sich Rautner leicht ironisch.

»Wenn man Oberkommissar werden will, muss man auch mit diesen Kreisen fertig werden«, grinste Habich.

»Wie meinst du das jetzt?«, fragte Rautner überrascht.

Mit einem Schmunzeln um die Mundwinkel meinte der Hauptkommissar: »Nun, mir hat gerade ein Vögelchen gezwitschert, dass zu Beginn des neuen Jahres eine Beförderung ansteht.«

»Meinst du damit etwa mich?«

»Na wen denn sonst? Mann, Chris, hast du immer so eine lange Leitung?« Jasmin schüttelte den Kopf und rollte dabei mit den Augen. »Gratulation!«

»Gut, dann wäre das auch geklärt«, entschied Habich. Er erhob sich und nahm seine Jacke. »Ich fahre noch mal nach Iphofen und werde mich ein bisschen umhören.« Mit der Hand an der Türklinke drehte sich der Hauptkommissar noch einmal zu Jasmin hin. »Ach ja, bevor ich es vergesse, das mit Samstag geht in Ordnung. Jetzt liegt es an dir, ob oder ob nicht.« Bevor die junge Kommissarin etwas entgegnen konnte, war ihr Chef durch die Tür verschwunden.

*

Das zweistöckige Haus in der Maxstraße in Iphofen wirkte wie eingequetscht zwischen den beiden Nachbarhäusern, die es an Höhe ein wenig überragten. Mauer schmiegte sich an Mauer und auf den ersten Blick war kaum zu erkennen, wo das eine aufhörte und das andere anfing. Auf sein Klingeln öffnete ihm niemand, dafür ging im ersten Stock nebenan ein Fenster auf. Ein rundes Gesicht mit roten Wangen kam zum Vorschein. Es war unschwer erkennbar, dass es einem nicht mehr ganz taufrischen weiblichen Wesen gehörte. Die Frau blickte ihn neugierig an und schien nur darauf zu warten, angesprochen zu werden. Theo tat ihr den Gefallen. »Entschuldigen Sie, können Sie mir sagen, wo ich Karola Birkner finde?«

»Das weiß niemand genau, wo sich das Mädel immer so herumtreibt. Mal ist sie unterwegs, mal ist sie da, ab und zu arbeitet sie auch. Na ja, die jungen Leute sehen das heutzutage alles etwas lockerer.« Der Hauptkommissar glaubte einen abfälligen Ton aus ihrer Stimme zu hören. Vielleicht war es auch ein klein wenig Neid, der da mitschwang. Theos Gesprächspartnerin hatte die Mitte ihres Lebens schon um einige Jahre überschritten und womöglich erkannte sie an ihrer Nachbarin, dass sie etwas verpasst hatte, das man nicht mehr nachholen konnte.

»Und was macht sie, wenn sie arbeitet?«, erkundigte sich Habich.

»Wer will das überhaupt wissen? Wer sind Sie? Was wollen Sie von ihr?«

»Ich möchte Frau Birkner einfach nur sprechen«, entgegnete Habich, ohne die Neugier der Nachbarin zu befriedigen, da er sich nicht als Polizist zu erkennen geben wollte.

Hinsichtlich der spärlichen Auskunft rümpfte das Vollmondgesicht am Fenster die Nase. »So genau kann ich Ihnen das auch nicht sagen, sie kellnert hin und wieder, aber was sie sonst noch treibt, weiß ich nicht«, meinte sie kurz angebunden.

Habich bedankte sich und schlug die Richtung zum Marktplatz ein. Dort war sein Wagen geparkt, da er direkt vor Ort keinen freien Platz gefunden hatte. Auf seinem Weg steuerte Habich auf einen imposanten grauen Sandsteinbau zu, dem er jetzt seine ganz Aufmerksamkeit schenkte. Auf dem Hinweg war er eher achtlos daran vorbeigegangen. Es handelte sich um ein Barockpalais, das aus dem 17. Jahrhundert stammte. Er erinnerte sich, irgendwann mal im Internet gelesen zu haben, welche vielfältigen Nutzungen das Gebäude schon erfahren hatte. Zuerst als Wirtshaus, diente es danach dem Fürstbischof Johann Philipp Franz von Schönborn als Amtshof und Kellerei, bevor später nacheinander das Justizamt, das Rentamt und das Forstamt einzogen, ehe es von einem privaten Investor übernommen und zu seiner jetzigen Bestimmung als Museum umfunktioniert wurde. Obwohl es schon sein zweiter Fall hier in Iphofen war, gestand sich Theo ein, das Bauwerk bisher nur von außen gesehen zu haben. Ein Zeichen für ihn, dass das kulturelle Interesse an seiner Wahlheimat zu kurz kam, hatte er sich doch in früheren Jahren mehr Zeit für so etwas genommen. Augenblicklich traf er den Vorsatz, im Frühjahr der Dauer- und der jährlich wechselnden Sonderausstellung einen Besuch abzustatten, da im Moment zur Winterzeit der Museumsbetrieb ruhte.

Seine Gedanken schweiften ab, als er einen Blick auf die Bäckerei warf, in der er mit Rautner zu Mittag gegessen hatte und dabei dem alten Lehrer wieder begegnet war. Kurz entschlossen schwenkte er nach links und trat ein. Über den Verkaufsraum betrat er das dahinterliegende Café und sah sich um. Sein suchender Blick nötigte die Verkäuferin ihn zu fragen: »Kann ich Ihnen irgendwie helfen?«

»Ich hatte gehofft, Herrn Proskov hier zu finden.«

Die Frau sah auf die Uhr an der Wand über dem Eingang zur Backstube. »Da sind Sie noch mindestens eine Stunde zu früh dran.«

»Haben Sie eine Ahnung, wo ich ihn jetzt erreichen könnte?«

Nach einem kurzen Blick durch das Schaufenster der Bäckerei meinte sie: »Normal geht er viel und oft spazieren, aber bei diesem Wetter«, der Himmel hatte sich in kürzester Zeit – passend zu einem Apokalypsefilm – nicht nur verdunkelt, sondern war fast schwarz, »denke ich nicht, dass er unterwegs ist. Sie werden ihn wahrscheinlich entweder zuhause oder im Stadtarchiv antreffen.«

»Können Sie mir sagen, wo Herr Proskov wohnt?«

»Ich nicht, aber Moment, ich frage hinten mal nach.« Sie ging in die Backstube und Habich hörte sie mit jemand reden. Gleich darauf kam sie wieder zurück und erklärte dem Hauptkommissar den Weg. »Aber vielleicht versuchen Sie es erst mal im Stadtarchiv. Dort ist er häufiger anzutreffen als zuhause.«

»Und wie finde ich das Archiv?«

Dieses Mal konnte ihm die Verkäuferin direkt mit einer Wegbeschreibung helfen. Habich bedankte sich und verließ den Bäckereiladen. Es drängte den Hauptkommissar, noch mal mit dem alten Lehrer zu sprechen. Ihn hatte beim letzten Treffen im Nachhinein das Gefühl befallen, Proskov habe ihnen nicht alles gesagt.

Zuerst hatte Habich überlegt, die kurze Entfernung zum Verwaltungsgebäude zu Fuß zurückzulegen, aber die tiefhängenden pechschwarzen Wolken hielten ihn davon ab. Jederzeit war mit Regen oder sogar einem Unwetter zu rechnen, da auch der Wind merklich zugenommen hatte und eiskalt durch die Gassen blies. Eiligen Schrittes erreichte er seinen Wagen, der gleich gegenüber dem Museum geparkt war, und sprang hinein. Gerade begannen die ersten dicken Tropfen zu fallen, erst einzeln, dann immer dichter werdend. Innerhalb weniger Sekunden verstärkte sich der Regen zu einem Wolkenbruch, der über dem Städtchen niederging. Theo entschied sich stehen zu bleiben und das Wetter abzuwarten. Auf dem Kopfsteinpflaster bildeten sich erste Pfützen, die stetig größer wurden. Zwei ganz hartgesottene Fußgänger, die scheinbar partout ihr Ziel noch erreichen wollten, hasteten gebeugt und mit eingezogenem Kopf vorbei, immer darauf bedacht, die Wasserpfützen zu meiden. Ihre Regenschirme wurden vom Sturm hin und her gewirbelt und boten ihnen wenig bis gar keinen Schutz mehr. Der Hauptkommissar startete den Motor und schaltete das Gebläse an, da die Scheiben beschlugen. Der prasselnde Regen übertönte sogar das Radio und die Wischerblätter konnten die Sturzbäche auf der Windschutzscheibe nicht bewältigen. Aufgrund des Lärms hatte Theo den Eindruck, in dem Niederschlag wären kleine Eiskristalle dabei, die auf das Autoblech trommelten. So saß er geduldig und hoffte darauf, dass sich das Wetter wieder beruhigen würde. Dabei ging ihm das Gespräch mit Proskov noch einmal durch den Kopf. Der alte Mann hatte zuletzt bei seiner Erzählung mehrmals gezögert weiterzureden und war zum Schluss irgendwie nervös geworden. So, als wenn er etwas bei der ganzen Schilderung von Birkner hatte auslassen müssen, obwohl ihm das gar nicht so recht passen wollte.

So schnell, wie das Unwetter gekommen war, verzog es sich auch wieder und hinterließ ein kleines Wasserchaos in

Form von kleinen Seenlandschaften, hauptsächlich rund um die Kanaldeckel, die die sintflutartigen Massen nicht sofort hatten aufnehmen können. Der noch verbliebene leichte Niederschlag war harmlos gegen die eben noch niedergegangenen Wassermassen. Hauptkommissar Habich entschied, sich jetzt auf den Weg zu machen. Vorsichtig in Anbetracht der noch eingeschränkten Sichtverhältnisse rangierte er seine BMW X3 aus der Parklücke und fuhr über den Marktplatz Richtung Verwaltungsgebäude, in dessen Räumlichkeiten sich das Archiv befinden sollte. Am Rathaus vorbei steuerte er auf St. Veit – lateinisch Vitus genannt – zu. Das größte Gotteshaus im Ort und eine von den drei Iphöfer Kirchen, die auf eine Entstehung im 14. Jahrhundert zurückblicken konnten, wobei in dem Jahrhundert zuvor schon eine Kapelle den Platz eingenommen hatte. Kurz davor wendete er, um dort, gegenüber der Vinothek, eines restaurierten Altbaus mit modernem gläsernen Anbau, zu parken. Als Weinliebhaber nahm die Vinothek kurzzeitig Theos Aufmerksamkeit in Anspruch, da man dort viele Weine der Iphöfer Winzer verkosten und kaufen konnte, gleichzeitig konnte man auch kulinarische Angebote genießen. Eine Kombination, die das Herz des Hauptkommissars höherschlagen ließ. Inzwischen hatte der Regen bis auf einige wenige Tropfen nachgelassen. Habich suchte und fand zuerst einen Platz für sein Fahrzeug und danach den Eingang zum Archiv, der aber verschlossen war. Die Klingel neben der Tür deutete darauf hin, dass man sich bemerkbar machen konnte, was der Hauptkommissar auch tat. Eine dunkelhaarige Frau mit Long-Bob-Frisur und Brille öffnete.

»Ja bitte, wie kann ich Ihnen helfen?«, fragte sie höflich, aber bestimmt.

Dieses Mal entschied sich Habich seinen Dienstausweis zu

zeigen. »Ich suche Herrn Proskov. Man hat mir gesagt, ich könnte ihn eventuell im Stadtarchiv finden. Da bin ich doch hier richtig, oder?«, erkundigte sich der Hauptkommissar.

»So weit stimmt das schon, aber Herr Proskov ist leider heute nicht da. Was will die Polizei von ihm?«, fragte die Frau erstaunt.

»Oh, es geht nur um eine Auskunft.«

»Versuchen Sie es mal bei ihm zuhause oder im Café schräg gegenüber dem Museum.«

»Im Café war ich schon, da war er nicht. Danke für den Hinweis. Und wer sind Sie, wenn ich fragen darf?« Er musterte die Frau mit den fast nackenlangen Haaren, die ihr Gesicht umrahmten und aus denen vereinzelt, aber trotzdem deutlich sichtbar, silberne Strähnen hervorschimmerten. Sie erinnerte Theo vom Aussehen her an eine seiner Schullehrerinnen, nur das seine Lehrerin – der Name fiel ihm im Moment nicht ein – eine Brille mit braunem Horngestell getragen hatte und diese hier aus schwarzem Metall war. Der ernste fragende Blick verstärkte die Ähnlichkeit. So hatte Fräulein … ach herrje, ihm wollte der Name nicht einfallen, nur dass sie nicht verheiratet war, wusste Habich noch … So wie jetzt die Frau, die dem Hauptkommissar gegenüberstand, genau so hatte sie auch immer in der Klasse in die Runde geschaut, nachdem sie eine Frage gestellt hatte und erwartete, dass sich jemand meldete.

»Mein Name ist Marberg, ich bin die Stadtarchivarin.«

Aus einem kleinen Raum, in dem einige für den Hauptkommissar nicht genau erkennbare Gerätschaften standen, ertönte eine männliche Stimme mit einem ausländischen Dialekt. »Viktoria, kommt Horst dieses Jahr überhaupt noch mal oder ist er nicht schon zu seiner Tochter gefahren?« Derjenige, der diese Frage stellte, war ein junger Mann mit ziemlich kurz geschnittenen blonden Haaren. Auffallend war sein sympathisches und prägnantes Gesicht mit leicht vorstehenden Wangenknochen.

Sie hielt angesichts der Bemerkung sekundenlang inne. »Ich bin mir nicht sicher. Aber er hätte sich doch verabschiedet. Sie müssen verstehen, da Herr Proskov hier nur ehrenamtlich arbeitet, kann er kommen und gehen, wann er will, und ist mir keine Rechenschaft schuldig«, erklärte die Archivarin, dann nickte sie. »Ja, ja, er fährt über Weihnachten und Silvester jedes Jahr zu seiner Tochter. Ob er aber jetzt schon weg ist, weiß ich nicht. Möglich wäre es, wir haben morgen unseren letzten Arbeitstag für dieses Jahr und das Archiv öffnet erst wieder im neuen Jahr nach Dreikönig.«

»Ist es üblich, dass er sich verabschiedet?«

Frau Marberg lächelte verständnisvoll. »Was heißt hier üblich? Normalerweise schon. Vielleicht kommt er ja heute oder morgen noch einmal vorbei. Wenn er nicht im Café ist, dann versuchen Sie es am besten bei ihm zuhause.«

»Ach, noch eine letzte Frage, dann sind Sie mich los.« Theo merkte, dass die Archivarin ungeduldig wurde, aber nicht unhöflich werden wollte. »Wissen Sie zufällig, wo diese Tochter von Herrn Proskov wohnt?«

»Soweit mir bekannt ist, lebt sie in Bayreuth und ist dort auch Lehrerin.«

Erneut blieb Habich nichts anderes übrig, als sich zu bedanken und unverrichteter Dinge wieder zu gehen.

Seine nächste Anlaufstelle war die Straße Kalbweg in einem Wohngebiet außerhalb der Altstadt, wo das Haus des ehemaligen Lehrers stand. Auf sein Läuten hin öffnete niemand, aber er erfuhr, dass Proskov tatsächlich schon abgereist war. Zufällig war dem Hauptkommissar der Nachbar über den Weg gelaufen, der während der Abwesenheit des alten Lehrers in dessen Haus nach dem Rechten sehen sollte. Heute früh sei

Proskov überraschend losgefahren, obwohl er eigentlich erst vorgehabt hatte Anfang nächster Woche zu fahren, wusste der Nachbar zu berichten, nachdem Habich seinen Dienstausweis gezückt hatte. Trotz des erneuten Fehlschlages auf der Suche nach dem ehemaligen Lehrer erhielt der Hauptkommissar noch einen nützlichen Hinweis.

»Falls es für Sie wichtig ist, Horst ist nicht direkt zu seiner Tochter unterwegs«, verriet der Nachbar mit bedeutungsvoller Miene, »er wollte übers Wochenende noch bei einem alten Studienkollegen in der Nähe von Haßfurt vorbei.«

»Sie haben nicht zufällig dessen Adresse?«

»Nein, leider nicht, aber Proskovs Tochter vielleicht. Die könnte es wissen. Warten Sie, ich gebe Ihnen ihre Nummer.« Eilig verschwand der Mann im Haus und kam wenig später mit einem Zettel zurück, den er Habich in die Hand drückte.

»Hat Proskov eigentlich ein Handy?«

»Ja, mit einer Prepaid-Karte, aber er benutzt es so gut wie nie, hat er mir mal gesagt. Seine Tochter hat es ihm geschenkt, weil er öfters ausgiebige Wanderungen durch Wald, Feld und Flur macht, und da nimmt er es für den Notfall mit. Da kann ich Ihnen aber mit keiner Nummer dienen.«

Nachdem keine weiteren Informationen von dem gesprächigen Nachbarn zu erwarten waren, verabschiedete sich Habich und bestieg sein Fahrzeug. Wie immer, wenn ein Fall hakte, klemmte und nicht so recht vorwärtsging, nahm sich Theo eine kleine Bedenkzeit, in der ihn tunlichst niemand stören durfte. Grübelnd saß er hinter dem Steuer und starrte durch die Windschutzscheibe in das triste Grau. Der Himmel sah auch weiterhin aus, als ob er jeden Moment wieder seine Schleusen öffnen würde, und mit einem Blick hinauf zu den schweren dunklen Wolken erkannte Habich, dass ringsherum auch keine Besserung in Sicht war.

Vorhin hatte Theo einen Augenblick lang bei Proskovs überstürzter Abreise an eine Art Flucht gedacht, um nicht mehr von unbequemen Fragen der Polizei belästigt zu werden, aber den Gedanken verwarf er vorerst wieder. Die Sache konnte auch ganz harmlos sein, obwohl sich weiterhin bei Habich hartnäckig die These festsetzte, Proskov habe etwas über Birkner verschwiegen, was von Bedeutung sein könnte. Viel wichtiger für ihn erschien ihm vorerst, mit Karola Birkner zu sprechen. Sie war für die Kommissare noch eine Unbekannte, da sie bisher noch keiner angetroffen hatte.

Wie so oft, wenn Theo seinen Gedanken nachhing, irgendjemand schaffte es immer, ihn zu stören. So schön und hilfreich, wie Handys waren, so nervig konnten sie auch sein. Anruf, SMS, WhatsApp, Newsletter, Wettermeldung oder E-Mail, andauernd signalisierte das Gerät, dass eine neue Nachricht auf einer der Kommunikationswege angekommen war. Aber diese modernen Geräte waren aus dem Alltag nicht mehr wegzudenken, im Gegenteil, ihre Nutzung wurde immer intensiver und vielseitiger. Für fast alles gab es mittlerweile eine App oder dergleichen. Habich dachte an seine Zeit, als er in den Polizeidienst eingetreten war und es solche Hilfsmittel noch nicht gab. Es waren gerade mal die Anfänge des Computers, die er miterleben durfte, ansonsten die guten alten Festnetztelefone, Funkgeräte, Akten und die dazugehörige Schreibarbeit. Dieses Mal war es einfach nur der Klingelton, der einen Anruf meldete. Über seine Freisprecheinrichtung nahm Habich das Telefonat an. Im Display seines Wagens hatte er gesehen, dass es Kommissarin Blume war, die ihn zu erreichen versuchte.

»Hallo Jasmin, was gibt es?«

»Hast du schon mit Karola Birkner gesprochen?«

»Nein, die habe ich noch nicht angetroffen. Warum fragst du? Hast du etwas über sie?«

»Ja, ein paar Informationen kann ich dir bieten.«

»Dann schieß mal los.«

»Das Haus, in dem sie wohnt, hat sie von dem Großvater mütterlicherseits geerbt. Der hat selbst bis vor knapp fünf Jahren darin gewohnt, dann ist er gestorben. Außerdem hat ihr Großvater ihr eine sechsstellige Summe plus einem Aktienpaket in ähnlicher Höhe hinterlassen …«

Der Hauptkommissar pfiff leise anerkennend durch die Zähne. »Stolze Hinterlassenschaft für so eine junge Frau. Warum hat Waltraud Birkner nicht geerbt? Sie als Tochter hätte doch in der Erbfolge vor ihrer Tochter den Anspruch gehabt.«

»Sie hat ja auch etwas bekommen. Abgesehen von dem Haus war der Vermögensanteil von Karola Birkner nur die Hälfte der Erbschaft, die andere Hälfte – in Form von Aktien, Fonds und anderen Kapitalanlagen – hat Karolas Mutter bekommen. Karola ist die einzige Enkelin und wurde daher von ihrem Opa reichlich bedacht.«

»Woher hatte der Großvater das Vermögen?«

»Er war Juwelier und hatte zwei Schmuckläden in Aschaffenburg. Als Alterssitz hat er das Häuschen in Iphofen gekauft und es aus- und umgebaut. Eigentlich wollte er als Rentner mit seiner Frau nach Iphofen ziehen, um seiner einzigen Tochter und Enkelin näher zu sein. Der Plan ist leider nicht so ganz aufgegangen. Viel zu früh verlor er seine Frau – sie verstarb vor weit über zehn Jahren an Krebs – und so hat er seine Geschäfte baldmöglichst verkauft und ist nach Iphofen gezogen.«

»Gut, war es das?«

»Nicht ganz. So wie es aussieht, kann Karola Birkner nicht gut mit Geld umgehen. Trotz der reichlichen Erbschaft sieht ihre finanzielle Situation nicht ganz so rosig aus. Die Barschaft ist ziemlich aufgebraucht und nun beginnt sie ihre Aktien zu Geld zu machen.«

»In fünf Jahren so viel ausgegeben?«, fragte Habich erstaunt. »Wissen wir wieso?«

»Na ja, sie hat wenig bis gar nichts gearbeitet und war viel im Ausland unterwegs. Wenn nichts reinkommt, greift sich das Geld schnell weg.«

»Dann werde ich mal sehen, dass ich die junge Dame irgendwo auftreibe oder in Erfahrung bringe, wo sie steckt«, verabschiedete sich Theo von seiner Kollegin.

»Pass auf dich auf und lass dich nicht auf die Matte legen, die junge Dame kann Kampfsport«, schickte Jasmin ihrerseits hinterher und Habich glaubte sie dabei lächeln zu sehen, dann trennte sie die Verbindung.

In dem Moment als er zum Zündschlüssel griff, um den Wagen zu starten, kam der nächste Anruf. Auf der Anzeige seines Hightech-Multimedia-Systems tauchte der Name »-*Rautner, Chris*« auf. Theo hatte sich angewöhnt für den dienstlichen Bereich den vollen Namen in seiner Liste abzuspeichern. Nur die privaten Kontakte waren ausschließlich mit Vornamen versehen, aber die waren sehr überschaubar.

»Ich rede nur mit dir, wenn du was hast«, brummte Theo etwas missmutig, da nichts so richtig vorangehen wollte.

»Okay, dann brauchst du nicht aufzulegen.« Chris formulierte den Rest des Satzes vorsichtig. »Es könnte sein, ich habe da was.«

»Lass hören.«

»Ich hatte vor Kurzem ein Gespräch mit einem Journalisten, der mir von einem Ereignis berichtete, das schon weit über zwanzig Jahre her ist …«

»Wie bist du denn an die schreibende Zunft geraten?«, fragte Theo überrascht.

»Ach, du weißt doch, wie das ist, durch einen Kumpel, der kennt da wen und der kennt wieder jemand …«

Habich unterbrach Chris. »Na gut, geschenkt, ich will es gar nicht so genau wissen.« Er winkte ab, obwohl das der Anrufer nicht sehen konnte. »Welche Verbindung gibt es da zu unserem aktuellen Fall?«

»Der Name unseres ersten Opfers Karl Birkner.«

»Aha, erzähl!«, forderte der Hauptkommissar Chris auf und lauschte gespannt.

»Es ging damals um einen Sexskandal. Bei Feierlichkeiten von Parteigrößen und Geschäftsleuten sollen ›*junge*‹ Mädchen mit im Spiel gewesen sein. Du verstehst?«

»Wenn ich deine Andeutung richtig interpretiere, meinst du damit ›*Minderjährige*‹, mit denen die Männer intim waren.« Habich zog die Stirn kraus hinsichtlich der Vorstellung.

»Richtig!«

»Ich nehme mal an, die Presse hat davon Wind bekommen, sonst wüsste der Journalist nichts davon. Wie und durch wen?«

»Nun, eines der Mädchen … äh …« Chris räusperte sich hörbar. »… äh … wurde dabei verletzt und musste ärztlich behandelt werden. In der Klinik hat man natürlich Fragen zu der Verletzung gestellt und bevor dort alle zum Schweigen verdonnert werden konnten, hat doch irgendjemand den Mund aufgemacht.«

»Also war Gewalt mit dabei?«, erkundigte sich Habich.

»Den genauen Grund konnte mir mein Informant nicht sagen. Es ist zu befürchten, dass da auf dieser Party etwas Außergewöhnliches geschehen ist.«

»Und was ist bei der Sache rausgekommen?«

»Anscheinend nichts! Diesbezüglich habe ich schon nachgeforscht, es hat nie eine Anzeige oder Ermittlung gegeben. Es ist wie so oft, wenn einflussreiche Leute Dreck am Stecken haben. Sie nutzen ihre Beziehungen, um solche Dinge zu vertuschen. Als der Hinweis inoffiziell an die Presse gelangte, gab es schon eine strikte Informationssperre von hoher Stelle und alles wurde dementiert.«

»Aber wieso ist dann der Name von Birkner durchgesickert? Das muss er ja sein, sonst hätte dir dein Informant nichts erzählen können.«

»Es scheint noch nicht allzu lange her zu sein, da hat jemand aus dem Nähkästchen geplaudert. Entweder war derjenige alkoholisiert und hat sich verplappert oder die ›*Altlasten*‹ haben ihn gedrückt und er hat ein schlechtes Gewissen bekommen, auf jeden Fall hat er Namen genannt.«

»Namen! Sprichst du in der Mehrzahl?«

»Genau!«

»Ja und weiter!«

»Zwei der Genannten sind schon länger verstorben und der letzte Name war Karl Birkner.«

»Und der ist jetzt auch tot«, überlegte der Hauptkommissar laut. »Wie sind die beiden anderen gestorben?«

»Du hast den gleichen Gedanken wie ich, aber ich muss dich enttäuschen, es waren natürliche Todesursachen, ich habe mich sofort schlaugemacht.«

»Du hast sehr wahrscheinlich nur die Todesursache erfahren, die auf dem Totenschein steht, mehr nicht.«

»Was soll das jetzt heißen?«

»Dass es eine Dunkelziffer an unentdeckten Morden gibt, die nie erkannt wurden und nach dem Begräbnis auch nicht mehr bekannt werden.«

»Also … also glaubst du …! Du glaubst also, es könnte …«

»Halt, halt, nicht so schnell. Ich sage nur, wenn es mit der alten Geschichte zusammenhängen würde, dann könnte es theoretisch möglich sein …«

»Aber warum jetzt nach so vielen Jahren«, unterbrach Chris seinen Chef erregt.

»Siehst du, genau das frage ich mich auch. Wann sind die anderen zwei verstorben?«

»Vor vier und vor fünf Jahren.«

»Dieser vage Verdacht oder vielmehr diese Vermutung reicht noch lange nicht für eine Exhumierung«, sprach Habich seine Gedanken laut aus. »Da müssten wir noch mehr Material haben. Selbst Kriminaloberrat Schössler kann uns da ganz sicher nicht helfen. Außerdem könnte man zum Beispiel Gift oder eine Überdosis an Medikamenten gar nicht mehr nachweisen. Ganz wichtig für unseren Fall wäre bei diesem Aspekt, dass du dir die Frage stellst, wie das zweite Opfer, Hermann Birkner, da ins Bild passt.«

»Stimmt, daran habe ich noch gar nicht gedacht.«

»Ich lasse dir freie Hand, wie du weiter vorgehen willst, aber Chris, hör mir zu. Sei vorsichtig, wem du an den Karren pinkelst. Grundsätzlich hast du meine Rückendeckung, nur …« Den Rest des Satzes ließ er unausgesprochen. Sein Kollege würde die Andeutung schon verstehen. Mit der Bemerkung »In Ordnung« legte dieser auf.

Erst am späten Nachmittag traf Hauptkommissar Habich Karola Birkner in ihrem Haus an. Auf sein Läuten hin wurde ihm tatsächlich nach einer kurzen Wartezeit geöffnet. Vor Habich stand eine junge Frau, die etwas zögerlich die Frage bejahte, als er sich erkundigte, ob sie Karola Birkner sei. Mit der Präsentation seines Dienstausweises legitimierte er seine Neugier und seine Anwesenheit. Höchstens auf Anfang bis Mitte zwanzig hätte Habich sein Gegenüber geschätzt – so jugendlich wirkte ihr Aussehen –, wären ihm nicht ihre Geburtsdaten bekannt gewesen, die besagten, dass sie vierunddreißig war. Auffallend an der jungen Frau war die Farbe ihres natürlichen Kopfschmuckes, die Habich sofort ins Auge sprang. Das Deckhaar ihrer kurz geschnittenen Frisur leuchtete in intensivem Karmesinrot – auch Lollipop-Rot genannt –, darunter schaute ihr etwas längeres naturschwarzes Haar hervor. Sehr eigenwillig, aber durchaus schön anzuschauen, wie der Hauptkommissar fand. Karola Birkner war etwas größer als der weibliche Durchschnitt, sportlich schlank und durchaus als attraktiv zu bezeichnen. Ihre Bewegungen wirkten geschmeidig, als sie Habich hereinbat und vorausging. Ihm fiel Jasmins Hinweis ein, dass die junge Birkner Kampfsport betrieb. Die eng anliegenden Leggins und das körperbetonende Top verdeutlichten, dass sie kein Gramm Fett zu viel hatte und durchtrainiert war. Die ganze Person machte auf den ersten Blick einen überaus sympathischen Eindruck, was sich aber sehr schnell relativieren sollte.

Das Zimmer, in das sie den Hauptkommissar führte, lag rechter Hand vom Flur und war eine Art Kombination aus Wohn- und Arbeitszimmer. Scheinbar hatte die Besitzerin gewisse Teile des Mobiliars ihres Großvaters übernommen und mit moderner Ausstattung ergänzt. Schrankwand und Sitzgarnitur wirkten etwas aus der Mode gekommen, dagegen war die Soundanlage, die in dem alten Schrank eingebaut war, einschließlich der Boxen neueste Hightech. Ähnlich neuwertig wirkten die futuristische Stehlampe neben dem Lowboard mit dem großen Flachbildfernseher und der Schreibtisch inklusive des Lederbürostuhls.

Überrascht war Habich von der Person, die er im Bürostuhl sitzen sah. Obwohl er den jungen Mann nur kurz gesehen hatte, kannte Habich ihn sofort wieder. Die kurzen blonden Haare und das einprägsame Gesicht waren ihm in Erinnerung geblieben. Kein Wunder, die erste Begegnung war auch erst ein paar Stunden her. Der Mann saß vor einem aufgeklappten Laptop und schien daran zu arbeiten. Beim Eintritt des Hauptkommissars wand er sich dem Besucher zu.

»Kennen wir uns nicht aus dem Stadtarchiv?«, meinte Habich stirnrunzelnd, bevor Karola fragen konnte, was der Hauptkommissar von ihr wollte.

»Oh, ja, ja, Sie haben dort Horst gesucht«, antwortete der Gefragte. Sein Deutsch hatte eindeutig einen amerikanischen Slang.

»Darf ich fragen, wer Sie sind?«, wollte Theo wissen, da weder Karola Birkner ihn vorstellte noch der Mann selbst Anstalten machte zu erklären, wer er war.

»Das ist mein Freund, Tomas Burger«, bequemte sich Karola schließlich zu antworten. Sie ließ sich in einen Sessel fallen, dem Hauptkommissar bot sie aber keinen Platz an. Ob unbewusst oder mit Absicht, ließ sie nicht erkennen.

Habich nickte und sah von einem zum anderen. Dann sprach er Karola direkt an: »Sie wissen, warum ich hier bin?«

»Sie werden es mir sicherlich gleich sagen«, antwortete die junge Frau ein bisschen schnippisch und schaute ihn dabei fast feindselig an.

Verwundert fragte der Hauptkommissar: »Lässt es Sie etwa kalt, dass zwei Ihnen nahestehende Menschen tot sind?«

»Woher wollen Sie wissen, dass sie mir nahestanden?«

»Das sollten sie eigentlich, es war Ihr Vater und Großvater oder ist das in Ihrer Familie anders?«

»Na und! Vielleicht ist es bei ›*mir*‹ anders.«

»Und wie ist es bei Ihnen? Bitte klären Sie mich auf.«

»Ich weiß nicht, wie man über mich denkt, aber es ist mir auch egal. Genauso egal ist mir, was mit denen passiert«, wobei sie mit »*denen*« sehr wahrscheinlich ihre Verwandtschaft meinte. »Vermutlich bin ich in deren Augen das berühmte

›*schwarze Schaf*‹ der Familie … Keine Ahnung! Ich tanze aus der Reihe, bin nicht ehrgeizig, interessiere mich nicht für den Betrieb und kann auch sonst mit der … der spießigen Art und Weise der Birkners nichts anfangen. Eigentlich möchte ich nicht darüber reden.« Karola Birkner wirkte ein wenig aufgewühlt nach dieser Erklärung.

Theo hatte in seiner langen Karriere bei der Polizei schon viel gesehen und gehört, trotzdem schockierte ihn eine Einstellung immer wieder aufs Neue. Menschen, die nach außen hin Teile einer Familie darstellten, drifteten so weit auseinander, dass sie Schicksalsschläge nächster Angehöriger kaltließen. Gut, er musste sich eingestehen, dass er auch nicht gerade der Familienmensch war und die Verwandtschaft lieber gehen als kommen sah, aber die Kaltherzigkeit der jungen Frau war schon außergewöhnlich. Hier musste etwas gänzlich schiefgelaufen sein oder Karola war völlig aus der Art geschlagen. Oft waren es zerrüttete Ehen, Gewalt in der Familie oder Erbschaftsstreitigkeiten, die solche Einstellungen hervorriefen, aber darüber war den ermittelnden Beamten nichts bekannt. Auch schienen keine Drogen im Spiel zu sein, wie Theo im Laufe des Gespräches glaubte festgestellt zu haben. Weder die Frau noch ihr Freund zeigten irgendwelche typischen Anzeichen dieser Genusssucht.

»Okay, trotzdem muss ich Ihnen die Frage stellen: Wo waren Sie am letzten Freitag so zwischen 19 und 20 Uhr abends und wo am Dienstag zur gleichen Zeit?«

»Denken Sie etwa, ich habe meinen Vater und Großvater umgebracht?«

»Bisher ist es erst mal nur eine Frage, die wir jedem in Ihrer Familie gestellt haben.«

Der hilfesuchende Blick in Richtung des jungen Mannes war Theo nicht entgangen.

»Sie war an beiden Tagen hier mit mir«, antwortete der junge Mann an Stelle von Karola. »Wir waren den ganzen Abend zusammen.«

»Sind Sie damit zufrieden? Gibt es sonst noch etwas, was Sie fragen wollen?«, erkundigte sich die junge Frau.

»Nein, vorläufig nicht, aber das kann sich noch ändern.« Habich schüttelte den Kopf und machte Anstalten zu gehen, als er sich noch einmal umdrehte. »Ach, doch noch etwas. Was machen Sie beruflich?«

»Warum wollen Sie das wissen?«

»Nur für den Fall, dass wir doch noch Fragen haben. Zuhause sind Sie ja schwer zu erreichen.«

»Ich arbeite im Moment als Teilzeitkraft im Servicebereich des Hotels zur Traube. Das ist gleich hier am …« Der Ton der Haustürglocke unterbrach Karola.

Ehe sie den Satz vollenden konnte, nickte Habich. »Alles klar, dann weiß ich schon Bescheid.«

Er verließ das Zimmer in Richtung des Ausgangs, Karola folgte ihm. Als der Hauptkommissar die Haustür öffnete, stand dort ein schlaksig wirkender junger Mann und schaute ihn entgeistert an, da dieser nicht mit einem fremden Gesicht gerechnet hatte.

»Äh … äh, ist Karola …«, stotterte der neue Besucher irritiert.

»Und wer sind Sie?«, überfuhr Habich den jungen Mann.

»Noah, ich bin Noah Kassling, aber …«

»Ist schon gut, komm rein«, ertönte hinter dem Rücken des Hauptkommissars Karolas Stimme.

Ohne sich weiter um Habich zu kümmern, schlüpfte Kassling an ihm vorbei ins Haus. Bevor Theo noch etwas sagen konnte, fiel die Haustür ins Schloss. »Ein ›*Tschüss*‹ oder ›*Auf Wiedersehen*‹ gehört hier wahrscheinlich nicht zum guten

Ton«, brummte Theo und winkte dann ab. »Na ja, die wollen mich sicherlich nicht wiedersehen.«

Dieses mal hatte er den Wagen vor der Tür stehen. Wie so oft blieb er nach dem Einsteigen einen Augenblick ruhig sitzen und ging das Gespräch in Gedanken noch einmal durch. Danach kamen seine Überlegungen für die nächsten Schritte, die er unternehmen wollte. Warum hatte sich Karola dermaßen mit ihrer Familie entzweit? Vielleicht würde er es im Weingut bei Karolas Mutter erfahren. Theo nahm sich vor, Waltraud Birkner bei nächster Gelegenheit danach zu fragen. Zuerst folgte aber der Griff zum Telefon, nachdem er seine Überlegungen beendet hatte. Er drückte die Kurzwahltaste des Büros. Jasmin meldete sich.

»Hallo Chef, was gibt es?«

»Ich komme gerade von Karola Birkner.«

»Hast du neue Erkenntnisse? Konnte sie dir weiterhelfen?«

»Ganz im Gegenteil«, knurrte Theo missmutig, »die junge Dame hat die Sache eher noch komplizierter gemacht.«

»Aha, inwiefern?«

Er schilderte Jasmin, wie sich die Unterhaltung zugetragen hatte, und meinte dann: »Aus irgendeinem Grund sind ihr Vater und Großvater bei ihr in Ungnade gefallen und das halte ich nicht für einen Spleen. Dafür wirkt mir Karola viel zu reif und selbstständig. Nein, da muss etwas anderes vorgefallen sein und das möchte ich gerne herausbekommen. Vielleicht betrifft das auch noch mehr Personen aus ihrem Familienkreis, aber so deutlich ist sie nicht geworden.«

»Was soll ich tun?«, fragte Jasmin nach, da sie sofort begriffen hatte, dass Arbeit auf sie zukam.

»Na ja, eigentlich nur deine Recherche erweitern. Bisher haben wir nach Ärgernissen oder Schwierigkeiten der Birkners mit Außenstehenden gesucht. Jetzt hören wir uns auch um, ob es Hinweise, Gerüchte, Mutmaßungen oder sonstiges Gerede über Querelen innerhalb der Birkners gibt oder gab.«

»Okay, wird gemacht. Ich gebe es auch an Chris weiter. Könnte ja sein, dass der etwas von Birkners politischen Freunden erfährt.«

Habich legte auf, ohne noch ein weiteres Wort zu verlieren, da ihn der nächste Gedanke vorantrieb. Erneut musste sein Handy herhalten. Er hielt den Zettel mit einer Telefonnummer in der Hand, den ihm Proskovs Nachbar gegeben hatte. Er wollte in Bayreuth anrufen. Der Hauptkommissar hatte Glück und Proskovs Tochter hob ab. Auf die Frage Habichs nach ihrem Vater wirkte sie überrascht und meinte, sie wisse nicht, was er vorhabe, dieses Jahr sei nicht geplant, dass ihr Vater über die Feiertage zu ihnen käme, da sie einen Urlaub gebucht hätten und nicht da wären. Von dem Studienkollegen hatte die Tochter nur den Namen und die Ortschaft, in der er wohnte, aber leider keine Telefonnummer. Theo nahm sich vor, morgen früh vom Büro aus den Mann ausfindig zu machen, den der alte Lehrer besuchen wollte. Damit war Theos Überlegung hinfällig, heute in Iphofen zu nächtigen, um vielleicht wieder mal einen Stammtisch aufzusuchen. Beim damaligen Fall hatte sich das als durchaus hilfreich erwiesen.

Eine alte Geschichte

Der Abend war schon weit fortgeschritten, als Andreas Birkner das Haus im Schwanbergsweg verließ. Sofort schlug er den Kragen seiner dicken Jacke nach oben, da ihm ein ziemlich frischer Wind entgegenblies, der die Regenwolken in der Dämmerung vertrieben hatte. Für die nächsten Tage meldete der Wetterbericht fallende Temperaturen bis in den Minusbereich, aber an weiße Weihnachten war trotzdem auch dieses Jahr nicht zu denken. Ihm war ein bisschen zum Heulen zumute. Weihnachtsstimmung würde heuer sowieso nicht aufkommen. Verdammt, mussten jetzt auch noch die beiden Toten dazukommen. Als wenn es in seinem Leben nicht schon genug Probleme gäbe. Seine Ehe ging schon seit längerem den Bach runter. Cornelia und er lebten schon eine ganze Weile nebeneinanderher und hatten sich nicht mehr viel zu sagen. Daraufhin hatte sich Andreas aufgrund der ehelichen Unzufriedenheit eine Geliebte angelacht, die ihm aber seit einiger Zeit das Messer auf die Brust setzte. Sie wollte mehr als nur noch der heimliche Zeitvertreib des Herrn Birkner zu sein. Aber dazu war Andreas nicht bereit, zumindest wollte er noch nicht den letzten endgültigen Schritt tun, der Scheidung bedeuten würde. Zum angestauten Katzenjammer kam aufsteigender Frust über die aktuelle Situation, dass er nun der Verantwortliche im Weingut sein musste. Dabei war er gerne die Nummer zwei im Hintergrund gewesen, da Hermann der versierte Geschäftsmann war. Er konnte besser mit Zahlen umgehen und hatte mehr Verhandlungsgeschick im Ein- und Verkauf als er selbst. Ihm hatte die Arbeit im Weinkeller am Herzen gelegen.

Während er auf die Altstadt zumarschierte, schossen ihm solche und ähnliche Gedanken durch den Kopf. Keinen Blick und keinen Gedanken verschwendete der Winzer dabei an das beleuchtete Wahrzeichen der Stadt, das Rödelseer Tor, dessen Doppeltore er gleich darauf durchschritt. Das bekannteste und älteste der drei Iphöfer Stadttore gehörte zu einer gut erhaltenen Befestigungsanlage, deren Entstehung im 13. Jahrhundert begann und bis in das 16. Jahrhundert hinein immer wieder Veränderungen erlebte. Iphofens eigentliches Symbol war auch nicht das Tor selbst, sondern der später hinzugekommene Vorbau, das aus Fachwerk bestehende sogenannte »*Vorwerk*« mit seinem hohlziegelbedachten Turm und dem Torhaus.

Immer weniger verspürte Andreas Lust, jetzt schon nach Hause zu gehen. Die Turmuhr der vor ihm liegenden Stadtpfarrkirche St. Veit schlug 22 Uhr, als er in Richtung Kirchplatz abbog und entlang des Gotteshauses lief. An der Vinothek vorbei steuerte er den Marktplatz an. Was ihn aus seiner Nachdenklichkeit holte, waren der Anblick des riesigen Weihnachtsbaumes mit seinen unzähligen brennenden Lichtern vor dem Rathaus und anschließend mehrere gutgelaunte Personen, die aus dem Hotel zur Traube kamen. Als er die erleuchteten Fenster der Gaststube sah und Stimmen nach außen drangen, stand sein Entschluss fest. Auch wenn es andere vielleicht für unschicklich hielten, nach den Todesfällen in seiner Familie ins Wirtshaus zu gehen, so war das Andreas hier und jetzt egal. Entschlossen trat er ein. Das Gespräch am Stammtisch verstummte nur kurz. Als er näher trat, wünschte man ihm Beileid, dann siegte die Neugier der Anwesenden, aus erster Quelle mehr zu erfahren, als schon bekannt war.

Vier Schoppen und zwei Schnäpse später gebot die Wirtin Feierabend. Es war kurz nach Mitternacht, als Andreas zusammen mit drei anderen das Gasthaus verließ. Obwohl durch seinen Umgang mit Wein geeicht, hatte Andreas den ganzen Tag über wenig gegessen und entsprechend deutlich spürte er nun an der frischen Luft die Wirkung des Alkohols. In Zweiergruppen traten die Männer den Heimweg an. Birkner schloss sich demjenigen an, der in die Geiersberg-Siedlung wollte und daher die Richtung zur Ägidiengasse einschlug. Zuletzt war am Stammtisch noch ein aktuelles Thema angesprochen worden, das Andreas mit seiner Begleitung auf dem Weg noch weiter intensiv erörterte. Kurz nachdem die beiden eine weitere Sehenswürdigkeit Iphofens passiert hatten, den Henkersturm – die ehemalige Behausung des Scharfrichters im Mittelalter –, trennte sich Birkner von seinem Begleiter. Dieser strebte schließlich, vorbei an der Malzfabrik und dem Kindergarten, seinem Zuhause entgegen. Andreas wandte sich wieder stadteinwärts, um über die Maxstraße und die schmale Gasse, die zur Ludwigstraße gehörte, das heimatliche Weingut zu erreichen. Trotz seines alkoholisierten Zustandes war er gedanklich noch immer in das Thema vertieft, das am Stammtisch zuletzt heiß diskutiert wurde. Obwohl tagsüber ein wolkenbruchartiger Niederschlag heruntergekommen war, waren sich alle in der Runde einig gewesen, dass es die letzten Jahre zu wenig geregnet hatte. Durch diese Klimaveränderung wurde der Ruf nach Bewässerung im Weinbau und in der Landwirtschaft laut und war seit der Bürgerversammlung Anfang des Jahres in aller Munde. Nur über die Umsetzung des Problems herrschte noch keine Klarheit und die hatte man auch heute Abend am Stammtisch nicht gefunden.

So in seine Überlegungen versunken, hätte Andreas beinahe das Auto nicht bemerkt, das zu später Stunde in Richtung der Bahnhofstraße fuhr. Dafür entging ihm aber das Aufglimmen einer Zigarette zwischen zwei geparkten Fahrzeugen vor den Häusern. Als er sich anschickte, die wenigen langgezogenen Stufen zur Ludwigstraße hinaufzusteigen, flog das glühende funkenerzeugende Etwas auf die Pflastersteine und eine Gestalt folgte ihm. Die Person bewegte sich schnell, leichtfüßig und dabei geräuschlos. Die Kapuze seiner Sportjacke hatte der Verfolger hochgeschlagen, sodass sein Gesicht nicht zu erkennen war. Zwei Drittel der Gasse hatte Birkner geschafft, als der Unbekannte hinter ihm auftauchte. Irgendein Geräusch oder eine Bewegung hatte Andreas aufmerksam werden lassen. Er drehte sich um und nahm die Gestalt nur zwei Schritte hinter ihm wahr. »Hey, was soll …«, brachte er noch heraus, dann traf ihn zuerst ein Schwinger in den Magen und dann eine Faust ins Gesicht. Ein weiterer Schlag landete an seinem Schläfenbein. Benommen taumelte er zurück. Er wollte um Hilfe rufen, als ihn ein weiterer Treffer am Kopf erwischte. Dabei knallte Birkner erst mit dem Schädel gegen eine Hauswand und dann seitlich aufs Kopfsteinpflaster. »Das sollte dir zu denken geben«, murmelte der Angreifer beim letzten Schlag. Als sich Andreas nicht mehr regte, suchte die Gestalt das Weite.

Ein Hund rettete Birkner vorerst das Leben. Der nächtliche Drang des Vierbeiners zum »*Gassigehen*« und seine Hartnäckigkeit sorgten dafür, dass der Verletzte nach nur kurzer Zeit gefunden wurde. Winselnd und jaulend hatte Terry, der Labrador Retriever, sein Herrchen an der Leine in die Gasse gezogen, bis dieser auf den dort Liegenden aufmerksam geworden war. Natürlich hatte er zuerst gedacht, es handele sich um einen Betrunkenen. Erst beim Licht der Handytaschenlampe hatte der Mann die Kopfverletzung gesehen und schleunigst die Rettungsleitstelle alarmiert. Mit Blaulicht transportierte man den Ohnmächtigen zuerst ins nächstgelegene Klinikum nach Kitzingen. Nach nur kurzer Zeit verlegte man den Verletzten von der Kitzinger Klinik in den neurologischen Bereich des Universitäts-Kopfklinikums Würzburg.

*

Ein zweites Mal wurde es für Habich diese Woche ein kurze nächtliche Ruhephase. Dem Notarzt waren die Verletzungen im Gesicht aufgefallen, bei denen er Fremdeinwirkung vermutete. Seinen Verdacht hatte er der lokalen Polizeidienststelle mitgeteilt. Die Uniformierten wiederum wussten von den Todesfällen und den diesbezüglichen Vorgängen im Hause Birkner. Daraufhin sah sich der diensthabende Beamte der Kitzinger Polizeiwache genötigt, den leitenden Beamten der Ermittlungen zu informieren. Diesem Umstand verdankte es Habich, dass ihn sein Handy mitten in der Nacht aus dem Schlaf klingelte.

Abermals entschloss sich der Hauptkommissar seine beiden jungen Kollegen nicht aus dem Bett zu werfen. Genauso wenig wie er die Kriminaltechniker nicht in Marsch setzte. Nach der Schilderung seines uniformierten Kollegen zu urteilen, war der Fundort des Verletzten durch den Hundebesitzer und die Sanitäter so kontaminiert, dass die KTU dort sicherlich nichts mehr finden würde. Es gab auch nichts mehr zu sehen, da der Verletzte schon längst abtransportiert worden war. Stattdessen zog er sich an und fuhr in die Uniklinik, um sich über den Gesundheitszustand von Andreas Birkner schlauzumachen.

Dort traf er auf eine ziemlich gefasst wirkende Frau des Opfers und ihre Schwägerin Waltraud, die sie begleitete. Beide Frauen hatten keine vernünftige Erklärung für den Überfall. Bei der Gelegenheit fühlte er Cornelia Birkner noch einmal auf den Zahn und kam zu der Überzeugung, dass das Alibi, das sie ihrem Mann für den zweiten Mord gegeben hatte wirklich stimmte.

Bis zum frühen Morgen mussten Habich und die beiden Angehörigen warten, bis sie mit einem Arzt sprechen konnten. Das Erste, was sie erfuhren, war der unmissverständliche Bescheid, dass der Verletzte für unbestimmte Zeit nicht ansprechbar sei. Man hatte bei Birkner ein Schädel-Hirn-Trauma diagnostiziert, einen neurochirurgischen Eingriff vorgenommen und ihn in ein künstliches Koma versetzt. Er sei absolut unglücklich auf den Kopf gefallen, erklärte der Mediziner. Dadurch sei es zu einer Hirnblutung und einer Schwellung gekommen, die jetzt erst abklingen müsse. Noch war nicht sicher, ob der Patient überhaupt überleben würde, und wenn ja, ob er nicht bleibende Schäden davontragen würde. Mit dieser Erkenntnis machte sich Habich auf den Weg ins Büro.

Jasmin traute ihren Augen kaum, als sie am letzten Wochentag die Räumlichkeiten ihrer Dienststelle betrat. Es duftete schon nach frisch gebrühtem Kaffee und ofenfrisches Gebäck lag auf dem Tisch.

»Hoppla, wer ist mir denn da zuvorgekommen?«, fragte sie verwundert und sah sich um. Im Zimmer war niemand, aber nebenan in Habichs Büro raschelte Papier. Ein Blick durch die geöffnete Verbindungstür sagte ihr, dass sie richtig gehört hatte. Mit einer Tasse Kaffee vor sich saß ihr Chef in seinem Bürostuhl und blätterte in Unterlagen. »Was hat dich denn aus dem Bett geworfen?«, fragte sie und sah auf ihre Armbanduhr. Es waren noch fünfzehn Minuten bis zum offiziellen Dienstbeginn und sie hatte wirklich geglaubt, sie wäre heute früh die Erste. Sie war extra zeitig aufgestanden, um noch so viel wie möglich zu erledigen, damit sie ohne schlechtes Gewissen am morgigen Samstag frei nehmen konnte. Sie hatte sich gestern Abend lange und ausführlich mit Jan, ihrem Lebenspartner vom LKA, am Telefon unterhalten. Ihre Entscheidung für oder gegen die Einladung hatte sich bis dahin noch in der Schwebe befunden. Schließlich hatte sie über eine Stunde mit Jan telefoniert und zum Schluss hatte Jasmin zugesagt, mit ihm an der Hochzeit teilzunehmen.

»Warte, bis Chris kommt, dann muss ich es nicht zweimal erzählen«, gab Theo ihr zur Antwort.

»Übrigens, ich nehme das mit dem freien Tag morgen wahr. Habe mich mit Jan ausgesprochen und entschieden.«

»Okay, alles klar«, war Habichs kurze Antwort, während er weiter in Unterlagen las.

Auch Chris war heute überpünktlich und wunderte sich, dass er trotzdem der Letzte war. In Zeichensprache deutete er die Frage an, ob etwas Besonderes los sei. Wortlos zuckte Jasmin mit den Schultern und hob abwehrend die Hände, um zu zeigen, dass sie auch nichts wisse. Kaum hatten die beiden jungen Beamten eine volle Tasse des belebenden morgendlichen Getränks vor sich stehen, als Habich ins Zimmer kam. Er setzte sich auf die Tischkante von Jasmins Schreibtisch und deutete mit dem Finger auf die Tafel mit den Bildern der Familie Birkner.

»Heute Nacht haben wir unseren letzten noch verbliebenen möglichen Verdächtigen verloren. So wie es aussieht, können wir jetzt Andreas Birkner auch endgültig von unserer Liste streichen«, begann der Hauptkommissar seinen Bericht über das nächtliche Ereignis in Iphofen. Gespannt und ohne Zwischenbemerkungen hörten die beiden zu, was ihnen ihr Chef mitzuteilen hatte.

»Sag mal, will da jemand die Birkners ausrotten? Zumindest den männlichen Teil, wie mir scheint«, bemerkte Chris, nachdem Theo fertig war.

»Könnte man fast annehmen«, nickte Theo bedächtig.

»Erst der Alte, jetzt die beiden Söhne und wer kommt als Nächstes?«

»Na, das mit Andreas Birkner hat ja scheinbar nicht ganz geklappt, falls es als Mord geplant war.«

»Trotzdem. Da hat jemand ganz schöne Wut auf die Familie Birkner«, stellte Jasmin fest. »Was schlägst du vor? Personenschutz?«

Der Hauptkommissar wiegte nachdenklich den Kopf. »Bei wem fängt man da an und bei wem hört man auf?« Letztendlich schüttelte er sein Haupt. »So viel Personal haben wir gar nicht und ich glaube, das bekommt auch unser Kriminaloberrat nicht geregelt.«

Als wenn der gerade Genannte gewusst hätte, dass man von ihm sprach, läutete das Telefon und er war am anderen Ende. Habich machte sich sofort auf den Weg zum Chef der Mordkommission. Als er zurückkam, hatte sich seine Vermutung bestätigt. Da man nicht absehen konnte, wer von den Birkners noch gefährdet sei, könne kein Personenschutz angeordnet werden, hatte ihm Kriminaloberrat Schössler auf seine Anfrage hin mitgeteilt. Aber man werde in gewissen Abständen eine Streife zur Überprüfung vorbeischicken, hatte der Chef Habich angeboten.

»Wir machen weiter wie gehabt und müssen sukzessive unsere Kreise erweitern. Was gibt es aus deiner politischen Szene Neues?« Theos Frage war an Chris gerichtet.

»Nichts, absolut nichts! Ich stehe vor einer Wand des Schweigens … nein, eher einer Mauer, die unüberwindbar und nicht einzureißen ist. Bei dieser längst vergangenen Sexgeschichte bin ich keinen Schritt weitergekommen. Aber dein Einwand bei unserem letzten Gespräch war richtig. Ich habe zumindest so viel erfahren, dass Hermann Birkner nie in solche oder ähnliche Affären verstrickt war, er ist völlig sauber. Daher denke ich, es ist eine Sackgasse.«

»Na ja, und nachdem jetzt auch noch der zweite Sohn betroffen ist, wird es noch unwahrscheinlicher, dass es damit etwas zu tun haben könnte … Es sei denn …«, überlegte Habich.

»Was meinst du mit ›*es sei denn*‹ …?

»Es sei denn, jemand übt späte Rache und bezieht auch Karl Birkners Kinder mit ein.«

»Warum gerade jetzt?«

»Es könnte jemand anderes – so wie wir auch – jetzt erst erfahren haben, was damals passiert ist. Ich meine rein theoretisch. Bleib ruhig noch ein bisschen dran. Vielleicht sprichst du noch einmal mit dem Journalisten. Kann ja sein, dass ihm noch etwas einfällt oder er einer zweiten Person die gleichen Infos gegeben hat wie dir.« Habich richtete seinen Blick auf Jasmin und fragte: »Was gibt es bei dir?«, dann wandte er sich erneut an Chris, weil ihm noch etwas eingefallen war. »Ach ja, versuch doch mal rauszubekommen, wer das minderjährige Mädchen damals war, das behandelt werden musste. War es eine Praxis oder eine Klinik, wo sie ärztlich versorgt wurde? Manchmal gibt es dumme Zufälle oder auch Glücksmomente, die einem helfen können. Alte Krankenakten, die nicht vernichtet wurden, oder Personal, das damals dort schon arbeitete und sich erinnern kann. Vielleicht hat dein Informant ja auch Namen anderer junger Mädchen, die bei diesen Ausschweifungen dabei waren. Man weiß ja nie.« Nach diesem Hinweis drehte Theo sich wieder zu Jasmin um. »Sorry, jetzt bist du dran.«

»Tut mir leid, auch bei mir bisher Fehlanzeige.«

»Wie sieht es aus mit den Fingerabdrücken und der DNA, haben wir die inzwischen?«

»Von allen außer von Karola Birkner.«

»Verdammt, immer diese Karola Birkner! Was ist nun wieder los?«

»Die Kollegen, die ich losgeschickt habe, haben sie nicht angetroffen. Wenn ich gewusst hätte, dass du sie gestern Nachmittag erreicht hast …« Jasmin konnte ihren Satz nicht vollenden.

»Ja, ja, geschenkt! Wir werden sie schon noch erwischen«, knurrte Theo etwas gereizt. »Notfalls laden wir sie vor.«

Gleich darauf erhob er sich und ging in sein Büro. Für die beiden Kollegen war es das Zeichen, dass die frühmorgendliche Besprechung beendet war. Jeder wusste, was er zu tun hatte, und setzte sich erst einmal an den PC.

Habich fuhr seinen Computer hoch, aktivierte auf einer offiziellen Seite seine Zugriffsberechtigung und gab dort in der Suchleiste den Namen und den Wohnort Zeil am Main ein, den ihm Proskovs Tochter genannt hatte. Die Datenbank lieferte ihm einen Treffer mit der dazugehörigen Rufnummer. Er nahm den Hörer ab und wählte die Nummer. Eine männliche Stimme meldete sich nach mehrmaligem Rufton. Der Hauptkommissar nannte seinen Namen und erklärte dem Mann am Telefon sein Anliegen. Er erhielt den Bescheid, dass Horst Proskov da sei, aber noch schlafe.

»Würden Sie ihm ausrichten, dass ich ihn noch mal sprechen muss? Es hat zu den beiden Toten hier in seinem Heimatstädtchen einen weiteren Schwerverletzten gegeben. Er möchte mich bitte unbedingt zurückrufen.« Mit der Zusage seines Gesprächspartners, die Nachricht weiterzugeben legte Habich auf. Er hatte nicht nur die Nummer seines Dienstapparates hinterlassen, sondern auch seine Handynummer, um ja sicherzugehen, dass ihn Proskov erreichen konnte.

Danach kam er wieder zurück ins Zimmer zu seinen beiden jungen Kollegen. »Was ich mich frage, ist: War das Zusammentreffen zwischen Täter und Opfer heute Nacht zufällig oder beabsichtigt?«

»Glaubst du, zu so später Stunde, das war ein Zufall?«, zweifelte Jasmin.

»Im Moment weiß ich nicht, was ich glauben soll«, musste Habich eingestehen. »Noch wissen wir nicht mal, wo er überhaupt so spät herkam. Seine Frau hatte auch keine Ahnung oder sagt es zumindest nicht.«

Während sich Jasmin und Theo noch unterhielten, hatte Chris zwei Anrufe getätigt und erhob sich von seinem Stuhl mit der Bemerkung: »Ich bin dann mal weg.«

»Was steht bei dir heute auf dem Programm?«, erkundigte sich Habich bei seiner Kollegin.

»Ich habe ein Date mit Iphofens Bürgermeister, der ist schon seit Jahrzehnten im Amt und kennt hoffentlich nicht nur die kommunalpolitischen Geschehnisse in seiner Stadt in- und auswendig. Meine zweite Hoffnung ist, dass er auch über seine Stadträte – sowohl die aktiven als auch die ehemaligen Mitglieder – ein bisschen Bescheid weiß. Und da er ein vielbeschäftigter Mann ist, bin ich froh einen Termin bekommen zu haben. Danach treffe ich mich noch mit zwei ehemaligen Stadtratsmitgliedern. Ich will versuchen noch mehr über die Birkners zu erfahren.«

»Prima, dann können wir ja zusammen fahren, ich will noch einmal ins Weingut.«

»Hmm! Theo, das ist jetzt schlecht«, druckste Jasmin herum. »Ich wollte von Iphofen aus gleich weiter nach Nürnberg. Du weißt schon, zu Jan, wegen Samstag.«

»Ohh, natürlich! Hatte ich vergessen. Na klar, dann fahre ich mit meinem eigenen Wagen, kein Problem. Dann wünsche ich dir viel Erfolg bei der Kleiderwahl«, lachte Theo. »Hoffentlich findet ihr was Passendes. Solltest du etwas Interessantes bei deinen Befragungen erfahren, dann informierst du mich aber noch.«

Der Rückruf Proskovs erreichte den Hauptkommissar während der Fahrt nach Iphofen. Gerade hatte Habich noch gedacht, bei der ganzen Fahrerei hätte man ja in dem Städtchen fast eine Zweigstelle aufmachen können, als sein Handy klingelte.

»Hallo Herr Hauptkommissar, hier ist Horst Proskov. Ich sollte mich bei Ihnen melden. Sie haben von einem Schwerverletzten gesprochen, was ist los?«, fragte der alte Ex-Lehrer aufgeregt.

»Nun hat es auch Andreas, den zweiten Sohn von Karl Birkner, getroffen. Er wurde gestern Nacht überfallen und liegt nun in der Uni Würzburg im Koma.«

»Oh mein Gott!«, vernahm Theo Proskovs entgeisterten Ausruf durchs Telefon, dann herrschte einen Moment lang Stille. »Warum das alles?«, fragte er schließlich irritiert. »Erst Karl, dann sein Sohn Hermann und nun Andreas.«

»Das wüssten wir auch gerne.«

»Das ist ja schrecklich. Wie kann ›*ich*‹ da helfen?«, hörte Habich den ehemaligen Lehrer mit belegter Stimme fragen. Schlagartig überkam Habich wieder dieses Gefühl, irgendetwas stimme mit dem alten Lehrer nicht.

»Ich möchte Sie bitten zu überdenken, ob es da nicht doch noch etwas gibt, was Sie mir über Karl Birkner erzählen können. Auch wenn Sie es vielleicht nicht für relevant halten oder es womöglich ein Versprechen ist, dass Sie Birkner gegeben haben, nie etwas davon weiterzusagen. Genau das könnte aber jetzt für uns hilfreich sein. Denken Sie mal ganz scharf nach.«

Es entstand eine Pause am Telefon und Theo hörte den alten Mann schwer atmen.

»Es ist noch nicht allzu lange her – ein paar Wochen – da hat Karl eine Andeutung gemacht, dass es in seiner Familie eine sehr, sehr alte unrühmliche Geschichte gibt«, fing Horst Proskov plötzlich an. »Ich hatte das Gefühl, er wollte sich etwas von der Seele reden, hat es dann jedoch nicht getan. Die

Angelegenheit schien ihm zu schaffen zu machen. Er hat mir eine etwas seltsame Frage gestellt …«

»Und wie lautete die?«, fragte der Hauptkommissar gespannt.

»Was ich dazu meinte, inwieweit die Kinder, Kindeskinder und weiteren Nachkommen für die Vergehen ihrer Vorfahren verantwortlich wären.«

»Was haben Sie ihm geantwortet?«

»Erstens käme es auf die Art des Vergehens an und zweitens auf das eigene Schuldempfinden, außerdem auf die Schwere des Vergehens. Rein rechtlich denke ich mal, kann man nicht mehr zur Verantwortung gezogen werden, wenn es schon Generationen zurückliegt, aber es kann eine Gewissenssache werden. Ich habe mich gewundert, als er von Moral und Ethik zu sprechen begann, nur konkret wurde er nicht.«

»Haben Sie versucht mehr in Erfahrung zu bringen?«

»Natürlich! Ich wollte ihm ja helfen. Er wirkte nachdenklich und verwirrt. Zuerst dachte ich, es gehe vielleicht um Ereignisse aus einem der beiden Weltkriege oder so etwas in der Art. Ich habe ihn diesbezüglich auch darauf angesprochen, aber er verneinte und meinte nur, das läge noch weiter zurück. Dann sagte er plötzlich: Horst, ich will dich nicht damit belasten.«

Erneut entstand eine Pause. Dann begann Habich laut zu denken: »Könnte man trotzdem irgendwie etwas über die alte Geschichte in Erfahrung bringen? Gibt es da Möglichkeiten, was meinen Sie, Herr Proskov?«

»Fragen Sie in der Familie nach. Kann doch sein, dass einer der anderen auch etwas über das alte Geschehnis weiß.«

»Sie haben Recht! Das wäre möglich, das muss ich machen«, erwiderte Habich und konzentrierte sich dabei auf den Verkehr. »Aber wenn nicht, haben wir weitere Alternativen?«

»Hmm!«, hörte Theo ein nachdenkliches Brummen aus seinem Lautsprecher. »Es kommt darauf an, ob es etwas Schwerwiegendes oder Außergewöhnliches war, das möglicherweise sogar aktenkundig wurde.« Proskov meinte etwas zynisch: »Ich habe schon meinen Schülern immer gesagt: Die Ägypter haben zwar die Bürokratie erfunden, aber wir Deutschen haben sie perfektioniert.«

»So ganz verstehe ich Sie jetzt nicht«, gestand der Hauptkommissar.

»Na ja, das bedeutet, wenn diese alte Geschichte ein öffentlicher Vorfall war, dann besteht durchaus eine gute Chance, dass er auch irgendwo dokumentiert ist. Hat sich das Geschehnis aber ausschließlich in der Familie ereignet und wurde dort überliefert, so wird es schwierig bis unmöglich, woanders darüber etwas zu erfahren.«

»Wo könnten wir denn suchen?«

»In den Chroniken des Stadtarchivs von Iphofen.«

»Das ist aber ab nächste Woche geschlossen und wird erst Anfang Januar wieder geöffnet. So lange habe ich keine Zeit. Ich muss einen Mörder finden.«

»Tja, Frau Marberg werden Sie sehr wahrscheinlich nicht erreichen, sie ist meistens über Weihnachten und Silvester beim Skifahren.«

»Wer könnte mir denn sonst noch weiterhelfen?«

»Natürlich gibt es einen Reserve- oder Generalschlüssel in der Verwaltung, ansonsten habe nur noch ich einen Schlüssel fürs Archiv.«

»Nützt mir nichts. Sie sind nicht da und kommen auch erst im neuen Jahr wieder. Und ohne fachliche Hilfe bin ich eh verloren zwischen den alten Unterlagen.«

Ein drittes Mal trat eine Pause ein. Dann meinte Proskov nachdenklich: »Stimmt! Und außerdem würde man keinen

Fremden ins Archiv lassen. Dazu sind die Altertümer zu wertvoll und bei der Benutzung muss äußerst sorgfältig damit umgegangen werden. Zudem wüssten Sie nicht, wo Sie suchen sollten, und im klimatisierten Keller, da wo die alten Dokumente und Bücher lagern, gibt es eine weitere zusätzliche Zutrittsbeschränkung. Da kommen Sie so ohne Code gar nicht rein. Nein, nein, es muss schon jemand von uns dabei sein.«

Ein neuer Gedanke kam bei Habich auf. »Aber wenn es doch eine außergewöhnliche Geschichte über die Birkners in den Archivunterlagen gäbe, wäre dann nicht schon längst jemand drübergestolpert und hätte die Sache publik gemacht?«

»Nicht unbedingt, oft bleibt die Vergangenheit, was sie ist, nämlich Vergangenes.« Abermals verflossen einige wortlose Sekunden. Theo wartete ab und Proskov schien zu überlegen. »Zu den Aufgaben eines Archivars oder einer Archivarin zählt es, die sogenannten Archivalien zu bewahren, zu analysieren, zu kategorisieren, zu bewerten und zu sortieren, nicht unbedingt sie bekannt zu machen. Somit kann ein Ereignis Jahrzehnte oder Jahrhunderte in Dokumenten schlummern und erst ein Chronist oder Historiker, der sich näher damit befasst, bringt es an die Öffentlichkeit.«

»Na gut, nur hilft mir das im Moment auch nicht viel weiter.«

»Da gebe ich Ihnen Recht.«

»Wie lange sind Sie noch bei Ihrem Freund in Zeil?«

»Ich wollte bis Montag bleiben und dann weiter zu meinem Sohn nach Berlin. Sonst bin ich immer bei meiner Tochter in Bayreuth, aber dieses Jahr geht es nicht.«

»Ach so, dann ist Ihr Nachbar aber schlecht informiert. Er hat mir nämlich gesagt, dass Sie von Ihrem Freund aus zu

Ihrer Tochter fahren. Als ich mit Ihrer Tochter sprach, hat die mir dagegen mitgeteilt, dass Sie dieses Jahr nicht kommen.«

Proskov lachte. »Der gute Richard hört nicht mehr so richtig zu. Er ist einfach davon ausgegangen, dass es wie jedes Jahr ist.«

Der Hauptkommissar entschied hier und jetzt das Gespräch zu beenden. »Herr Proskov, dann wünsche ich Ihnen einen schönen Aufenthalt und falls wir uns nicht mehr hören, schöne Feiertage und einen guten Beschluss.«

Der Ex-Lehrer bedankte sich, wünschte Habich das Gleiche und legte auf. Theo hatte inzwischen Kitzingen durchquert und war auf den letzten Kilometern. Hätte er Proskov bitten sollen zurückzukommen, um ihm zu helfen? Nein, zuerst wollte er noch einmal mit Frau Marberg, der Chefin des Stadtarchivs sprechen. Den ehemaligen Lehrer konnte er immer noch damit belästigen, falls alles andere nicht klappen sollte. Vielleicht war das Ganze auch eine weitere Sackgasse.

Die erste Anlaufstation des Hauptkommissars in Iphofen war das Weingut. Trotz nächtlicher Aufregungen und fehlenden Schlafs waren Waltraud und Cornelia wach. Man bemühte sich, den Betrieb und damit das Weihnachtsgeschäft aufrechtzuerhalten. Stefan, der Sohn von Hermann und derzeitige einzige männliche Birkner auf dem Gut, kümmerte sich im Keller um die Jungweine. Waltraud hatte die Büroarbeit ihres Mannes übernommen und Cornelia betreute die Weinkunden, die persönlich vorbeikamen. Beide Frauen waren beschäftigt, als Habich sie aufsuchte.

Er versuchte zuerst mit Waltraud Birkner zu sprechen und wartete geduldig, bis sie ihr Telefonat beendet hatte.

»Frau Birkner, sagen Sie, wissen Sie etwas über ein besonderes Ereignis in der Vergangenheit der Familie?«

»Ein ›*besonderes Ereignis*‹, was meinen Sie damit? Ich verstehe nicht, worauf Sie hinauswollen.« Waltraud Birkner schüttelte den Kopf und sah ihn ungläubig an.

»Na ja, ich dachte dabei an etwas, was aus dem Rahmen fällt. Etwas Außergewöhnliches oder auch etwas Schlimmes, was man nicht gerne erzählt oder weiterverbreitet.«

Ein Stirnrunzeln war Waltrauds Reaktion. »Ich bin völlig überfragt. Wann soll das denn gewesen sein?«

»Das weiß ich auch nicht. Vermutlich handelt es sich um ein Geschehen im 19. Jahrhundert …«

»Und darüber sollen ›*wir*‹ noch etwas wissen? Das wäre doch schon viel zu lange her.«

»Warum nicht? Könnte doch sein, dass so etwas über Generationen hin überliefert wurde.«

»Wieso fragen Sie danach, hat es mit den aktuellen Geschehnissen zu tun?«

»Das wollte ich gerne herausbekommen.«

»Wie kommen Sie überhaupt zu der Annahme, dass es so etwas gibt?«, fragte Waltraud Birkner verwundert.

Der Hauptkommissar klärte sie über Proskovs Hinweis zur Bemerkung Karl Birkners auf.

»Tut mir leid, davon weiß ich nichts. Weder mein Schwiegervater noch mein Mann oder sein Bruder haben jemals so etwas erwähnt«, antwortete Waltraud und schüttelte erneut den Kopf, gerade als Andreas Birkners Frau das Büro betrat. »Hier, fragen Sie Cornelia, ob die etwas weiß.«

»Was soll ich wissen?«, erkundigte sich die dunkelhaarige Frau, setzte sich auf einen Stuhl und blickte Habich fragend an.

Der Hauptkommissar stellte Cornelia Birkner die gleichen Fragen und erhielt die gleichen Antworten. Auch sie hatte keine Ahnung, wovon Habich sprach. In der Zwischenzeit hatte sich Hermann Birkners Frau wieder auf den PC konzentriert und tat so, als wenn sie die Unterhaltung ignorieren würde.

»So etwas habe ich befürchtet«, gestand der Hauptkommissar und man hörte ein klein wenig Frust in seiner Stimme. »Aber vielleicht können Sie mir bei einer anderen Frage helfen«, wandte er sich erneut an Cornelia Birkner. »Wo kam Ihr Mann so spät her?«

»Auch das kann ich Ihnen nicht sagen«, zuckte die Gefragte mit den Schultern. »Manchmal will er nur schnell etwas erledigen und bleibt dann länger weg. Er trifft sich ab und zu mit anderen Winzern, erledigt noch Geschäftliches oder geht bei Freunden vorbei. Es ist auch schon vorgekommen, dass er bis spät gearbeitet hat und danach noch auf einen Schoppen oder ein Bier wegging, während ich schon im Bett lag. Er sagt mir selten, wo er hingeht.« Theo glaubte Enttäuschung aus dem letzten Satz zu herauszuhören.

»Auf jeden Fall war er alkoholisiert, habe ich von der Klinik erfahren. Ich würde gerne wissen, wo er war.«

»Wenn er nicht privat bei irgendjemand gesessen hat, gibt es nur noch drei Möglichkeiten.« Cornelia Birkner zählte die Lokalitäten auf, in denen ihr Mann ab und zu einkehrte. Habich nickte, denn er kannte alle drei.

Neu eingetroffene Kunden riefen Cornelia an ihre Arbeit zurück. Habich machte noch keine Anstalten zu gehen, ihm waren weitere Fragen eingefallen, die er Waltraud Birkner stellen wollte.

»Ich würde Sie gerne noch etwas fragen.«

»Vermutlich kann ich Sie nicht davon abhalten, auch wenn ich mich lieber um meine Arbeit kümmern würde«, sagte sie, starrte weiter auf den Bildschirm und schien ein bisschen genervt.

»Es geht um Ihre Tochter Karola. Warum hat sie so ein schlechtes Verhältnis zu ihrem Vater und Großvater?«

»So, hat sie das?«

Diese herablassende Art hat Karola von ihrer Mutter, dachte Theo, bevor er ungestört mit seiner Befragung weitermachte. »Das finde ich schon, wenn man bedenkt, dass sie ihr Tod wenig berührt. Zumindest hat sie keinerlei Regung gezeigt. Wie würden Sie das deuten, wenn jemand seine Familie als ›*spießig*‹ und sich selbst als das ›*schwarze Schaf*‹ bezeichnet?«

»Sie ist halt kein Familienmensch und etwas aus der Art geschlagen«, tat Waltraud das Verhalten ihrer Tochter lapidar ab.

»Ich hatte eher das Gefühl, zwischen den dreien ist irgendetwas vorgefallen, was Ihre Tochter nicht akzeptieren oder verzeihen kann«, mutmaßte Habich auf gut Glück.

»Ich wüsste nicht was«, tönte es nicht ganz überzeugend hinter dem Schreibtisch hervor.

»Warum wird sie eigentlich nicht mit einem Erbanteil am Weingut bedacht beziehungsweise warum ist sie von der Erbfolge ausgeschlossen?«

Jetzt hob Waltraud Birkner den Kopf und schenkte Habich die volle Aufmerksamkeit. »Sie scheinen ja schon sehr viel über uns zu wissen.«

»Bei dem, was Ihrer Familie die letzten Tage passiert ist, versuchen wir gründlich zu sein und recherchieren in alle Richtungen. Sie wollen doch sicherlich auch, dass der oder die Täter gefasst werden?«

»Natürlich!«, nickte Waltraud Birkner. »Um noch einmal auf meine Tochter zurückzukommen. Sie zeigte für den Weinbau und das Weingut kein Interesse. Darum wollte sie auch nichts damit zu tun haben und hat auf ihren Anteil verzichtet, zumal sie finanziell gut von meinem Vater versorgt worden ist.«

»Ihr Vater verstarb vor rund fünf Jahren. Seitdem besitzt Ihre Tochter ihren Erbteil, aber der angebliche Verzicht am Weingut war erst vor etwa einem Jahr«, ließ der Hauptkommissar nicht locker. »Warum hat Ihr Mann sie erst lange danach aus der Erbfolge rausgenommen?«, fragte er die pausbackige Frau, die sich jetzt in ihrem Bürostuhl zurücklehnte. Im Stillen dachte er: So ganz glauben kann ich das nicht, was du mir da erzählen willst.

»Hören Sie, falls Sie sich da irgendwas mit Querelen und Streitigkeiten in der Familie zusammenspinnen wollen, da liegen Sie falsch. Wir hatten und haben so unsere Problemchen untereinander, aber das ist ganz normal und keine Morde wert.«

»Frau Birkner, ich bewundere Sie und Ihre Schwägerin. Da wird Ihr Schwiegervater und Ihr Ehemann getötet, Ihr Schwager liegt schwerstverletzt in der Klinik und Sie beide gehen ganz locker zur Tagesordnung über«, meinte Habich ein wenig provokant.

Die Reaktion ließ nicht auf sich warten. Waltraud funkelte ihn zornig an, dann polterte sie los: »Was wissen Sie schon, wie es in uns aussieht, aber das Weingut ist unser aller Existenz und es muss weitergehen. Es wird nicht besser und es ändert sich nichts, wenn ich die trauernde Witwe spiele und Cornelias Gedanken nur um Andreas' Genesung kreisen. Für uns ist es auch eine Art Ablenkung und wie schon gesagt, die Arbeit erledigt sich nicht von alleine.«

»Trotzdem …«, setzte Habich erneut an, aber der wütende Blick der Frau brachte ihn zum Schweigen. Er gab nach und nickte. »Sie haben wohl Recht, jeder geht anders mit seinem Schicksal um.«

Es folgte ein eisiges Schweigen, daher hielt Habich es für angebracht, den Rückzug anzutreten. Mehr Informationen über das, was er hatte wissen wollen, würde er sicherlich nicht bekommen. Seine Entscheidung darüber, ob er noch weiterbohren oder verschwinden solle, wurde ihm abgenommen, als das Telefon klingelte und Waltraud das Gespräch entgegennahm. Sie ließ ihn grußlos ziehen und würdigte ihn keines Blickes mehr.

Zwei Lokale hatte der Hauptkommissar inzwischen abgeklappert und jedes Mal bekam er nur ein Kopfschütteln zur Antwort, wenn er sich erkundigte, ob Andreas Birkner am Abend zuvor da gewesen sei. Auf dem Weg zur letzten von Cornelia Birkner genannten Möglichkeit kam Theo ein Einfall. Er rief Jasmin an.

»Wo bist du gerade?«

»Habe soeben meinen Termin mit dem Bürgermeister beendet. Jetzt habe ich noch die zwei Ex-Stadträte vor mir. Warum, was ist?«

»Ach, ich dachte nur, wir könnten zusammen zu Mittag essen. Ich muss noch ins Hotel zur Traube eine Erkundigung einziehen und da wollte ich die Gunst nutzen, dort etwas zu essen.«

Jasmin musste lächeln. Der Hang des Hauptkommissars zu gutem Essen und zur fränkischen Küche war allgemein bekannt. Sie brauchte nicht lange zu überlegen. »Oh ja, eine prima Idee. Ich stehe mit meinem Wagen fast davor. Dann sehen wir uns gleich dort.«

Fünf Minuten danach betrat Habich die Gaststube des Hotels. Jasmin saß schon an einem Tisch und blätterte in der Speisekarte. Theo setzte sich dazu und schon erschien eine Servicekraft, um ihm ebenfalls eine Karte vorzulegen. Er bestellte ein Mineralwasser und vertiefte sich gleich in die Essensauswahl. Theos Entscheidung war schnell gefallen, schneller, als sich Jasmin zu einer Wahl durchringen konnte.

»Und, hast du etwas erfahren können?«, fragte er und lehnte sich zurück.

»Nein! Der Rathauschef wirkte immer noch sehr betroffen und meinte, er wisse von keinen Unstimmigkeiten, die so eine wahnwitzige Tat rechtfertigen würden.«

»Liest der Mann keine Zeitung? Dann wüsste er, dass manchmal nur Kleinigkeiten notwendig sind, um mörderische Reaktionen auszulösen.«

»Vielleicht interessiert er sich nur für den politischen Teil«, grinste Jasmin.

»Was konnte er denn über die Birkners berichten?«, wollte der Hauptkommissar wissen, nachdem sie ihre Bestellung aufgegeben hatten.

»Er schilderte Karl Birkner als einen durch und durch integren Menschen, dessen Streitbarkeit sich im normalen Rahmen bewegte …«

»Wie interpretiert sich sein Begriff von ›*normal*‹?«

»Vermutlich so, dass seiner Meinung nach kein Mensch auf die Idee kommen würde, ihm etwas Böses zu tun. Übrigens, diesen Eindruck hatte er von den beiden Söhnen des alten Birkners auch. Im Prinzip erzählt er genau das Gleiche, das bisher alle anderen auch gesagt haben. Karl Birkner war ein Querdenker, manchmal etwas unbequem, ganz gewiss kein Mitläufer, aber durchaus kompromissbereit. Er hat seine Meinung laut und deutlich gesagt und war dabei nicht immer beliebt. Aber ihm deswegen etwas anzutun, sei völlig irrwitzig. Ein etwas anderes Bild gab er mir von Hermann Birkner. Ihn schilderte er als starrköpfig, leicht erregbar und nicht unbedingt teamfähig. Andreas hat er als ruhigen und gelassenen Menschen kennengelernt, der sich seinem älteren Bruder bedingungslos untergeordnet habe. Von seiner Sicht aus gab es bei allen dreien keinen ersichtlichen Grund für die Taten.«

»Wenn Gründe für Mord und Totschlag öfters ›*ersichtlich*‹ wären, könnten viele verhindert oder zumindest schneller aufgeklärt werden«, brummte Theo.

Jasmin war klar, dass Habich die Ergebnisse, die sie bisher hatten, nicht gefallen konnten, da sie keinerlei Hinweise auf ein mögliches Motiv enthielten.

»Wie war es eigentlich bei dir? Hattest du wenigstens Erfolg?«, erkundigte sich die junge Kommissarin, während die Getränke kamen.

»Wie man es nimmt.« Er wiegte sein Haupt hin und her. Dann berichtete er seiner Kollegin von dem Telefonat mit Proskov und dem anschließenden Gespräch mit den beiden Frauen Waltraud und Cornelia Birkner. Gerade war Habich mit seinem Bericht fertig, als sein Handy klingelte. Da sie in einer Ecke des Gastraumes saßen, in dem sich sonst keine Gäste in nächster Nähe befanden, die sich gestört hätten fühlen können, nahm Theo den Anruf an und stellte auf Lautsprecher, sodass Jasmin mithören konnte. Es war Chris, der ihre Mittagspause störte.

»Theo, du bist genial.«

Die beiden am Tisch sahen sich an und zeigten ungläubige Gesichter hinsichtlich dieser überschwänglichen Bemerkung.

»Deswegen bin ich Hauptkommissar und dein Chef«, meinte Theo schließlich ganz trocken, ohne dass es überheblich klang. »Trotzdem, danke für das Kompliment. Verrätst du uns auch warum? Übrigens, Jasmin hört mit.«

»Aber klar doch! Dein Hinweis wegen Klinik, Krankenakten, Personal und so war super.«

»Dann hast du etwas herausbekommen?«

»Ja! Ich habe den Namen der Klinik, wo die Behandlung der

Minderjährigen stattfand, und dort habe ich eine altgediente Schwester ausfindig gemacht, die sich noch an den Vorfall erinnern konnte …«

»Wusste sie auch noch den Namen des Mädchens?«

»Das nun wieder nicht, aber sie hat mir erzählt, dass sich damals der Chefarzt sofort der Sache angenommen hat und die Verletzte irgendwie abgeschirmt wurde. Sie konnte sich noch an zwei elegant gekleidete Herren erinnern, die das Mädchen gebracht haben. Bei der anschließenden Behandlung war nur noch eine Krankenschwester mit anwesend. Diese Mitarbeiterin ist leider schon im Ruhestand, aber ich habe deren Namen und werde sie heute Nachmittag mal aufsuchen.«

»Okay, aber verrenne dich nicht in etwas. Sei vorsichtig, dass du da nicht in ein Wespennest stößt. Wenn es sich um einen Fall von Vergewaltigung handelt und er nichts mit unserem aktuellen Fall zu tun hat, dann werden wir Kriminaloberrat Schössler informieren. Der soll entscheiden, was weiter passiert. Hast du verstanden? Keine Alleingänge oder übereilten Schritte. Wir haben mit dem Birkner-Fall genug zu tun.«

Ohne auf eine Entgegnung Rautners zu warten, trennte Habich die Verbindung, da in diesem Moment das Essen kam.

»Kann das überhaupt noch strafrechtlich verfolgt werden?«, wollte Jasmin wissen.

Theo versuchte streng zu blicken. »Das überrascht mich jetzt. Wie lange ist das her, dass du die Polizeischule absolviert hast?«, fragte er stirnrunzelnd. Seine Kollegin war perplex und fand keine Worte. »Ja, ja, die Jugend! Bei mir ist es schon bedeutend länger her, aber ich weiß es trotzdem noch. Schwere Sexualdelikte und Vergewaltigungen verjähren nach 20 Jahren, aber …«, und dabei hob er wie der Schullehrer bei ›*Max und Moritz*‹ den Zeigefinger in die Höhe, »… laut §78b

StGB beginnt diese Frist erst mit dem dreißigsten Lebensjahr des Opfers. Also könnte rein rechnerisch die Sache noch einmal aufgerollt werden, falls es noch jemand gibt, den man anklagen kann.«

»Ist das nicht ein bisschen arg weit hergeholt, dieses alte Ereignis mit unserem Fall in Verbindung zu bringen?«, fragte Jasmin kauend, nachdem sich ihre kurzzeitige Verlegenheit hinsichtlich der Lehrstunde wieder gelegt hatte.

»Warten wir es ab, was Chris herausfindet oder nicht«, meinte der Hauptkommissar kurz angebunden. Man merkte ihm an, dass er in Ruhe das leckere Essen genießen wollte. Er widmete sich intensiv seinem ›*Fränkischen Karpfen im Bierteig mit Kartoffelsalat und grünem Salat*‹.

Jasmin nahm darauf aber keine Rücksicht, sie schien sich von der Belehrung erholt zu haben, plapperte munter drauflos und lachte: »Wenn man es richtig nimmt, ist deine Geschichte, der du hinterherläufst, ja noch um einiges älter.«

»Mehr haben wir im Moment aber nicht«, knurrte Theo mit halbvollem Mund und aß unbeirrt weiter. »Deshalb müssen wir alle nur erdenklichen Möglichkeiten berücksichtigen, auch wenn sie auf den ersten Blick unwahrscheinlich wirken.«

»Tut mir leid! Ich weiß, dass der Druck hoch ist, unseren Fall aufzuklären. Wenn du nicht willst, dass ich nach Nürnberg fahre und lieber weiter hier mithelfen soll, dann sag es. Ich bin mir eh immer noch nicht sicher, ob es richtig ist, was ich mache.«

Der Hauptkommissar rollte die Augen, legte das Besteck auf den Tellerrand und trank einen großen Schluck. »Dass ihr Frauen immer alles komplizieren müsst. Wenn es so wäre, dass du nicht abkömmlich wärest, hätte ich es dir längst gesagt. Es ist sogar vom Kriminaloberrat abgesegnet und nun Schluss damit. Und Berbakowski hast du zugesagt zu kommen, jetzt halt auch dein Versprechen. Wovor hast du Angst? ›*Du*‹ wirst doch nicht geheiratet, du musst doch nur zusehen und mitfeiern.«

Erst hatte er mit ernster Stimme gesprochen, sein Gesicht zeigte aber mehr und mehr ein breites Grinsen. Ihm war klar, dass Jasmin befürchtete, Jan könnte auf die gleiche Idee wie sein Bruder kommen und heiraten wollen. Er war sich auch ziemlich sicher, das seine Kollegin vermutete, die Teilnahme an der Hochzeit sei ein Schritt, sie in die Familie einzuführen. Vielleicht hatte sie sogar Angst, er könnte ihr bei der Feier einen Antrag machen. Seine Menschenkenntnis und Jasmins unbewusste Bemerkungen sagten ihm, dass sie sich mit solchen oder ähnlichen Gedanken befasste. Aber wie war Theos Devise: Wer mit dem Feuer spielt, muss auch damit umgehen können. Genüsslich verspeiste er die letzten Bissen seines Essens. Jasmin hatte nur einen gemischten Salat mit Putenstreifen gegessen und war schon fertig. Kaum hatte Theo seinen Teller auf die Seite geschoben, da kam die Bedienung und räumte ab.

»Entschuldigen Sie, wer hatte gestern Abend hier im Lokal Dienst?«, erkundigte sich der Hauptkommissar.

»Meine Kolleginnen Susi, Karola und die Chefin hinter dem Tresen.«

»Ich denke mal, die beiden Kolleginnen sind jetzt nicht da?« Die Servicekraft nickte, woraufhin Habich weiterfragte: »Ist denn dann die Chefin zu sprechen?«

Wieder nickte die Angesprochene. »Ja, ich sage ihr Bescheid.«

Im Gastraum war es ruhig geworden. Außer den beiden Kommissaren saß nur noch ein Pärchen beim Essen, ansonsten hatten sich die Tische inzwischen geleert. Die Chefin des Hotels tauchte umgehend auf und der Hauptkommissar zückte seinen Dienstausweis. Als er sich erkundigte, ob Andreas Birkner gestern Abend da gewesen sei, bejahte sie.

»Schrecklich, was da passiert ist«, meinte sie bestürzt.

»Wissen Sie noch, wann er gekommen und wann er gegangen ist?«

Sie überlegte kurz. »Das kann ich Ihnen ziemlich genau sagen, da ich kurz zuvor auf die Uhr geschaut hatte, da ich hoffte etwas früher schließen zu können. Es war gerade 22 Uhr durch und ich hatte noch vier fremde Gäste und drei Einheimische am Stammtisch, als Andreas hereinkam. Die vier Fremden sind kurz darauf gegangen. Natürlich entstand am Stammtisch nach Birkners Ankunft eine rege Diskussion. Ich habe dann die Eingangstür abgeschlossen und mich zu den vieren dazugesetzt. Durch die angeregte Unterhaltung verging die Zeit wie im Flug und ruckzuck war es Mitternacht. Da habe ich Feierabend geboten und einige Minuten später sind alle gemeinschaftlich gegangen. Ich habe hinter den vieren wieder abgeschlossen, noch kurz die Spülmaschine ausgeschaltet und danach das Licht ausgemacht. Was draußen passierte, weiß ich nicht, und ich habe auch nichts bemerkt.«

»Gut, woher Andreas Birkner so spät herkam, hat er nicht gesagt?«

»Nein! Darüber wurde kein Wort gesprochen. Also ich habe zumindest nichts mitbekommen.«

»Aber wer die anderen waren, können Sie mir sagen?«

»Natürlich, die sind mir alle bekannt. Sie kommen ja regelmäßig zum Stammtisch.«

»Dann würde ich Sie bitten, mir die Namen und gegebenenfalls auch die Adressen aufzuschreiben.« Die Hotelchefin erhob sich und verschwand. »Ach, bringen Sie auch bitte gleich die Rechnung mit, ich möchte zahlen«, rief Habich noch hinterher.

Theo wandte sich an Jasmin: »Du kannst dich getrost deinen ehemaligen Stadträten widmen und dann nach Nürnberg durchstarten. Solltest du wider Erwarten noch etwas Wichtiges in Erfahrung bringen, so informierst du mich telefonisch. Mein Weg führt jetzt erst mal ins Archiv und dann werde ich die Herrschaften abklappern, deren Namen ich gleich bekomme. Übrigens, das Essen zahle ich, du bist eingeladen.«

Während Theo mit Jasmin sprach, kam die Chefin des Hauses in Begleitung ihres Personals wieder zurück. Neben der Rechnung bekam Habich auch die Namensliste vorgelegt. Er zahlte und warf dabei einen Blick auf die Namen der Stammgäste, die auf dem Zettel standen. Die Bedienung entfernte sich und auch die Hotelchefin wollte wieder gehen, als der Hauptkommissar sie mit den Worten »Ach, Frau Glaser, ich hätte da doch noch ein oder zwei Fragen« zurückhielt. Jasmin hatte sich zwischenzeitlich bei ihrem Chef für die Einladung bedankt, danach verabschiedet und war gegangen.

»Wie kann ich Ihnen noch helfen?«

»Bei Ihnen arbeitet doch auch Karola Birkner, oder bin ich da falsch informiert?«

»Nein, nein, das ist schon richtig.«

»Stimmt es, dass sie gestern hier gearbeitet hat?«

»Ja, und heute hat sie auch wieder Spätdienst.«

»War sie gestern noch da, als ihr Onkel kam?«

»Nein, sie hatte kurz zuvor Feierabend gemacht. Ich glaube, die beiden haben sich so um fünf Minuten verpasst.«

»Hat sie die ganze Woche diese Dienstzeit?«

»Bis auf Montag und Mittwoch, wo wir in den Wintermonaten unsere Ruhetage haben.«

»Wissen Sie noch, wann sie am Dienstag Feierabend gemacht hat?«

Frau Glaser überlegte kurz. »Das war auch schon ziemlich früh, da ist sie schon um 21 Uhr nach Hause.«

»Und welche Arbeitszeiten hatte Frau Birkner letzte Woche?«

»Da hatte sie Frühdienst. Der beginnt um sechs Uhr mit dem Frühstück und geht bis nach dem Mittagessen um 14 Uhr.«

»Wie ist Ihr Eindruck von Karola Birkner?«

»Ehrlich?«

»Ganz ehrlich!«

»Sie ist ein bisschen vorlaut, gibt ab und zu Widerworte und ihr Auftreten gegenüber den Gästen lässt manchmal auch zu wünschen übrig. Ich muss gestehen, trotz Personalengpässen in unserer Branche hätte ich es mir zweimal überlegt, Karola einzustellen, wenn nicht Andreas ein gutes Wort für sie eingelegt hätte.«

Überraschend zog Habich die Augenbrauen hoch. »Andreas Birkner hilft seiner Nichte bei der Jobsuche. Weiß sie davon, dass sie ihrem Onkel die Arbeit bei Ihnen hier verdankt?«

Die Hotelchefin schüttelte den Kopf. »Er hat mich gebeten es ihr nicht zu sagen. Und ich habe mich daran gehalten«, bekräftigte sie mit Nachdruck.

»Wissen Sie den Grund oder können Sie sich vorstellen, warum er das gemacht hat?«

»Sie schien Andreas leidzutun. Zu ihrem Vater hatte sie wohl nicht das beste Verhältnis und außer mit ihrer Mutter hat sie auch sonst mit keinem der Birkners näheren Kontakt. Aber so genau weiß ich es nicht, da nichts nach außen dringt, und vieles ist Getratsche, auf das ich nichts gebe«, meinte sie mit gesenkter Stimme, obwohl niemand anderer hätte zuhören können.

Ja klar, dachte Habich, du sitzt hier an der Quelle und willst dich für das Gerede der Stammgäste über die Iphöfer nicht interessieren, dass ich nicht lache. Frau Glaser schien sehr wohl ihre Ohren am Puls des Geschehens zu haben. Aber das war ja weder verdächtig noch strafbar, wie er gedanklich so für sich entschied.

Ereignisreiches Wochenende

Nach dem guten Essen ging der Hauptkommissar die kurze Strecke zu Fuß, um dann festzustellen, dass das Stadtarchiv schon geschlossen hatte. Auch die Stadtverwaltung hatte schon Wochenende, wurde ihm bewusst, als er vor verschlossenen Türen stand. Hilfe bekam er bei einer netten Dame in der Tourist-Information, die ihn mit der Telefonnummer und Anschrift der Stadtarchivarin versorgte. Gleich darauf rief er dort an, erhielt aber keine Verbindung. Als Nächstes nahm er sich die Personen auf seiner Liste vor. Nur bei zweien hatte er vorerst Glück und traf sie zuhause an. Darunter war auch die Person, die Andreas Birkner nach dem Stammtisch ein Stück des Weges begleitet hatte. Nein, ihm sei nichts aufgefallen und von der nächtlichen Gewalttat habe er nichts mitbekommen, meinte der Mann verstört. Ihm war anzumerken, dass ihm die Sache naheging. Von ihm erfuhr der Hauptkommissar auch, dass die anderen beiden Stammtischler sich schon vor der Tür von ihnen getrennt hatten, da ihr Nachhauseweg ein ganz anderer war. Auch die Frage, ob er wisse, von woher Birkner gekommen sei, konnte der Mann nicht zufriedenstellend beantworten. Er habe nur geäußert, dass er von einem privaten Besuch komme. Zwischen den Besuchen der Stammtischler klingelte er immer wieder bei Frau Marberg, der Stadtarchivarin, durch, aber leider hob keiner ab. So nach und nach erreichte er auch die anderen Stammtischbrüder, aber das Ergebnis wurde nicht besser. Keiner konnte dem Hauptkommissar mehr sagen, als er schon beim ersten erfahren hatte. Er wollte schon den Arbeitstag beenden, als es doch noch bei Frau Marberg klappte:

Bei seinem letzten Versuch, den er sich vorgenommen hatte, bevor er den Heimweg antreten wollte, hob die Archivarin ab. Der Hauptkommissar schilderte ihr die Situation mit der alten Geschichte und seine Hoffnung, etwas im Archiv zu finden.

Begeisterung klang anders, als Frau Marberg meinte: »Du lieber Gott! Wissen Sie, wie zeitaufwendig das werden kann, wenn wir nichts im Repertorium finden?«

»Erstens: Nein, ich muss gestehen, ich habe keine Ahnung. Zweitens: Was bitte ist ein Repertorium? Drittens: Ich habe keine Wahl und muss jeder Möglichkeit nachgehen.«

»Also gut! Repertorium ist ein Findbuch oder auch ein schriftliches Verzeichnis der erfassten Archivalien … äh, damit ist das vorhandene und erschlossene Archivgut gemeint, das darin mit einer sogenannten Signatur verzeichnet ist.«

»Aha«, war sein einziger Kommentar zur Erläuterung der Archivarin und der ließ vermuten, dass er nur *»Bahnhof«* verstanden hatte. »Und … und über dieses *›Dingsda‹* könnten wir etwas finden?«

»Wie gesagt, wenn das Ereignis klassifiziert und eingegliedert wurde. Aber dann kommt es darauf an, mit welchen Begrifflichkeiten. Da Sie nicht genau wissen, nach was wir suchen und in welchem Zeitraum, würde das auf jeden Fall die Suche deutlich erschweren.«

»So wie Sie es schildern, hört es sich tatsächlich nach Arbeit an«, gestand der Hauptkommissar.

»Und Sie glauben, das hätte mit Ihrem jetzigen Fall zu tun?«, hakte Frau Marberg nach.

»Sie sind nicht die Erste, die mich das fragt, und ich kann immer nur sagen, ich weiß es nicht. Erst wenn ich etwas gefunden habe, lässt es sich vielleicht sagen oder auch nicht.«

»Übrigens, Sie wissen schon, dass mein Urlaub begonnen hat und das Archiv eigentlich geschlossen ist?«

»Ja, ja, es tut mir auch leid, Sie zu stören, aber ich hatte auf Ihr Verständnis gehofft. Ansonsten müsste ich die Bürokratiemaschinerie anwerfen und dabei hatte ich gehofft, es auf dem ›*kleinen Dienstweg*‹ zu regeln.«

»Das ist aber jetzt nicht zufällig ein klein wenig Erpressung, was Sie da veranstalten?«, meinte Frau Marberg etwas frostig.

»Ach, Erpressung ist kein schönes Wort und so soll es auch nicht wirken, nennen wir es doch ›*Entscheidungshilfe*‹, das klingt besser. Sehen Sie, ich müsste nicht meinen Chef belästigen, der müsste nicht Ihren Chef, den Bürgermeister, belästigen. Was halten Sie davon, wenn Sie und ich das Wochenende opfern, nur das Wochenende. Sollten wir dann nichts gefunden haben, sind Sie ab Montag in Ihrem wohlverdienten Urlaub. Wäre das ein Vorschlag zur Güte?«

Schweres und tiefes Schnaufen am Telefon zeugte davon, dass die Archivarin noch kurz mit sich rang. Dann gab sie klein bei und sagte zu. »Okay, seien Sie morgen früh um acht Uhr beim Archiv. Sie besorgen frische Butterhörnchen zum Frühstück.«

Einerseits war Theo sichtlich erleichtert über die Zusage der Archivarin, andererseits dachte er mit Wehmut an den Samstagabend mit Frau Doktor Wollner, der vermutlich kurz ausfallen würde, wenn er Sonntag wieder fit sein musste. Sollte er das Essen bei der Rechtsmedizinerin absagen? Es würde ein stressiges Wochenende werden, falls nicht das Glück ihnen einen schnellen Fund bescherte. Er entschied sich dagegen. Entschlossen drehte er den Zündschlüssel und startete seinen BMW. Jasmin hatte sich nicht mehr gemeldet, was für Habich ein Zeichen war, dass sie nichts Nennenswertes in Erfahrung gebracht hatte. Auch von Chris hatte er seit dem Telefonat zur Mittagszeit nichts mehr gehört. Aber Theo verließ sich auf sein Team, das ihn jederzeit ins Bild setzen würde, wenn es neue

Erkenntnisse gab. Statt nachhause fuhr er nochmal bei der Dienststelle vorbei. Nur wenige Augenblicke konnte Habich sich an seinem Computer in die von Jasmin gesammelten Informationen über die Familie Birkner vertiefen, als jemand ins Nachbarzimmer kam. Gleich darauf steckte Rautner den Kopf zur Tür herein.

»Hallo Theo, du bist ja auch noch da.«

»Du merkst aber auch alles«, flachste der Angesprochene, dann fragte er mit erwartungsvollem Blick: »Und was war jetzt bei dir? Hast du etwas erreichen können?«

Chris trat näher, setzte sich auf den Stuhl vor Habichs Schreibtisch und nickte. »Wie man es nimmt. Ich konnte mit Rosemarie Schuster – so heißt die ehemalige Krankenschwester – reden. Sie konnte sich noch an den Vorfall erinnern, weil der ganze Ablauf etwas skurril war …«

»Skurril, was soll das bedeuten?«

»Nun, dabei geht es um diese Details, von denen mir die andere Krankenschwester im Klinikum schon ein wenig erzählt hatte. Die beiden Männer, die das Mädchen brachten … Wie die Verletzte gleich total abgeschirmt wurde … Das nie eine Krankenakte angelegt wurde … Es höchstwahrscheinlich nie eine offizielle Kostenabrechnung gab … Und wohin sie nach der Behandlung gebracht wurde, weiß auch niemand.«

»Was … was hatte sie denn für Verletzungen?«

»Soweit sich die ehemalige Krankenschwester erinnern konnte, waren es blaue Flecken, Prellungen und typische Vergewaltigungssymptome. Sie wurde wahrscheinlich misshandelt und zum Sex gezwungen.

»Herrgott noch mal und alle haben weggeschaut oder den Mund gehalten«, meinte Habich angewidert. »Wusste diese … diese Frau Schuster noch Namen?«

»Der Chefarzt war damals Dr. Ernst Tschadlik, der aber

nicht mehr im Dienst ist. Er wohnt in der Schweiz und fristet in Lugano am Luganersee sein Rentnerdasein …«

»Was ist mit dem Mädchen, konnte sie sich an deren Namen erinnern oder ist vielleicht der Name eines der Männer gefallen?«

»Jetzt wird es schon schwieriger. Die gut gekleideten Herren waren beide im mittleren Alter und bei einem glaubte sie sein Gesicht schon mal irgendwo gesehen zu haben, aber wo, wusste sie nicht. Mit Namen konnte sie dazu nicht dienen. Bei dem Mädel war sie sich nur ganz sicher, dass der Vorname mit J anfing und irgendwie so ähnlich wie Jenny oder Jessy oder vielleicht auch Josie war. Einen Nachnamen gibt es nicht, da wie gesagt keine Akte angelegt wurde und das Mädchen nach der ärztlichen Versorgung wieder verschwand.«

»Hmm, das ist nicht sehr viel und ob es für die Neuaufnahme einer Ermittlung reicht, liegt leider nicht in meiner Kompetenz.« Der Hauptkommissar sah auf die Uhr. »Ich will mal sehen, ob unser Kriminaloberrat noch im Büro ist.« Er nahm den Hörer ab und wählte. Am anderen Ende ging niemand dran. Ein Anruf bei der Pforte brachte ihm die Auskunft, dass ihr Chef, Hans Schössler, das Gebäude schon verlassen hatte. »Gut, die Sache muss bis Montag Zeit haben, dann reden wir mit ihm. Bis dahin können wir jetzt sowieso nichts mehr tun und dann sehen wir weiter.«

»Haben du und Jasmin etwas Neues in Erfahrung bringen können?«

»Nicht wirklich. Jasmin hat sich nicht mehr gemeldet und dürfte jetzt schon auf dem Weg nach Nürnberg sein oder sogar schon dort und ich …« Theo zögerte einen Moment, dann erzählte er Rautner von seinen Gesprächen mit den beiden Birkner-Frauen, dem Telefonat mit Herrn Proskov, den Stammtischlern und schließlich der Archivarin.

»Brauchst du mich morgen in Iphofen?«, fragte er vorsichtig.

»Wenn du dich aufdrängst, dann …«

»Oh, nein, nein«, Chris blies die Backen auf, »so war das nicht gemeint. Ich wollte nur … nur nicht …«

»Komm, lass gut sein«, unterbrach Theo das Gestammel seines Kollegen, »wir machen es so: Du musst nicht mit, hältst dich aber für Notfälle in Rufbereitschaft. Ist das okay?«

»Ja, ja, klar«, erklärte sich Rautner sofort einverstanden.

Um acht Uhr in der Frühe in Iphofen zu sein, wie Theo ihm kundgetan hatte, bedeutete schließlich, sehr bald aufzustehen. Zu früh für einen Samstag, wie Chris fand. Er drückte sich zwar nicht vor der Arbeit, aber er riss sich auch nicht darum, zumal sich das nach staubtrockener Recherche in alten Unterlagen anhörte. Und Papierkram war ja so überhaupt nicht sein Ding.

»Obwohl du als zukünftiger Oberkommissar mal ein bisschen mehr Ehrgeiz zeigen könntest«, konnte sich Theo als abschließende Bemerkung nicht verkneifen.«

»Dazu habe ich immer noch Zeit, wenn es so weit ist«, meinte Chris schlagfertig.

*

So wie es sich für einen richtigen Dezember gehört, waren die Temperaturen in der Nacht in den Minusbereich gefallen. Theo musste die Scheiben an seinem Wagen freikratzen, da er ihn aus Bequemlichkeit am Abend nicht in die angemietete Garage gestellt hatte. Dies und die Tatsache, dass nachts ergiebiger Schneeregen niedergegangen war, der die Autofahrer zu vorsichtiger Fahrweise zwang, brachten ihn in Zeitnot. Trotz Einsatzes des Streudienstes ging es nur schleppend voran. Dabei hatte er sich fest vorgenommen, überpünktlich zu sein. Manchmal hatte er das Gefühl, die Menschen hätten vergessen, dass es kalendarisch Winter war und es klimatisch auch jederzeit werden konnte. Jede Schneeflocke und jede winterliche Fahrbahnveränderung riefen Panik und Verkehrschaos hervor. Und manch einer fuhr unbekümmert mit der falschen Bereifung und wunderte sich dann, wenn er im Straßengraben oder an einer Leitplanke landete. Richtige Winter mit viel Schnee und verschneiten Straßen hatten die meisten wohl schon vergessen und die jüngere Generation kannte es nur noch vom Erzählen her.

Beinahe hätte der Hauptkommissar durch die widrigen Umstände noch vergessen, das bestellte Frühstück zu besorgen. Er war schon an der Bäckerei in Iphofen vorbeigefahren, als es ihm siedend heiß einfiel und er noch einmal umdrehen musste. Dadurch war er zehn Minuten über der Zeit, als er die Klingel des Iphöfer Archivs betätigte. Licht im Inneren zeigte ihm an, dass er schon erwartet wurde. Ein Schlüssel drehte sich im Schloss und die Tür öffnete sich.

»Kommen Sie herein, ich warte schon auf Sie«, klangen dem Hauptkommissar die Begrüßungsworte der Archivarin entgegen. Was ihm noch entgegenkam, war der Duft von frischem Kaffee.

Fast hätte man es für eine Ausrede halten können, als Theo seine Verspätung entschuldigte. »Man soll es nicht glauben, aber der Winter hat sich überraschenderweise gezeigt und gleich Chaos ausgelöst«, meinte er mit einem zynischen Unterton.

Hatte Habich mit einem Kommentar zu seinen Worten gerechnet, so wartete er vergebens. Na, dann eben nicht. Achselzuckend schlüpfte er aus seiner Jacke und hängte sie an einen Kleiderständer. Dann folgte er Frau Marberg in den Raum, in dem er beim ersten Besuch den jüngeren Mann gesehen hatte, als er hoffte Proskov im Archiv anzutreffen.

»So, wie haben Sie sich das jetzt vorgestellt?« Frau Marberg drehte sich zu ihm um und sah ihn aus großen braunen Augen durch das schwarze Brillengestell an. »Nach wem oder was sollen wir suchen und in welchem Zeitraum?«, fragte sie und schenkte dabei Kaffee in zwei große Tassen.

Solche und ähnliche Fragen hatte Theo natürlich erwartet und sich schon sowohl gestern Abend als auch auf der Fahrt nach Iphofen heute früh Gedanken gemacht. Er nahm einen kräftigen Schluck des braunen belebenden Elixiers und öffnete gleichzeitig mit der freien Hand die Bäckertüte. Frau Marberg hatte die Kaffeekanne in die Maschine gestellt, kam wieder herein und griff unverzüglich nach einem der Butterhörnchen. Wie ein Ehepaar am Frühstückstisch saßen sie da, tranken, kauten und sahen sich an. Frau Marberg wartete immer noch auf eine Antwort.

Schließlich griff Theo die Frage der Archivarin auf. »Hmm! Ich würde gerne allgemein mit dem Namen Birkner anfangen. Kann man irgendwie feststellen, seit wann es diesen Namen hier gibt?«

Die Archivarin wiegte den Kopf hin und her. »Solche Namensdaten führen wir erst seit Mitte der zweiten Hälfte des 19. Jahrhunderts. Alles, was davor liegt, könnte man nur in den Kirchenbüchern finden, in denen Taufen, Hochzeiten und Beisetzungen festgehalten wurden.«

»Und wie kommen wir da dran?«

»Normalerweise sind diese Unterlagen im Pfarramt. Ältere Exemplare der Kirchen- oder Matrikelbücher, wie sie auch genannt werden, kommen in die Obhut des jeweiligen Bistumsarchivs und werden dort gesichert. Was hier in Iphofen noch vor Ort vorhanden ist, weiß ich nicht. Wollen Sie jetzt auch noch den Pfarrer oder den Bischof aufscheuchen?«, fragte sie entgeistert.

»Wenn es nicht sein muss, dann nicht«, brummte Habich.

»In welchem Jahreszahlenbereich könnten wir denn mit der Suche beginnen?«

»Der tote Birkner hat sich geäußert, dass das Ereignis schon einige Zeit vor den beiden Weltkriegen gewesen sein muss. Also sollten wir uns etwa von dem Jahr 1900 an rückwärtsbewegen. Deswegen fragte ich nach der ersten Erscheinung des Namens Birkner. Wenn wir den hätten, dann könnten wir den Zeitraum noch mehr eingrenzen.«

»Sollten die Birkners Einheimische mit einem ewig langen Stammbaum und womöglich umfangreicher Verwandtschaft sein, dann stehen unsere Chancen schlecht. Aber ...« überlegte Frau Marberg und hielt in ihrer Erläuterung kurz inne, »... wenn der erste Birkner irgendwann zugezogen ist, dann könnten wir ihn in den Einbürgerungsakten finden.«

»Ach, so ähnlich wie das heutige Einwohnermeldeamt, wo man sich registrieren muss.«

Die Archivarin lachte. »Großzügig ausgelegt könnte man es so sehen, aber zu der Zeit, um die es hier geht, war das Ganze bedeutend strenger geregelt.« Sie wurde ernst und nachdenklich. »Wir können uns glücklich schätzen in der heutigen Zeit zu leben, damals war es nicht so einfach, sich irgendwo niederzulassen ...«

»Was war daran schwierig?«, erkundigte sich Habich verwundert.

»Oh, Sie haben ja keine Ahnung! Der heutigen Freizügigkeit, entscheiden zu können, wo wir wohnen oder wen wir heiraten, standen früher einschneidende gesetzliche Hürden entgegen. Schuld daran war das Ansässigmachungs- und Verehelichungsgesetz ...«

»So etwas gab es?«, fragte der Hauptkommissar ungläubig.

»Was hat das Gesetz denn genau geregelt und wie sah das aus?«, wollte er wissen und klang überaus interessiert.

»Stellen Sie sich vor, Sie hätten sich zur damaligen Zeit hier in Iphofen ansässig machen wollen. Dazu konnten Sie nicht einfach auftauchen und sagen: So, jetzt bin ich da und bleibe hier. Es musste ein Antrag zur Ansässigmachung gestellt werden und die Entscheidung darüber, welchen Status man bekam, lag in diesem Fall beim Magistrat der Stadt. Das bedeutete, man konnte ein ›*wirkliches Gemeindemitglied*‹ mit vollem Bürgerrecht werden, alternativ ein ›*In- oder Beisasse*‹ mit geringerem Bürgerrecht oder man gehörte zur ärmeren und besitzlosen Schicht, die keinerlei Bürgerrechte erhielt. Zu den Letzteren zählten die Dienstboten, Handwerksgesellen, Mägde, Knechte oder Tagelöhner, um nur einige zu nennen. Erschwerend kam dazu, dass so eine Entscheidung Monate dauern konnte. Außerdem war die Angelegenheit mit einer bestimmten festen Gebühr verbunden. Ähnliche Hürden musste man bei einer geplanten Hochzeit überwinden. Zudem war ein sogenanntes ›*Verehelichungszeugnis*‹ die Voraussetzung für eine kirchliche Heirat. Dabei war sogar der Nachweis von Besitz notwendig, um auszuschließen, dass der Antragsteller und seine zukünftige Familie nicht dem Staat oder der Stadt zur Last fallen würde. Die hohen Herrschaften und das reichere Bürgertum scheuten das unkalkulierbare Risiko, meist kinderreiche Familien unterstützen zu müssen, wenn diese für ihre Ernährung nicht mehr selbst aufkommen konnten.«

»Und was bedeutete das mit den Bürgerrechten?«

Frau Marberg hob abwehrend die Hände. »So genau weiß ich es nicht. Es ging dabei um so Dinge wie: politische Mitbestimmung, Wahlrecht, Erwerb von Grundbesitz, Anteile an der bürgerlichen Jagd, Holzrechte, Schulgeld und dergleichen.«

Während des kleinen Vortrages der Archivarin hatten sich die Kaffeetassen geleert und die Hörnchen waren verschwunden.

»Wow, das waren ja wirklich noch harte Zeiten«, gestand der Hauptkommissar beeindruckt. »Jetzt wissen wir aber immer noch nicht, wie wir vorgehen wollen, oder?«

Frau Marberg erhob sich, räumte die Tassen weg und zerknüllte die Tüte, dann sah sie Habich herausfordernd an. »Auf jeden Fall sollten wir mal loslegen, sonst wird es Mittag und wir sind immer noch keinen Schritt weiter. Ich meine, mir ist es egal, schließlich wollen ›*Sie*‹ etwas herausbekommen und unser Deal gilt nur bis Sonntag.«

»Ich bin dabei. Sie sind die Expertin, schlagen Sie vor, wo oder mit was wir beginnen.«

Die Frau überlegte kurz, dann nickte sie und verschwand. Sie kam gleich darauf mit einigen Büchern wieder, die sie auf den Tisch legte, und setzte sich an einen der Computer. Sie erklärte Habich, dass dies Findbücher wären, in denen die archivierten Unterlagen aufgelistet seien. Ein gewisser Teil davon sei aber auch schon digitalisiert und in Listen verzeichnet. Nachteil der älteren Bücher: Sie wären größtenteils in deutscher Schrift geschrieben, die nicht mehr viele lesen könnten.

»Ich habe es mal ein bisschen gekonnt, aber der letzte Versuch ist schon länger her«, bemerkt Theo dazu.

»Dann versuchen Sie Ihr Glück mit den Büchern und Verzeichnissen, ich werde mich mit den Einbürgerungsunterlagen befassen.«

Nach der Hilfestellung und Einweisung der Archivarin in die Datenbank und die Bücher wurde es still im Raum. Nur hin und wieder deuteten tiefe Atemzüge oder leise Seufzer von der bisherigen Erfolglosigkeit ihrer Aktion. Nach fast zwei Stunden nahm der Hauptkommissar das erste Mal den Blick vom Bildschirm. Die Buchstaben und Zahlen tanzten vor seinen Augen und begannen zu verschwimmen. Er stand auf und streckte sich, da auch sein Rücken sich über die angespannte Haltung beschwerte. Zudem nötigte ihn der Kaffee ein ›*stilles Örtchen*‹ aufzusuchen. Als er zurückkam, sagte ihm Marbergs triumphierender Blick, dass sie etwas gefunden hatte.

»Das hier könnte ein Ansatz sein.« Sie zeigte auf eine schon leicht vergilbte Seite eines Buches. »Ein Georg Birkner stellt beim Magistrat der Stadt einen Antrag auf Ansässigmachung und anschließende Verehelichung.«

»Von wann ist dieser Antrag?«

»Vom 15. Mai 1854.«

»Können wir davon ausgehen, dass dies die einzige Erwähnung eines Birkners in den Dokumenten ist?«

»Die, die ich durchgesehen habe, schon. Ich habe bislang vorher und nachher nichts mehr gefunden.«

Habich kam um den Tisch herum und warf über Marbergs Schulter einen Blick auf die Seite. »Was für Informationen haben wir genau?«

»Dieser Georg Birkner war der Sohn einer angesehenen bäuerlichen Familie aus Markt Einersheim und wollte in Iphofen ansässig werden, um Elisabeth Hollbein zu ehelichen«, las die Archivarin. »Hier steht noch mehr.« Sie zeigte mit dem Finger auf die nächsten Zeilen. »Diese junge Frau war die Tochter des Großbauern und Winzers Ludwig Hollbein, der auch ein Mitglied im Iphöfer Magistratsrat war und damit gleichzeitig als Fürsprecher für den jungen Birkner fungierte.« Frau Marberg drehte sich auf ihrem Stuhl zu dem Hauptkommissar hin, der hinter ihr gestanden hatte. »Was wollen Sie mehr? Das ist doch schon mal ein Anfang. Wir haben den Hinweis auf Hollbeins Weingut und der Junge hatte die besten Voraussetzungen, alle Genehmigungen zu bekommen. Sehr wahrscheinlich ist die Heirat zustande gekommen und aus dem Weingut Hollbein wurde das Weingut Birkner, nachdem er es von seinem Schwiegervater übernehmen konnte. Endgültigen Aufschluss über die Heirat würde uns das entsprechende Kirchenbuch geben, aber ich glaube, das brauchen wir nicht mehr.« Die Archivarin wirkte sehr zuversichtlich.

»Okay, jetzt müssten wir nur noch das Ereignis finden, das wir mit den Birkners in Verbindung bringen können. Theoretisch müssten wir es zwischen 1854 und 1900 suchen, oder was meinen Sie?«

»Das ist auf jeden Fall mal ein zeitlicher Ansatz für die nächsten Nachforschungen«, nickte Frau Marberg.

Leider stellte sich bis zum Nachmittag kein weiterer Erfolg ein. Um 17 Uhr sah der Hauptkommissar auf die Uhr und meinte: »Der Name Birkner wurde bisher nirgendwo in Verbindung mit negativen Bemerkungen oder Handlungen erwähnt. Birkner schien unbescholten gewesen zu sein. Ich denke, wir sollten für heute Schluss machen. So langsam geht meine Konzentration verloren. «

Dass er dabei auch an seine Verabredung mit der Rechtsmedizinerin dachte, verschwieg er, um unnötigen Bemerkungen aus dem Weg zu gehen. Außerdem ging es die Archivarin nichts an, entschied Theo.

»Wenn Sie meinen, mir soll es recht sein. Aber dann müssen wir eben doch den Sonntag auch noch opfern«, meinte Frau Marberg etwas enttäuscht. »Eigentlich hatte ich gehofft, heute noch mehr zu finden.«

Sie verabredeten sich für die gleiche Uhrzeit wie heute früh. Den Hinweis auf die sonntäglichen Öffnungszeiten der Bäckerei im Iphöfer Einkaufsmarkt verstand Habich sofort.

*

Genau zur verabredeten Uhrzeit drückte Theo in der Kettelerstraße 140 auf das Klingelschild, auf dem in serifenloser Schrift der Name »*D. Wollner*« stand. Hinter dem Milchglasausschnitt in der Haustür ging das Licht an und schemenhaft war ein Schatten zu erkennen, der sich auf die Tür zubewegte. Gleich darauf wurde dem Hauptkommissar geöffnet. Im Licht der Außenbeleuchtung, die durch einen Bewegungsmelder aktiviert worden war, strahlten ihn zwei blaue Augen mit dem umwerfendsten Lächeln an, das Theo jemals gesehen hatte. Ein dezenter Hauch von Parfüm wehte zu ihm hin. In schwarzen Freizeitleggins mit seitlichen rotweißen Streifen, dem farblich passenden roten Pullover und weißen Sneakers mit Klettverschluss stand Dorothea Wollner vor Habich. Für einige Sekunden war er sprachlos und starrte die blonde Frau an.

»Genau pünktlich, das lobe ich mir«, meinte die Rechtsmedizinerin freudestrahlend und ging einige Schritte zurück. »Kommen Sie herein.«

Schnell fand der Hauptkommissar seine Sprache wieder. Mit den Worten »Ich habe Ihnen eine Kleinigkeit mitgebracht« kam er der Aufforderung nach und überreichte ihr das verpackte Mitbringsel.

Neugierig öffnete die Gerichtsmedizinerin die Verpackung und freute sich riesig über die Orchidee, die zum Vorschein kam. Scheinbar hatte Theo hinsichtlich der Blumen den Geschmack von Frau Wollner getroffen. Insgeheim war er Jasmin für den Tipp dankbar, die ihm zu dem Geschenk geraten hatte, ohne zu wissen, wer die Beschenkte sein würde. Er hatte nur angedeutet, dass er bei einer Bekannten eingeladen sei und keine Idee hätte, was er mitbringen sollte. »Blumen sind immer gut«, hatte Jasmin ihm geraten, »und am besten nimmst du eine blühende Topfpflanze, von der hat sie länger etwas als von einem Strauß.« Mit keiner Miene gab seine junge Kollegin zu erkennen, ob sie eine Ahnung hatte, wem das Mitbringsel wohl galt. Entweder sie wusste es tatsächlich nicht oder schwieg rücksichtsvoll.

Nachdem Theo seine Jacke ausgezogen hatte, führte ihn die Gerichtsmedizinerin durch die Diele in einen Raum, der halb Wohnzimmer und halb Esszimmer darstellte. Rechts standen eine Couch, zwei Sessel, Schrank und Fernseher, links eine Kommode und davor ein gedeckter Tisch mit vier Stühlen. Von dem Teil, der als Wohnzimmer genutzt wurde, führte eine Glastür hinaus in einen kleinen Garten.

In der Wohnung fühlte sich Habich auf Anhieb wohl, obwohl er keinen Sinn und Geschmack für Inneneinrichtung hatte. Bei seiner eigenen Wohnung hatte er sich keine Gedanken über Einrichtung und Mobiliar machen müssen, da er damals bei seinem Einzug alles vom Vormieter übernommen hatte und immer noch besaß. Frau Wollners Domizil wurde von harmonischen Farben und natürlichen Materialien wie Leder und Holz beherrscht. Neben den Naturfarben Schwarz und Grau kamen auch Pastelltöne in Grün und Blau zur Geltung. Nicht ohne Stolz präsentierte Dorothea Wollner dem Hauptkommissar ihre Wohnung, während aus der Küche ein angenehmer Essensduft drang.

Sie beendete den Rundgang mit den Worten: »Jetzt muss ich mich aber noch schnell um unsere Vorspeise kümmern.« Mit einem gewinnenden Lächeln bat sie ihren Gast: »Wenn Sie uns vielleicht schon mal etwas einschenken könnten. Ich habe zum Essen einen Rotwein ausgesucht und hoffe, das war richtig. Es sei denn, Sie möchten etwas anderes trinken?«

»Nein, nein, das ist schon okay.«

Theo hörte sie gleich darauf mit Geschirr klappern, während er mit dem Korkenzieher die Weinflasche öffnete und die Gläser füllte.

»Nehmen Sie doch bitte Platz«, ertönte ihre Stimme aus der Küche, »ich komme sofort zu Ihnen.«

Wenige Minuten später kam Dorothea Wollner mit zwei Tellern in der Hand ins Zimmer und stellte sie auf den Tisch.

»Schön, dass Sie Zeit gefunden haben«, sagte die Rechtsmedizinerin, nahm das Weinglas und prostete dem Hauptkommissar zu. Über den Rand der Gläser sahen sich die beiden an. »Ich wünsche ›*Guten Appetit*‹, hoffentlich schmeckt es Ihnen.« Als sie Habichs Blick auf den Teller sah, fragte sie schmunzelnd: »Möchten Sie erst probieren oder soll ich Ihnen gleich sagen, was es ist?«

»Nein, nein, ich lasse mich gerne überraschen«, lächelte er zurück, nahm einen Bissen und meinte fachmännisch: »Ich tippe auf Ziegenkäse.«

»Richtig! Gebackener Ziegenkäse auf Blattsalat mit Walnüssen, Oliven und einem Senf-Honig-Dressing«, bestätigte Dorothea Wollner. Sie erzählte während der Vorspeise stolz von ihrer neuen Küche. Begeistert war sie von dem modernen Induktionsherd und wie schnell und stromsparend alles ging. Als Hauptspeise tischte Frau Wollner Wildschweingulasch mit Waldpilzen und Spätzle auf, dem der Hauptkommissar mit großem Appetit zusprach. Bisher hatten es beide geschafft, nicht von ihrer Arbeit zu reden. Es war überhaupt fast ausschließlich die Rechtsmedizinerin, die sprach, und Habich hörte zu. Nur hin und wieder warf er eine kurze Bemerkung ein. Auf unterhaltsame Art schilderte Dorothea Wollner ihren Tagesablauf und ihr kleines Abenteuer, bei den plötzlich aufgetretenen halbwegs winterlichen Verhältnissen in der Stadt ein bisschen shoppen zu gehen. In dieser lockeren Atmosphäre leerten sich die Teller und auch die Rotweingläser. Zum Nachtisch servierte die Gastgeberin Welfenspeise, eine hannoversche Spezialität, wie sie erklärte. Das Creme-Dessert in Weiß und Gelb sei eine Hommage an das frühere Herrscherhaus der Welfen, kreiert von einem Koch zum 200. Thronjubiläum, farblich angelehnt an die ehemalige Landesflagge des Königreiches Hannover, erzählte die Gerichtsmedizinerin, während sie aßen. Der Hauptkommissar war schwer beeindruckt, sowohl von der feudalen und gehaltvollen Speise als auch von der interessanten Geschichte dazu.

Nach dem Essen stand Habich auf und begleitete Frau Wollner in die Küche. »Ich kann Ihnen gerne beim Abwasch helfen«, bot er sich an und sah sich dabei um.

»So weit kommt es noch, dass meine Gäste mithelfen müssen«, wehrte die Rechtsmedizinerin energisch ab. »Der größte Teil des Geschirrs landet sowieso im Geschirrspüler. Dafür habe ich ihn schließlich.« Bis auf einige wenige Sachen verschwand alles in der maschinellen Spülhilfe. »Schenken Sie uns lieber noch einen Rotwein ein.«

»Na gut, aber das ist mein letztes Glas Alkohol, ich muss noch fahren.« Er ging zurück an den Esstisch und füllte die Gläser.

Frau Wollner kam aus der Küche, setzte sich ihm wieder gegenüber und machte es sich gemütlich. Sie nahm ihr Glas in die Hand und führte es langsam zum Mund. Unaufhörlich sah sie ihn an, während sie trank. Habich tat es ihr nach, konnte dabei ebenfalls den Blick nicht von ihr abwenden. Seine Aufmerksamkeit galt den sinnlichen Lippen, zwischen denen die blutrote Flüssigkeit verschwand. Gedanken schossen ihm durch den Kopf, die er zu verdrängen versuchte. Spielte sie mit ihm oder war das ernst? Ihm wurde heiß. Ein Gefühl von ansteigender Nervosität kam bei ihm auf und beinahe hätte er sich verschluckt. Schelmisch lächelnd, so als wenn sie sich der Situation bewusst wäre, stellte sie ihr Glas ab. Einen kurzen Moment senkte sie den Blick, um Habich gleich darauf wieder direkt anzusehen. Er war verzaubert von ihrem Anblick, diesem ebenmäßigen Gesicht mit den strahlend blauen Augen, den dezent hervorstehenden Wangenknochen, dem leicht geschwungenen Mund, der immer zu lächeln schien, und der schulterlangen lockigen Haarpracht, die alles goldfarben umrahmte. Hatte der Wein ihn eben noch fast zum Husten gebracht, so wurde sein Hals mit einem Mal ganz trocken und er musste einen zweiten Schluck nehmen. Ganz überraschend sagte sie plötzlich: »Wir kennen uns doch jetzt schon ein bisschen beruflich und auch privat. Was halten Sie davon, wenn wir uns duzen? Ich bin Dorothea.«

Mit belegter Stimme brachte er hervor: »Habe nichts dagegen. Ich bin Theo.« Erneut stießen sie mit den Gläsern an und tranken sich zu.

»Und du denkst schon ans Gehen? Wir haben doch Wochenende.« Der bedauerliche Blick Habichs sprach Bände. »Oh, natürlich, der Fall duldet vermutlich keinen Aufschub«, nickte sie verständnisvoll. Theo glaubte Enttäuschung aus ihrer Stimme zu hören.

»Eigentlich wollte ich nicht von der Arbeit reden, aber es lässt sich wahrscheinlich nicht vermeiden. Nein, ich will jetzt noch nicht gehen, nur muss ich morgen früh in Iphofen sein. Ich habe dort eine Verabredung mit einer Archivarin.« Verdammt, mit dem Thema mach ich die ganze schöne Stimmung kaputt, dachte der Hauptkommissar in dem Moment, wo er die Worte ausgesprochen hatte.

Das war immer einer der Streitpunkte gewesen, warum Theos vorherige Beziehungen über kurz oder lang in die Brüche gegangen waren. Es gab scheinbar wenig Frauen, die Verständnis für solche unregelmäßigen Arbeitszeiten hatten und für sein Bestreben, jeden Fall, der ihm anvertraut wurde, auch aufzuklären. Und von den wenigen Personen weiblichen Geschlechts, die das womöglich verstehen würden, war er noch keiner begegnet. Irgendwie fühlte sich der Hauptkommissar trotzdem verpflichtet seiner Gastgeberin eine Erklärung abzugeben. So blieb es nicht aus, dass er von seinen Ermittlungsansätzen berichtete. Jetzt war es an der Zeit, dass Dorothea dasaß und zuhörte. Da sie sich in der kriminalistischen Arbeit auskannte, fiel es ihr nicht schwer, sich in Habichs Situation zu versetzen und seine Bemühungen nachzuvollziehen. Sollte Dorothea Wollner zu der seltenen Spezies gehören, die ihn und seine beruflichen Beweggründe verstand? Im Stillen hoffte Theo immer mehr auf einen Glücksfall, der ihm hier widerfuhr.

»Abgesehen davon, dass die Sache so einen traurigen Hintergrund hat, mit den zwei Toten und dem Schwerverletzten, klingt das ja richtig spannend«, meinte die Gerichtsmedizinerin begeistert.

»Findest du? Es ist eine mühselige Angelegenheit, sich durch diese Dateien und die alten Schriften durchzuarbeiten.«

»Aber wenn sich die Mühen gelohnt haben, dann war es das wert. Man kann es durchaus mit meiner Arbeit vergleichen. Eigentlich ist es bei mir auch immer wieder die gleiche routinemäßige Tätigkeit …« Dorothea überlegte. »… Nein, im Prinzip ist das, was ich mache, noch weit eintöniger als bei dir, aber wenn ich Erfolg habe und den Grund des Ablebens der Verstorbenen finde, dann bin ich äußerst zufrieden. Und das sehe ich als Sinn und Zweck meines Jobs an.«

Einmal angefangen mit dem Thema, wurde es ein Abend des Fachsimpelns und der Geschichten vergangener Fälle. Abwechselnd wussten die Rechtsmedizinerin und der Hauptkommissar etwas aus ihrer beruflichen Vergangenheit zu erzählen, was spannend, amüsant oder auch außergewöhnlich war.

Es ging schon stark auf Mitternacht zu, als Habich auf die Uhr schaute und meinte: »Jetzt wird es aber Zeit, dass ich mich verabschiede, damit ich noch ein paar Stunden Schlaf bekomme. Sonst fehlt mir morgen die Konzentration für die mühsame Recherche. Blatt für Blatt und Datei für Datei alles durcharbeiten ...«, stöhnte Theo, als wolle er Mitleid erregen.

Wieder dieses warme verschmitzte Lächeln seiner Gastgeberin, das ihm durch und durch ging. »Tja, dafür haben wir uns einen interessanten und verantwortungsvollen Beruf ausgesucht. Mir hat der Abend gefallen und ich würde ihn gerne wiederholen. Vielleicht hast du beim nächsten Mal mehr Zeit.«

Und kannst bis zum Frühstück bleiben, vollendete Theo in Gedanken Dorotheas Satz einer übermütigen Laune folgend, laut sagte er dagegen: »Stopp, stopp! Jetzt bin ich erst mal wieder dran.«

Der Hauptkommissar stand auf, um seine Andeutung, nach Hause zu gehen, wahr zu machen. Dorothea erhob sich gleichzeitig mit Theo und folgte ihm, als er durch die Zimmertür in Richtung Ausgang ging und dabei seine Jacke von der Garderobe nahm.

»Na ja, schauen wir mal. Jetzt löse erst mal deinen Fall, dann sehen wir weiter.« Sie trat an der Haustür ganz dicht an ihn heran und legte beide Hände auf seine Arme. »Auf jeden Fall fand ich es einen schönen Abend und noch mal ›*Danke*‹ für die Blume.«

»Mir hat es auch gefallen und das Essen war köstlich«, bedankte er sich.

Wieder nahm er deutlich ihr Parfüm wahr und schloss sekundenlang die Augen. Beinahe wäre er der Versuchung erlegen, sie in die Arme zu nehmen. Im letzten Moment zögerte er etwas zu lange und schon war der Zauber des Augenblicks vorbei, weil sie einen Schritt zurücktrat. Er öffnete die Außentür und der kalte Wind brachte Habich vollends in die Realität zurück. Mit einem kurzen »*Gute Nacht*« verabschiedete er sich und ging zu seinem Wagen, ohne sich noch einmal umzudrehen. Hinter dem Steuer seines Wagens verharrte er kurz und sah auf das erleuchtete Fenster ihrer Wohnung. Plötzlich hatte er Verständnis für Rautner und dessen Stimmung, wenn am Wochenende der Dienst rief, obwohl eigentlich etwas anderes viel stärker am Rufen war.

Erster Lichtblick

Obwohl der Hauptkommissar erst nach Mitternacht ins Bett gekommen war und ewig nicht einschlafen konnte, hatte er es frühmorgens rechtzeitig geschafft aufzustehen. Lange hatten ihn Dorotheas Anblick und ihr Geruch, den er in der Nase hatte, noch wach gehalten. Irgendwann waren ihm trotz der Gedanken, ob daraus überhaupt eine Beziehung und wenn, dann eine mit Zukunft werden könnte, die Augen zugefallen.

Am Sonntagmorgen waren die Straßen ziemlich frei und die wetterbedingten Behinderungen gab es heute auch nicht. Trotzdem kam er wieder zu spät im Archiv an, da die Bäckerei erst pünktlich um acht Uhr aufgemacht hatte. Wie schon tags zuvor beratschlagten sie bei Kaffee und süßen Teilchen, wie sie weiter vorgehen wollten.

Weil sie bisher bei der Suche nach einem herausragenden Ergebnis in Verbindung mit Birkner nicht fündig geworden waren, kam der Archivarin ein Gedanke. »Muss diese Geschichte, die wir suchen, eigentlich mit dem Weingut und mit Iphofen zu tun haben?«

»Wie meinen Sie jetzt? Ich verstehe Sie nicht ganz.«

»Wir suchen etwas und gehen davon aus, dass es passiert ist, nachdem der junge Birkner nach Iphofen kam. Kann es nicht auch schon vor der Umsiedelung oder der Heirat geschehen sein? Womöglich schon in seiner Heimatgemeinde Markt Einersheim, und es steht nur mit dem Namen ›*Birkner*‹ in Bezug. Es muss ja auch nicht unbedingt mit Georg Birkner zu tun haben, sondern vielleicht mit dessen Vater oder Großvater …«

»Moment, Moment! Wollen Sie damit andeuten, dass ich

womöglich noch weitere verstaubte Unterlagen, dieses Mal von Markt Einersheim, durcharbeiten darf?«

Frau Marberg hob entschuldigend die Hände in die Höhe. »Ich meine ja bloß. Es war nur so ein Gedanke.«

»Jetzt bringen wir erst einmal hier unsere Suche zu Ende und dann sehen wir weiter«, versuchte Habich positiv zu denken. »Ich arbeite mich weiter durch die Datenbank bis zum Jahr 1900, und welche Möglichkeiten wir sonst noch haben, wissen nur Sie.«

»Dann stöbern Sie mal weiter, ich habe da noch eine Idee.«

Die Archivarin verschwand und kam nach ein paar Minuten mit Unterlagen zurück, die sie vor sich auf dem Tisch deponierte. Die Sachen schienen alt und wertvoll zu sein, da sie weiße Handschuhe trug, mit denen sie die Papiere anfasste. Wieder wurde es still im Archiv, nur ab und zu unterbrochen durch das Rascheln von Blättern. Es dauerte mehr als eine Stunde, da vernahm Habich erste Anzeichen von Unruhe bei der Archivarin. Bemerkungen wie *»Ah ja«*, *»Hmm«* oder *»Ach was«* klangen zu dem Hauptkommissar herüber, der so langsam aufmerksam wurde.

»Haben Sie etwa was gefunden?«, konnte er seine Neugier nicht mehr zurückhalten.

»Ich bin noch nicht ganz so weit«, kam die Antwort der in die Unterlagen vertieften Archivarin.

Weitere Minuten verstrichen, in denen Theo sich nicht mehr auf seine Arbeit konzentrieren konnte, da er fühlte, dass Frau Marberg auf irgendwas Interessantes gestoßen war. Sie blätterte in vergilbten Schriftstücken vor und zurück und schien etwas zu vergleichen oder zu überprüfen. Angespannt beobachtete sie der Hauptkommissar, traute sich aber nicht, sie erneut anzusprechen. Dann plötzlich hob sie den Kopf und sah ihn triumphierend an.

»Ich glaube, ich habe da eine Verbindung mit dem Namen Birkner gefunden. Kommen Sie herüber, ich zeige es Ihnen.«

Habich stand auf, umrundete den Schreibtisch und stellte sich neben Frau Marberg. Die hielt eines der vergilbten Blätter hoch und erklärte: »Ich habe hier die Ausgabe einer Zeitung vom September 1852. Darin fand ich einen Bericht über einen Mord in Iphofen.« Bevor Theo etwas sagen konnte, fuhr die Archivarin fort, indem sie ein zweites Blatt präsentierte. »Diese Ausgabe desselben Blattes ist vom November 1852 mit einem weiteren Bericht über einen Mord auf Iphöfer Gemarkung.« Abermals setzte Theo zum Sprechen an, wurde aber durch die Archivarin daran gehindert. »Hier habe ich nun einen dritten Artikel gefunden. Darin wird gemeldet, dass ein Verdächtiger verhaftet wurde, der die beiden Morde begangen haben soll.« Ein letzter Versuch Habichs, endlich eine Bemerkung loszuwerden, schlug ebenfalls fehl. »Im Februar 1853 gibt es einen weiteren Artikel über die Verbrechen. Dieses Mal geht es um die Verhandlung der beiden Morde …«

»Und warum könnte das für unsere Suche wichtig sein?«, brachte Habich nun endlich seine Frage an.

»Weil der Name Georg Birkner dort auftaucht.«

Ein Ausruf freudiger Überraschung und Erleichterung entfuhr dem Hauptkommissar. »Na endlich! Super, klasse …«

»Moment, nicht so schnell«, bremste Frau Marberg Theos Euphorie. »In der Berichterstattung über die Verhandlung am Schwurgericht in Ansbach taucht unser gesuchter Name lediglich als einer der Zeugen auf. Georg Birkner will bei dem zweiten Mord den Täter im Bereich des Tatortes gesehen haben.«

Habich wollte nach einem der alten Blätter greifen, aber die Archivarin verhinderte dies mit einem Ausruf der Entrüstung und einer ernsten Zurechtweisung: »Hey, was soll das? Was glauben Sie, warum ich Handschuhe trage? Damit Sie mit Ihren Fettfingern das alte wertvolle Dokument betatschen können?«

Erschrocken zog Theo seine Hand zurück. »Sorry, daran habe ich in der Aufregung gar nicht gedacht. Außerdem habe ich keine Fettfinger«, meinte der Hauptkommissar mit leicht beleidigtem Unterton. »Die habe ich mir nach dem Frühstück gewaschen.«

»Jeder Mensch absorbiert Fett und Schweiß aus den Poren an seinen Fingern und das schadet dem empfindlichen Papier«, erklärte sie beschwichtigend. »Ich kann Ihnen die Seiten kopieren und dann können Sie selbst lesen, wenn Sie inzwischen die deutsche Schrift wieder besser beherrschen.«

Habich erklärte sich sofort einverstanden. Er wollte unbedingt selbst die Artikel lesen. Die Archivarin machte sich umgehend an die Arbeit. Wenig später legte sie die Kopien vor Habich auf den Tisch. Theo überflog die Blätter ganz kurz, dann legte er sie auf die Seite. Frau Marberg sah ihn verwundert an. Erst diese Begeisterung über den Fund, und nun nahm der Hauptkommissar die Berichte kaum zur Kenntnis.

Als Habich den Blick der Archivarin wahrnahm und in deren Augen Unverständnis erkannte, sagte er nur: »Um das ausführlich zu lesen, brauche ich Ruhe und Geduld. Vielleicht lasse ich es sogar übersetzen, damit mir kein Wort entgeht. Aber ich würde gerne sichergehen, dass wir nichts übersehen haben, und bis zum Anfang des 19. Jahrhunderts zurückgehen. Wenn wir bis dahin nichts mehr finden, machen wir Schluss«, entschied der Hauptkommissar.

Um die Mittagszeit war es so weit. Sämtliche Listen, Verzeichnisse und Daten, die sie noch durchforstet hatten, ergaben keinerlei neue Erkenntnisse. Nirgendwo tauchte der Name Birkner ein weiteres Mal auf. Theo musste sich mit dem zufriedengeben, was sie erreicht hatten. Er beschloss, dass sie Feierabend machen sollten.

»Gut, dann muss ich nur noch registrieren, welche Unterlagen und Dokumente wir benutzt haben.« Frau Marberg öffnete eine Datei auf ihrem Computer und wollte gerade mit den Einträgen beginnen, als sie stutzte. »Das ist ja lustig«, sagte sie verwundert.

»Was denn?«

»Diese alten Berichte der Zeitung hat vor Kurzem schon mal jemand verwendet.«

»Aha, ist das außergewöhnlich? Keine Ahnung, wie oft sich Leute mit diesen Unterlagen befassen.«

»Diese Sachen wurden jahrelang nicht mehr angerührt und jetzt kurz hintereinander zwei Mal. Na ja, ist mir halt jetzt aufgefallen.«

»Stimmt! So wie Sie es sagen, klingt es schon ein bisschen merkwürdig. Wer war denn der vorherige Benutzer?«

»Unser Sonnyboy Tomas, äh … Tomas Burger, der zurzeit wieder da ist.«

»Ist das nicht der Freund von Karola Birkner?«

»Sagen wir lieber, er wohnt bei ihr und ein bisschen mehr. Ansonsten ist er ›*everybody's darling*‹, wenn man das so sagen kann«, klang es etwas herablassend.

Theo traute sich nicht so recht nachzufragen, was die Archivarin damit meinte, da er einen kleinen Anflug von Eifersucht herauszuhören glaubte. Stattdessen konzentrierte er sich auf das, was für ihn wichtig erschien, und wollte wissen: »Was hat er hier im Archiv für eine Funktion?«

»Gar keine, er ist ein Gast, der die Archivalien benutzt, genau wie wir es jetzt tun.«

»Und warum sind sie dann so verwundert, dass er diese alten Berichte in Händen hatte?«

»Er schreibt eine wissenschaftliche Arbeit über das *›fränkische Leben in früheren Zeiten‹* und nicht über *›fränkische Morde in der Vergangenheit‹*.«

»Gehören Verbrechen nicht irgendwie zum Leben dazu?«

»Es geht bei ihm mehr um den Alltag, die Arbeit, die Wohnsituation, die Kleidung, alte Traditionen und die Lebensumstände allgemein. Ich weiß nicht, ob da solche strafrechtlichen Dinge dazugehören. Aber egal«, winkte sie ab, »vielleicht hat ihn auch nur die Neugier dazu getrieben, sich das anzusehen.«

»Sagen Sie, was macht dieser Herr Burger, wenn er nicht im Archiv ist? Ich hatte das Gefühl, dass er kein Deutscher ist.«

»Nein, er kommt aus den USA und hat Einsätze als Gastdozent an der Uni in Erlangen für amerikanische Geschichte oder so.«

Der Hauptkommissar beließ es bei diesen Erklärungen, da er merkte, wie ungeduldig Frau Marberg auf das Ende ihrer Arbeit hinfieberte. Während der Unterhaltung hatte die Archivarin ihre Einträge beendet und schaltete den Computer ab.

»Dann wünsche ich Ihnen einen schönen Urlaub und nochmals *›Danke‹*, dass Sie sich die Zeit genommen haben«, verabschiedete sich Habich.

»Schade, dass wir nicht mehr Erfolg hatten. Ich hoffe, Sie finden den oder die Täter trotzdem«, sagte Frau Marberg, während sie sich anzogen. Draußen vor der Tür trennten sich die beiden. Theo lief Richtung der Kirche St. Veit, wo er seinen Wagen stehen hatte. Auf dem Weg dahin klingelte sein Handy. Er meldete sich.

»Hallo Theo, hier ist Jasmin. Entschuldige, dass ich dich am Sonntag störe. Ich wollte nur mal hören, ob ich etwas verpasst habe.«

»Verpassen tut der Mensch immer irgendwo etwas, wenn er woanders ist«, meinte Theo philosophisch.

»Schön gesagt, aber was heißt das jetzt genau?«

»Wenn du mehr wissen willst, komm auf die Dienststelle oder warte bis morgen früh zu Dienstbeginn. Es am Handy zu erzählen, dauert zu lange. Ich bin in spätestens einer halben Stunde im Büro. Du kannst dich entscheiden. Nun zu dir. Wie war dein Wochenende in Nürnberg?«

»Dauert am Telefon auch zu lange«, konterte Jasmin, »wir sehen uns.« Sie legte auf.

Theo musste grinsen. Mittlerweile machte Jasmin ihrem Nachnamen Blume alle Ehre. Sie war richtig aufgeblüht und selbstbewusst geworden. Wenn er an die zurückhaltende junge Frau dachte, die damals zu ihm ins Team gekommen war, konnte von Schüchternheit jetzt keine Rede mehr sein. Mit diesen Gedanken startete er den Motor und fuhr los.

Wie vorhergesagt, saß er exakt dreißig Minuten später hinter seinem Schreibtisch im Ledersessel und hatte die Kopien aus dem Archiv vor sich liegen. Inzwischen kam er mit der deutschen Schrift ganz gut zurecht und entschied sich, die Berichte ohne fremde Hilfe zu entziffern. Gerade war er am Überlegen, auf welche Weise er den Text im heutigen Schriftlatein festhalten sollte, als sich die Tür öffnete und Jasmin im Zimmer stand.

»Mir geht es genau wie dir. Zuhause wäre es mir jetzt zu langweilig geworden«, meinte sie gutgelaunt.

»Aha, und da hast du gedacht, du kannst ein paar Überstunden machen?«

»Na klar, du bist doch mein glühendes Vorbild. Auch in dieser Hinsicht«, scherzte sie, dann setzte sie sich und sagte: »Kannst du mich gebrauchen?«

»Aber immer doch«, nickte Theo, ihm war ein Einfall gekommen. »Du kannst Sekretärin spielen. Ich hätte da etwas zu schreiben.«

»Bin ich da nicht überqualifiziert?«

»Macht nichts«, winkte er ab, »du schaffst das schon.«

»Wolltest du mir nicht von deinem Wochenenderlebnis erzählen?«

In wenigen Sätzen umriss er seinen Einsatz im Archiv zusammen mit Frau Marberg. Zum Schluss meinte er: »Ich will jetzt versuchen die Berichte aus der alten Schrift so gut wie möglich in unsere heutige zu übersetzen. Dazu wäre es hilfreich, wenn ich dir den Text diktiere und du am PC mitschreibst, sodass ihn dann später alle lesen können.«

»Können wir hinüber in unser Büro gehen? Ich fühle mich an meinem Computer am wohlsten und da weiß ich auch, wo die Programme sind.«

Die beiden wechselten in den anderen Raum. Jasmin öffnete Theo eine Internetseite, auf der die Buchstaben der Frakturschrift – in dem die Berichte geschrieben waren – angezeigt wurden. Somit war der Hauptkommissar in der Lage, im Zweifelsfall gleich zu überprüfen, ob seine Übersetzung richtig war. Dann machte sie sich startklar und Habich begann den Text zu entziffern. Zuerst stockend Wort für Wort ging es von Satz zu Satz immer besser. Manchmal musste er sich verbessern. Wenn er unsicher war, kontrollierte er die Buchstaben mithilfe der Internetseite. So arbeiteten sie sich von Seite zu Seite bis zum letzten Blatt vor. Über eine Stunde brauchten sie, dann lehnte sich Theo zurück und ließ die letzte Kopie, die er noch in der Hand gehalten hatte, auf den Tisch fallen.

»So, geschafft! Ich glaube, es ist ganz gut gelungen.«

»Ja«, bestätigte Jasmin, »habe schon beim Schreiben gemerkt, dass der Text stimmig ist. Manchmal ist die Ausdrucksweise etwas seltsam, aber ich denke, früher wurde so geschrieben.«

Sofort nachdem die Kommissarin den Text gespeichert

hatte, druckte sie zwei Exemplare aus. Eins legte sie Habich vor, die anderen Blätter legte sie auf ihren Arbeitsplatz. Beide vertieften sich in die übersetzten Zeitungsberichte. Ohne zwischendurch ein Wort zu verlieren, lasen die zwei den Text von vorne bis hinten durch. Der Hauptkommissar hob als Erster den Kopf. Geduldig wartete er, bis auch Jasmin fertig war und die Blätter vor sich ablegte.

»Und, was hältst du davon?«, fragte Habich abwartend.

»Im Ernst?«, war Jasmins einziger Kommentar. Theo entging nicht ihr kritischer Gesichtsausdruck. Ihm war klar, dass sie an der Verbindung zwischen dem Damals und dem Heute mehr als nur Zweifel hatte.

»Nicht alles infrage stellen, sondern alle Möglichkeiten ins Auge fassen muss unsere Devise lauten«, argumentierte Habich dagegen. »Warum eigentlich nicht? Mir geht die Schilderung des alten Lehrers nicht aus dem Kopf, der mir erzählte, dass er das Gefühl gehabt habe, Karl Birkner hätte sich etwas von der Seele reden wollen. Dabei ging es um ein Geschehen – um ein unrühmliches wohlgemerkt –, das in seiner Ahnenreihe einem von Birkners Vorfahren passiert sein muss.«

Energisch schüttelte Jasmin den Kopf. »Ich kann trotzdem in einer Zeugenaussage nicht unbedingt einen Grund für unsere derzeitigen Morde und den Mordversuch erkennen. Es liegen über 160 Jahre zwischen diesen ehemaligen Ereignissen und unserem aktuellen Fall. Glaubst du vielleicht, ein Nachfahre des verurteilten Burgecker rächt sich jetzt, weil Georg Birkner seinen Ururur..., wie viele ›*Urs*‹ müsste man überhaupt davorhängen?« Sie wartete gar nicht auf eine Antwort zu ihrer Frage. »Also, weil dieser Birkner mit seiner Aussage den Ur...großvater in den Knast gebracht hat. So eine Variante fände ich jetzt sehr, sehr fragwürdig.«

Zuerst sagte Theo nichts zu Jasmins Beurteilung, stattdessen warf er noch einmal einen Blick in die Seiten. Er suchte etwas, was er nicht gleich fand. Doch dann schien er es gefunden zu haben und tippte mit dem Finger aufs Papier. »Mir ist jetzt gerade noch eine Besonderheit aufgefallen. In dem Bericht vom ersten Mord schreibt die *Zeitung* über das Opfer hier, ich zitiere: ›*Dass es sich dabei um den jungen Handwerksmeister Franz Joseph Dannemann handelt, den Verlobten von Elisabeth Hollbein, deren Vater zusammen mit dem Vater des jungen Dannemann Stadtratskollegen sind.*‹ In Anbetracht der Tatsache der Verlobung und bevorstehenden Heirat des Getöteten gibt es schon ein Kuriosum. Die Archivarin hat nämlich in den Einbürgerungsunterlagen den Namen Georg Birkner in Verbindung mit einer Ansässigmachung und Heiratsabsicht gefunden. Und jetzt kommt das Merkwürdige dabei. Stell dir mal vor, es ist die junge Elisabeth Hollbein – die ehemalige Verlobte des Ermordeten –, die der junge Birkner ehelichen will. Im September 1852 wird ihr erster Bräutigam umgebracht und gut eineinhalb Jahre später ist Georg Birkner ihr Herzbube …«

»Vermute ich bei deinen Gedankengängen jetzt richtig, dass du da irgendeinen Verdacht hegst?«

»Jetzt lass uns mal zu der alten Geschichte von Mord und Totschlag viel Fantasie entwickeln. Ich gebe zu, es ist weit hergeholt, aber könnte es nicht sein, dass der junge Birkner seinen Widersacher aus dem Weg geräumt hat oder hat räumen lassen, um selbst zum Zug zu kommen? Diese Hollbeintochter muss damals eine verdammt gute Partie gewesen sein.«

»Alles schön und gut, aber wie passt dann der zweite Mord da rein?«

»Hmm!«, überlegte Theo. »Ein Kollateralschaden …«

»Zwei Monate später? Ist das realistisch?«

»Eventuell ein Zeuge des ersten Mordes, der zum Schweigen gebracht werden musste, oder die zweite Tat hatte nichts mit der ersten zu tun. Der spätere Mord an diesem Herbrecht wurde tatsächlich von Burgecker begangen und man hat ihm das vorhergehende Vergehen einfach durch Birkners Aussage angehängt«, spann Hauptkommissar Habich seine Theorie weiter.

»Ach, und jetzt rächt sich jemand dafür? Aber wer soll der ›*Rächer*‹ sein?«

»Wenn, dann kann es nur irgendein Nachfahre dessen sein, der in diese Geschichte verstrickt wurde, zu Schaden kam und eigentlich unschuldig ist.«

»Und wie hat unser Täter davon erfahren, dass er genau ›*jetzt*‹ den angeblichen Rachefeldzug startet?«

»Gute Frage! Ich habe keine Antwort«, gestand Habich. Ein Gedanke beschäftigte ihn schon vor Jasmins letzter Frage. Vielleicht war es doch kein Zufall oder keine zufällige Neugier, dass dieser Burger gleichfalls Einsicht in die alten Berichte genommen hatte. Entschlossen wandte er sich an seine junge Kollegin und sagte: »Dafür habe ich eine neue Aufgabe für dich. Finde mal mehr über Tomas Burger raus. Er ist US-Bürger und Gastdozent an der Universität in Erlangen. Ich glaube, es geht um so was wie amerikanische Geschichte, was er dort lehrt.«

»Jetzt oder sofort«, fragte Jasmin etwas provokant.

Theo zuckte mit den Achseln. »Das ist mir egal. Ich werde auf jeden Fall nun Feierabend machen.« Dann fiel ihm doch noch etwas ein. »Ach, wie war es überhaupt in Nürnberg? Hast du etwas zum Anziehen für die Hochzeit gefunden?«

»Ja, ja! Ein Cocktailkleid aus Chiffon in einer türkisähnlichen Farbe und eine Webpelzjacke dazu.« Irgendetwas an Theos Gesichtsausdruck nötigt sie zu der Ergänzung. »Keine Angst, ist kein echter Pelz, ist aus Mohair und Cotton.«

»Oho, bestimmt ganz schick. Da siehst du ja selbst wie eine Braut aus«, scherzte Theo, erntete stattdessen aber nur einen vorwurfsvollen Blick. Daraufhin trat er den Rückzug an, indem er sich verabschiedete und gleich darauf verschwand.

*

Ruhig und gelassen, wie es so seine Art war, hörte sich Kriminaloberrat Schössler am Montagmorgen zuerst Rautners Bericht an. Dieser begann mit dem Tipp des Journalisten über einen Sexskandal, wobei der Name von Karl Birkner, dem ersten Opfer in der aktuellen Mordermittlung, gefallen war. Er setzte Schössler über seine Ergebnisse der Nachforschungen im Krankenhaus ins Bild und beendete seinen Bericht mit der Befragung der ehemaligen Krankenschwester. Bedächtig schüttelte der Kriminaloberrat den Kopf, nachdem der junge Kommissar geendet hatte, was laut Habichs Erfahrungen nichts Positives bedeuten konnte.

»Das hört sich nicht sehr vielversprechend an, was Sie da haben«, sagte er in seinem ruhigen, stets analytisch wirkenden Tonfall. »Zumal sich dieser Missbrauch sehr wahrscheinlich in Kreisen abgespielt haben muss, die viel Einfluss hatten und vielleicht noch haben. Nicht, dass ich mich davon beeindrucken oder einschüchtern ließe. Sie wissen, dass ich für Gerechtigkeit und absolute Gleichbehandlung bin, egal welchen gesellschaftlichen Status jemand hat. Aber da wir keine Namen haben, weder vom Opfer noch von den Tätern, macht es aus meiner Sicht keinen Sinn, eine Ermittlung zu starten.« Er sah in das enttäuschte Gesicht Rautners und meinte fast väterlich: »Bringen Sie mir etwas Handfestes und Aussagekräftiges, dann kann ich sehen, was sich machen lässt. Aber«, er wurde ernst, »ich möchte nicht, dass Sie Ihre Energie an Dinge vergeuden, die eigentlich nicht in unsere Zuständigkeit fallen, und den aktuellen Fall vernachlässigen.« Damit sprach er nicht nur den angehenden Oberkommissar an, sondern auch dessen Chef Habich, der die Einsätze des Teams koordinierte und verantwortlich war.

»Nun, es ist nicht ganz auszuschließen, dass diese alte Geschichte etwas mit den toten Birkners zu tun hat. Zumindest der alte Birkner war darin involviert«, kam Habich seinem Kollegen zu Hilfe.

»Gut«, meinte der Kriminaloberrat und sah abschätzend von einem zum anderen, »wenn Sie noch irgendwelche Ansätze haben, dann lassen Sie es mich wissen. Ich möchte gerne mitentscheiden, ob wir noch weitere Ermittlungsarbeit hineinstecken können.« Anschließend informierte Theo den Chef über seine Aktivitäten und Ergebnisse vom Wochenende im Archiv. Schweigend hörten er und Rautner bis zum Schluss zu. »Du lieber Gott, geht's eigentlich noch komplizierter? Das eine Ereignis ist über fünfundzwanzig Jahre her, das andere gar mehr als 150 Jahre und beide sollen mit unserem Fall zu tun haben? Ich bin ja bereit, vieles zu akzeptieren, aber selbst mir geht an dieser Stelle der Glaube verloren. Haben Sie nicht ein paar *›zeitnahe‹* Ansatzpunkte?«

Kriminaloberrat Schösslers Vertrauen in seine Kommissare und in der Hauptsache in Theo Habich war fast unendlich, aber eben nur fast. Selbst ihm kamen bei diesen Geschichten gewisse Zweifel auf, die er an dieser Stelle auch laut kundtat.

»Etwas anderes können wir Ihnen im Moment nicht bieten«, entgegnete Habich unumwunden. »Sie kennen doch auch das Ermittlungseinmaleins, jeder nur erdenklichen Spur nachzugehen und sei sie noch so klein und unwahrscheinlich.« Theos Selbstvertrauen war so unerschütterlich, dass er sich von der Kritik seines Chefs nicht beeinflussen oder verunsichern ließ.

»Bisher konnte ich mich auf mein Gespür noch immer verlassen und etwas anderes bleibt uns im Moment nicht übrig. Es sei denn, wir sollen auf ein Wunder warten, dass uns jemand den Mörder auf dem Silbertablett präsentiert«, traute er sich sogar ein bisschen spitz zu werden.

Ohne eine Antwort Schösslers abzuwarten, erhob sich Habich. Er kannte die Anzeichen seines Chefs, wenn dieser die Unterhaltung als beendet betrachtete. Unauffällig gab er Rautner ein Zeichen, ihm zu folgen.

»Das war es dann wohl mit meinen Bemühungen«, sagte Rautner mürrisch auf dem Weg zurück in ihr Büro, »und dabei habe ich das Gefühl, ich könnte diese Schweinerei aufdecken.«

»Wo wolltest du denn noch ansetzen. Willst du bis in die Schweiz fahren und diesen Doktor Tschadlik aus dem Krankenhaus damals ausquetschen …?«

»Warum nicht? Das wäre auf jeden Fall noch eine Option.«

Sie hatten ihre Diensträume erreicht und traten ein. Jasmin sah mit dem Hörer in der Hand nur ganz kurz auf und widmete sich gleich wieder ihren Nachforschungen über Tomas Burger. Sie hatte erst heute früh zu Dienstbeginn damit angefangen, da sie gestern Abend nach Habichs Abgang keine Lust mehr verspürte. Um die telefonierende Kollegin nicht zu stören, gingen die beiden Kommissare in Habichs Zimmer nebenan. Der Hauptkommissar ließ sich in seinen Bürosessel fallen und sah Rautner einen kurzen Augenblick lang schweigend an. Man merkte, wie es hinter seiner Stirn arbeitete. Eigentlich hatten sie reden wollen, wie sie weiter vorgehen wollten, aber es kam anders. Nicht lange nach der Denkpause nahm Habich den Telefonhörer zur Hand und sagte zu Chris: »Lass mich mal bitte kurz alleine, ich muss einen Anruf machen.«

Rautner verschwand ins Nebenzimmer und zog die Tür zu. Aus den Augenwinkeln sah er noch, wie Theo eine Kurzwahlnummer drückte. Etwas gelangweilt setzte er sich an seinen Arbeitsplatz. Nach der Absage Schösslers, die Spur weiter zu verfolgen, kam er sich gerade ein bisschen überflüssig vor. Da es in ihrem Zimmer völlig ruhig war – Jasmin hatte ihr Telefonat beendet –, hörte er nebenan den Hauptkommissar reden, konnte die Worte aber nicht verstehen. Theo schien intensiv auf jemand einzureden, denn ab und zu vernahm Chris einen Anflug von Erregung in Habichs Stimme. Hinter der verschlossenen Tür fand nicht nur ein Telefongespräch statt, soviel Chris mitbekam. Dann las auch er sich die übersetzten Berichte durch. Erst eine knappe halbe Stunde später öffnete sich die Verbindungstür und der Hauptkommissar winkte Chris zu sich herein.

»Stell fest, ob dieser Doktor Tschadlik noch in Lugano wohnt. Ist dies der Fall, dann finde seine genaue Adresse heraus. Wenn du das geschafft hast, flieg dorthin und versuch dein Glück, von ihm mehr zu erfahren«, eröffnete Habich seinem Kollegen ganz ruhig und gelassen. Er überreichte Rautner einen Zettel mit einer Telefonnummer. »Hier ist die Rufnummer von Leutnant Ambrosetti, einem Kollegen der Tessiner Kantonspolizei. Er wird dir bei allem helfen, dich am Flughafen abholen und zu dem Doktor begleiten. Damit ist die Sache ganz offiziell.«

Chris war baff und begeistert zugleich. »Mensch, Theo, wie hast du das denn jetzt hinbekommen?«

»Ich habe unseren Chef überzeugt. Der hat seine Beziehungen spielen lassen, einen Gefallen eingefordert und hofft nun, es war nicht umsonst.«

»Ich mache mich sofort an die Arbeit«, sagte Chris euphorisch und war schon zur Tür hinaus.

Weitere fünfundvierzig Minuten später hatte Chris alle Informationen zusammen und erschien in Habichs Büro. »So, es ist alles klar und alles geregelt. Die Adresse von Erich Tschadlik habe ich und der Kollege erwartet mich. Ich fliege heute in drei Stunden ab Nürnberg und wenn alles klappt, kann ich am späteren Abend sogar zurück sein.«

Hauptkommissar Habich nickte. »Dann lass dich nicht aufhalten und grüß die Schweizer Kollegen.« Er hob kurz die Hand und vertiefte sich sofort wieder in die vor ihm liegenden Ermittlungsunterlagen.

Die Frotzelei zwischen Jasmin und Chris über dessen »*Ausflug*« ins Tessin bekam der Hauptkommissar gar nicht mit.

»Toll, ich darf mich hier weiter mit staubigen Akten herumschlagen und der Herr Kollege macht einen Kurztrip an den Luganersee«, stichelte sie, als sie mitbekam, was Rautner vorhatte.

»Jeder, wie er es verdient. Was wolltest du dort, zum Shoppen ist die Schweiz zu teuer.«

»Ach, so einen kleinen Flug, selbst dienstlich, und mal Tapetenwechsel hätte ich auch nicht abgelehnt.«

»Leider ist es die falsche Jahreszeit.«

»Dafür bekommst du Berge und Schnee zu sehen«, sagte Jasmin mit gespielter Wehmut.

»Ich bringe dir ein Foto oder eine Ansichtskarte mit«, versprach Rautner grinsend und war zur Tür hinaus.

Das »*Idiot*« von Kollegin Blume, das sie ihm hinterherschickte, bekam er nicht mehr mit. Jasmin stand auf und ging hinüber zu Theo. »Hast du Zeit? Ich habe Informationen über Tomas Burger zusammengetragen.«

»Okay, schieß mal los!«

»Tomas Burger ist – wie du schon richtig angemerkt hast – hier als Gastdozent in Deutschland, und das nicht zum ersten Mal. Er hält ein- bis zweimal die Woche Vorlesungen an der Friedrich-Alexander-Universität Erlangen-Nürnberg in einem Studiengang mit der genauen Bezeichnung ›*North American Studies: Culture and Literature*‹. Seit einem halben Jahr wohnt er in Iphofen und ist bei Karola Birkners Adresse gemeldet. Übrigens hat er einen Doktortitel in amerikanischer Geschichte. Gebürtig ist Burger aus Pittsburgh, Pennsylvania, und achtunddreißig Jahre alt. Finanziell gesehen kann er sich Müßiggang leisten, seine Familie ist millionenschwer.« Hauptkommissar Habich hatte gedankenversunken zugehört und knabberte dabei an seinem Kugelschreiber. »Was denkst du?«, fragte sie am Ende ihres Kurzberichtes.

»Warum gerade Iphofen?«, fragte Theo und fixierte dabei einen Punkt an der gegenüberliegenden Wand, als wenn er dort eine Antwort finden würde.

»Ich verstehe nicht.«

Durch ihre Frage aufgeschreckt, richtete er seinen Blick auf Jasmin und fragte: »Wieso wohnt er in Iphofen und nicht näher bei der Uni? Warum sucht er ausgerechnet im Iphöfer Archiv nach Material für seine wissenschaftliche Arbeit, wo es sicherlich anderswo interessantere Archive gäbe?«

»Davon verstehe ich nichts«, gestand Jasmin.

»Nein, nein, schon klar, ich auch nicht. Die Auskunft habe ich von der Archivarin Frau Marberg.« Er setzte sich kerzengerade in seinem Sessel auf. »Du hast vorhin gesagt, Burger ist nicht zum ersten Mal hier in Deutschland. Hast du auch Infos über seinen früheren Aufenthalt?«

»Ja, das war im letzten Jahr. Da war er für ein halbes Jahr oder vielmehr für ein Semester ebenfalls an der Uni in Erlangen und wohnte auch in Iphofen.«

»Was zieht diesen Mann in das Städtchen …?«

»So wie ich den Ort kennengelernt habe, lässt sich doch dort gut leben und wohnen.«

»Das will ich ja gar nicht in Abrede stellen, aber trotzdem …«, meinte Habich, ohne den Satz zu vollenden, da ihm ein neuer Einfall gekommen war. Auf seinem Schreibtisch suchte und fand er die Übersetzungen der alten Zeitungsberichte. »Was wir jetzt machen …«, setzte er an, als ihn das Klingeln des Telefons unterbrach. Er hob ab, meldete sich und vernahm eine bekannte Stimme am anderen Ende. »Hallo Herr Proskov, was kann ich für Sie tun?«

Etwas zögerlich kam die Antwort: »Ich wollte mich bei Ihnen zurückmelden …«

»Wieso das, ich denke, Sie sind auf dem Weg zu Ihrem Sohn?«

»Na ja, der Wetterbericht hat für die nächsten Tage im Raum Berlin und in der ganzen Region schlecht gemeldet und da habe ich mich nicht zu fahren getraut. Bin ja auch nicht mehr der Jüngste. Außerdem dachte ich, vielleicht können Sie mich noch gebrauchen. Ich meine wegen dem Archiv und so.«

»Sie haben einen Schlüssel, stimmt's? Denn offiziell ist ja seit Freitag zu.«

»Das sagte ich Ihnen ja schon in unserem Gespräch am Freitag, dass ich einen Schlüssel habe. Aber auch nur, weil ich schon fast dreißig Jahre im Archiv ehrenamtlich tätig bin und zum lebenden Inventar gehöre«, hörte ihn der Hauptkommissar sagen. »Wenn ich Ihnen also irgendwie helfen kann, stehe ich zur Verfügung.«

Dem Hauptkommissar fiel spontan etwas ein. »Sie können mir tatsächlich helfen. Ich war zwar mit Frau Marberg am Wochenende im Archiv, aber jetzt sind weitere Fragen aufgetaucht und Frau Marberg möchte ich in ihrem Urlaub nicht mehr stören. Kennen Sie die Geschichte mit den zwei Toten in der Iphöfer Gemarkung Mitte des 19. Jahrhunderts?«

»Ja, ich kann mich dunkel entsinnen, mal etwas darüber

in alten Artikeln gelesen zu haben. Das ist aber schon einige Jahre her. Warum, was hat es damit auf sich?«

»Wäre es für Sie möglich, in Erfahrung zu bringen, ob es von den beiden Getöteten Nachkommen gibt, von denen heute noch welche leben?«

»Ich kann es versuchen. Haben Sie die Namen der beiden zur Hand? Dann brauche ich nicht so lange zu suchen.«

»Sie hießen Franz Joseph Dannemann und Gustav Herbrecht. Wobei der Erste ein junger Mann war, der keine direkten Nachkommen haben dürfte. Wenn, dann hat sich der Name nur über mögliche Geschwister erhalten. Bevor ich es vergesse, falls Sie zu Herbrecht nichts finden, er war aus Markt Einersheim oder wohnte wenigstens dort. Ach ja, da wären noch Wilhelm und Ferdinand Burgecker. Wilhelm wurde als Täter verurteilt und kam ins Gefängnis. Vielleicht finden Sie ja etwas über die Brüder oder zumindest über einen davon.«

»Und Sie vermuten, das könnte etwas mit Ihrem Fall zu tun haben?«

»So weit bin ich noch nicht, das zu bejahen oder zu verneinen. Ich bin immer noch dabei, in alle Richtungen zu ermitteln. Helfen Sie mir einfach, weitere Fakten zu sammeln, und dann sehen wir weiter. Sollten Sie etwas für mich haben, lassen Sie es mich bitte wissen. Wenn Sie noch Informationen von mir brauchen, rufen Sie jederzeit an.« Habich bedankte sich und legte auf. »So, wo waren wir stehen geblieben?«, fragte er laut an die junge Kollegin gewandt. Jasmin kam gar nicht zu einer Antwort, da war der Hauptkommissar gedanklich schon wieder in seiner Spur. »Jetzt weiß ich wieder, was ich wollte, und spinne weiter an meiner Theorie. Wie gut ist dein Englisch?«

»Schulenglisch halt, danach wenig gebraucht. Ich denke aber, ich kann mich verständlich machen. Was hast du jetzt wieder vor?«

Ohne auf ihre Frage einzugehen, beschäftigte Habich sich mit seinem Computer und sah parallel dazu auf seine Uhr. »Noch zu früh«, brummte er vor sich hin. Kollegin Blume schaute ihn nur erwartungsvoll an. Sie hatte es für den Moment aufgegeben Fragen zu stellen. »Ich schicke dich auch ins Ausland«, sagte er plötzlich, »aber leider nur telefonisch.« Wieder ging sein Blick zur Armbanduhr. »Was ich machen möchte, ist, mehr Informationen über Tomas Burger zu bekommen. Dazu werden wir in Pittsburgh anrufen und dort versuchen etwas in Erfahrung zu bringen. Noch ist es dafür zu früh. Dort drüben sind sie sechs Stunden zurück. Das bedeutet, dass wir erst heute Nachmittag zum Hörer greifen können. Lass uns mal überlegen, wer uns dort in den USA etwas über die Burgers erzählen könnte …«

»Ehrlich! Ich muss gestehen, so ganz kann ich deinen Überlegungen und Gedankengängen nicht folgen. Was haben dieser amerikanische Doktor der Geschichte und seine Familie jetzt für eine Verbindung zu unserem Fall?«

»Wenn wir etwas über die Burgers erfahren haben, kann ich dir mehr sagen, aber zuerst brauche ich Auskünfte, und die gilt es zu beschaffen.«

»Oh, ich hätte nichts dagegen, mal schnell übern Großen Teich zu jetten, um vor Ort zu recherchieren«, meinte Jasmin überschwänglich.

Habich lachte kurz auf. »Das kann ich mir vorstellen. Daraus wird aber nichts, zumal du dann die Hochzeit verpasst, und das willst du deinem Jan doch nicht antun, oder?«

Nach Jasmins Gesichtsausdruck zu urteilen, war sie scheinbar anderer Meinung, nur hielt sie sich mit diesbezüglichen Äußerungen zurück.

»Das wäre ja auch zu schön gewesen.«

»Abgesehen davon, Schössler reißt mir den Kopf ab, wenn er so eine Spesenrechnung sehen würde, ohne dass er sie genehmigt hätte. Es sei denn, du möchtest auf eigene Kosten und unter Nutzung deiner Urlaubstage diesen Trip machen.«

»So dienstbeflissen bin ich jetzt auch wieder nicht.«

»Okay, genug des Geplänkels. Mal überlegen, bei wem wir die Chance haben, eine Auskunft zu bekommen.«

»Bei den amerikanischen Kollegen in Pittsburgh«, schlug Jasmin vor.

Habich hob abwehrend die Hand. »Das wäre nicht meine erste Wahl. Bei welcher Polizei willst du nachfragen und warum? Dazu ist mir das amerikanische Polizeisystem zu undurchsichtig. Ich kenne dort weder die dafür zuständige Dienststelle noch eine einzelne Person, bei der man nachfragen könnte. Ist er unbescholten, so gibt es vielleicht außer ein paar Strafzetteln keine Akte über ihn, und so etwas will ich eh nicht wissen. Da er im Moment kein Verdächtiger ist, haben wir auch keinen Grund, uns an die Kollegen zu wenden. Abgesehen davon, das, was ich in Erfahrung bringen möchte, ist nicht unbedingt Sache der Polizei. Ich suche eigentlich jemand, der mir Historisches über die Familie erzählen kann.«

»Verrätst du mir, wo deine Informationsschwerpunkte liegen, damit ich gezielt danach fragen kann?«

»Zwei Fragen sind immens wichtig. Die eine Frage wäre die nach der Abstammung, also ob irgendeiner der Vorfahren deutschstämmig war, und die andere Frage, ob es eine direkte Beziehung zu Iphofen gibt.«

»Mensch, Theo, wer soll so etwas beantworten können außer Personen, die direkt mit der Familie zu tun haben und deren Geschichte kennen.«

»Ja, ja, ich weiß, dass es verdammt schwierig wird, aber meine Nase führt mich in diese Richtung.«

»Was hältst du davon, wenn ich erst mal versuche im Internet etwas über die Familie herauszubekommen?«

»Klasse! Die Idee ist gar nicht mal schlecht. Falls die Burgers wirklich so finanzkräftig sind, dann haben sie auch eine gewisse Macht und Einfluss, zumindest in der Region, in der sie beheimatet sind. Und über die Reichen und Mächtigen wird immer gerne geschrieben. Da könnte es durchaus Internetseiten geben, auf denen darüber zu lesen ist …«

»Die Medien … Die Presse zum Beispiel«, gab Jasmin zu bedenken.

»Stimmt, Zeitungsartikel … Klatsch und Tratsch … Boulevardpresse und dergleichen. Dann mach dich mal an die Arbeit. Falls sich nichts findet, können wir immer noch telefonieren«, meinte Theo. »Übrigens, woher hattest du die bisherigen Details über Tomas Burger?«

»Uni Erlangen, aus dem Sekretariat der philosophischen Fakultät und des Fachbereiches Theologie.« Jasmin grinste. »Wie überall ist das Personal in solchen Bereichen immer bestens informiert und wenn es dann noch um so einen ›*Sonnyboy*‹ wie Doktor Burger geht, erst recht.« Theo horchte auf, hatte er doch den Begriff, den Jasmin gerade benutzt hatte, schon einmal aus anderem Munde gehört. An der Bezeichnung schien etwas dran zu sein, wenigstens aus Sicht der Damenwelt, so Habichs endgültige Beurteilung. »Diese Bezeichnung des Doktors kommt nicht von mir«, schickte Jasmin gleich hinterher, nachdem sie Theos Reaktion gesehen hatte, »ich kenne ihn überhaupt nicht.«

»Schon gut, da kann ich nicht mitreden und eigentlich ist es mir auch egal.« Mit dieser Bemerkung zeigte Habich deutlich an, dass das Thema für ihn beendet sei. »Ich werde mich jetzt mal in der Klinik nach Andreas Birkners Zustand erkundigen«, sagte er stattdessen und nahm den Hörer in die Hand. Das war für Jasmin das eindeutige Zeichen, den Chef alleine zu lassen und sich den gestellten Aufgaben zuzuwenden. Habich hatte Glück und bekam den behandelnden Arzt ziemlich schnell ans Telefon. Von diesem erhielt er die Auskunft, dass sich Birkners Zustand gebessert habe, dass keine akute Lebensgefahr mehr bestehe und er hoffe, dass der Patient in den nächsten Tage wieder zu Bewusstsein kommen würde. Wie sein geistiger Zustand dann sei und ob er sich erinnere, könne er nicht sagen, machte der Arzt dem Hauptkommissar klar. Trotzdem dachte Habich positiv und meinte zum Abschluss des Gespräches: »Gute Nachrichten hört man immer wieder gerne.« Ganz zum Schluss wiederholte er noch einmal die Bitte, ihn zu informieren, wenn der Patient aufgewacht und ansprechbar sei.

Viel Vergangenes

Erste Erfolgsmeldungen kamen überraschenderweise aus dem Iphöfer Archiv. Am frühen Nachmittag rief Horst Proskov an. Sofort nach dem Telefonat mit dem Hauptkommissar war er ins Archiv gegangen, hatte sich an die Arbeit gemacht und war ziemlich schnell fündig geworden. Zu allen Namen habe er etwas zu berichten, ließ er wissen.

»Dann lassen Sie mal hören, was Sie in so kurzer Zeit herausgefunden haben.«

»Wie Sie schon richtig vermuteten, gibt es niemanden mehr mit dem Namen Dannemann, so wie der getötete junge Mann hieß. Ich habe mir aber bis jetzt noch nicht die Mühe gemacht nachzuforschen, ab wann der Name nicht mehr existent war. Dagegen habe ich zu dem zweiten Namen noch etwas gefunden. Herbrecht gibt es zwar auch nicht mehr, aber das Ende des Namens kam erst vor gut dreißig Jahren. Der letzte Herbrecht hatte nur eine Tochter und mit deren Heirat verschwand der Name. Jetzt zum allerletzten der drei Namen, Burgecker. Am schwierigsten war es, mehr über den verurteilten Wilhelm Burgecker zu erfahren, aber ich habe es geschafft. Er verstarb noch im Gefängnis, nachdem er zirka fünfzehn Jahre seiner Haft abgesessen hatte. Woran, kann ich Ihnen nicht genau sagen, es hieß nur *›aus gesundheitlichen Gründen‹*. Ich fürchte, die hygienischen Bedingungen in den Gefängnissen waren damals noch nicht so gut und die medizinische Versorgung auch nicht. Nun zu seinem Halbbruder Ferdinand. Der ist nach der Verurteilung seines Bruders ausgewandert …«

»Weiß man wohin?«, unterbrach Habich.

»Angeblich nach Amerika. So zumindest steht es in städtischen Dokumenten, da er finanzielle Hilfe beantragte, die man ihm auch gewährte. Sie müssen wissen, damals war die Armut in Deutschland groß und viele Städte und Gemeinden versuchten durch die Unterstützung von Auswanderwilligen ihre Armenkassen auf Dauer zu entlasten …«

»Das bedeutet, wir können fest davon ausgehen, dass dieser Burgecker sich nach Amerika abgesetzt hat?«

»Wenn Sie weitere Sicherheit wollen, dann könnten Sie zusätzlich in sogenannten Auswandererlisten nachforschen. Wenn Sie Glück haben, gibt es solche Dokumente noch in den Städten, von wo aus sich die Menschen einschifften, um ihre Heimat zu verlassen. Dort gab es außerdem Passagierlisten, in denen die Auswanderer eingetragen wurden. In unserem Fall wäre das Bremen, wohin Burgecker gegangen ist …«

»Und das wissen Sie, weil …?«

»Weil die Kosten für das Schiffsticket – die die Stadt übernommen hat – an entsprechender Stelle im städtischen Kassenbuch festgehalten wurden. Vielleicht ist es wichtig, Burgecker war auf seiner Reise nicht alleine.«

»Wer hat ihn denn begleitet?«

»Eine Clara Zirner – und jetzt kommt das eigentlich Interessante«, hier machte der ehemalige Lehrer eine Pause, um die Spannung zu erhöhen, »diese Clara Zirner hatte auch noch ihre beiden Kinder dabei …«

»Was ist daran so spannend?«

»Wenn ich das richtig recherchiert habe, waren die zwei Kinder, Julius und Philipp, die Söhne des verurteilten Wilhelm Burgecker. Den hat die Zirner jedenfalls als Vater angegeben.«

Sekundenlang herrschte Stille in der Leitung, dann fragte der Hauptkommissar erstaunt: »Das ist für uns durchaus von

Interesse. Wie haben Sie das alles in so kurzer Zeit herausgefunden? Wenn ich daran denke, wie wenig wir an einem ganzen Wochenende zu zweit erreicht haben.«

»Nach so vielen Jahren, in denen ich mich mit diesen alten Büchern, Zeitschriften, Urkunden, Plänen, Skizzen, Dokumenten, Aufzeichnungen und Schriftstücken beschäftige, weiß ich, wo ich nachzuschlagen habe. Ein bisschen Glück, gleich das Richtige zu finden, gehört natürlich auch dazu«, sagte Proskov ohne jeden Stolz oder Überheblichkeit.

»Jetzt habe ich eine vorerst letzte Bitte an Sie. Könnten Sie mir ihre ganzen Informationen irgendwie zusammenstellen oder dokumentieren? Es wäre wichtig, dass wir darüber etwas Schriftliches in Händen haben, auch Kopien sind hilfreich.«

»Mach ich gerne«, sagte der ehemalige Lehrer zu.

»Herr Proskov, eine Frage der Vollständigkeit halber noch«, fiel Habich gerade ein, »wissen Sie, wie der jetzige Name der Tochter von diesem letzten Herbrecht lautet?«

»Oh, da müsste ich noch einmal nachschauen. Das habe ich mir leider nicht aufgeschrieben. Ich kann Sie wieder anrufen.«

»Kein Problem, erwähnen Sie es einfach bei Ihrer Zusammenfassung.«

Nachdem das Gespräch beendet war, versuchte Habich das Gehörte zu verarbeiten und einzuordnen. Die Rädchen in Theos Kopf arbeiteten auf Hochtouren, als Jasmin hereinkam. Er starrte dabei auf ein weißes Blatt Papier, das er sich während der Unterhaltung mit Proskov gegriffen hatte. Der Zettel enthielt nur ein einziges Wort. Nein, eigentlich war es ein Name, den Habich in Großbuchstaben dort hingeschrieben hatte. Obwohl das Wort für Jasmin auf dem Kopf stand, konnte sie den Namen *»Burgecker«* lesen.

»So, ich habe ein bisschen was im Internet über die Familie Burger gefunden. Der Burger-Clan hat seine Finger im

Stahl- und Erdölgeschäft, ebenso wie in der Pharma- und Biotechnologie. Ich habe dazu eine Person in den USA ausfindig gemacht, von der man mehr erfahren könnte …«

»Lass doch erst mal hören, was du hast.«

»Wenn ich ehrlich bin, anfänglich nicht allzu viel. Begonnen habe ich mit einigen der ansässigen Zeitungen. Darin steht immer mal wieder etwas über die Familie. Auch im Feuilletonteil kann man über Partys und Wohltätigkeitsfeste lesen, bei denen der Name fällt. Aber ich denke, es ist nicht das, was du suchst. Nichts aus der älteren Vergangenheit. Meist sind es ziemlich aktuelle Dinge über das Unternehmen und seine Vorstandsmitglieder. Einer der Burgers – es müsste ein Cousin von Tomas Burger sein – will scheinbar in die Politik gehen. Was mir aber aufgefallen ist, die Pittsburgh Post-Gazette schreibt am häufigsten über die Familie und die Artikel sind alle von einer Person, einem Jonathan Raleigh. Dieser Raleigh ist ein freier Journalist, der auch seinen eigenen Blog im Internet hat, und auch da erscheinen einige Berichte über die Burgers. Ich hatte das Gefühl, der Mann befasst sich mit der Familie.«

»Okay, dann ruf ihn an.«

»Hab ich schon …«

»Ui, so bald schon? Da hast du den Mann ja regelrecht aus dem Bett geholt.«

»Frühaufsteher«, war Jasmins einziger Kommentar dazu.

»Und …?«

Lächelnd setzte sich Jasmin und lehnte sich zurück. »Volltreffer!«

»Jetzt mach es nicht so spannend.«

»Erst war der Journalist etwas misstrauisch, als ich ihm sagte, ich rufe aus Deutschland an und bin bei der Polizei. Nachdem ich ihm von Tomas Burger – den er kannte – und einigen Details der alten Geschichte erzählte, wurde er zugänglicher und taute auf. Raleigh scheint in Sachen JPB Corporation eine wahre Koryphäe zu sein …«

»Wer oder was ist JPB Corporation?«

»Der Firmenname des Unternehmens der Burgers«, erklärte Jasmin. »Aber jetzt weiter mit meinem Bericht. Neben seinem Journalismus schreibt er über Firmendynastien und deren führende Köpfe Bücher. Er hat mir erzählt, dass alles mit einer Biographie anfing, die eine wirtschaftliche Persönlichkeit – den Namen wollte er mir nicht nennen – bei ihm bestellt hatte. Dieses Buch, das den Beginn und den Aufstieg des Unternehmens aus der Sicht dieses Wirtschaftsbosses schilderte, wurde nie veröffentlicht. Trotzdem wurde es in einer Auflage von einhundert Exemplaren gedruckt. Es war nur dafür gedacht, seiner großen Familie vor Augen zu halten, was alles geleistet werden musste, bis man da war, wo man jetzt ist. Darum bekam jeder aus der Familie zum 80. Geburtstag des Mannes ein Exemplar, um sich immer daran zu erinnern. Raleigh hat mir keine Namen genannt, weil absolutes Stillschweigen vereinbart war und er dafür fürstlich entlohnt wurde. Das Buch, von dem ich erzählt habe, entstand ziemlich am Anfang seiner Karriere und Raleigh ist heute um die sechzig, wie ich aus dem Gespräch entnahm. Seit dieser Zeit hat der Journalist Informationen aller Art über solche Imperien und auch über die wichtigen Personen dahinter gesammelt. Er hat mit seinem Wissen auch schon geholfen Dokumentationen zu erstellen, Skandale mit aufgedeckt und Publikationen geschrieben …«

Leicht genervt erkundigte sich Theo: »Wann kommst du jetzt eigentlich zum Wesentlichen?« Immer dieses Drumherum-Gerede bei den Frauen, dachte er sich, ohne es auszusprechen.

Jasmin ließ sich von solchen Zwischenbemerkungen schon länger nicht mehr beeinflussen. »Nur Geduld, immer Schritt für Schritt«, meinte sie gelassen, »schließlich sollst auch du alle Informationen erhalten, die ich habe.«

»Ja, schon, aber hast du jetzt etwas aus der Vergangenheit in Erfahrung bringen können?«

»Hab ich! Angefangen hat alles 1885 mit den Brüdern Jules und Phil Burger – deshalb auch JPB als Firmenbezeichnung. Und ja, die beiden waren deutschstämmig. Mehr war Raleigh aus den Gründerjahren und davor nicht bekannt. Doch, einer soll mit der Stahlbranche zu tun gehabt haben und der andere Bruder hat seine Nase in die boomenden Ölfunde gesteckt. Scheinbar hatten sie alle zwei ein gutes Händchen und damit begann der wirtschaftliche Aufstieg.«

»Ich wusste es.« Habich nickte heftig. Vor dem Hauptkommissar lag noch das weiße Blatt mit dem Wort »*Burgecker*«, dem er jetzt wieder seine Aufmerksamkeit schenkte. Er nahm einen Kugelschreiber zur Hand und strich bei dem Wort die drei Buchstaben »*cke*« durch, zurück blieb der Name »*Burger*«. Anschließend schrieb er darunter »*Jules = Julius*« und »*Phil = Philipp*«. Schweigend sah ihm die junge Kommissarin dabei zu. Theo hob den Kopf und meinte: »Ich finde das ziemlich eindeutig. Jules und Phil sind die beiden Jungen des als Mörder verurteilten Wilhelm Burgecker. Vor- und Nachnamen hat man wahrscheinlich vereinfacht, da die Amerikaner die deutsche Namensvariante nicht richtig aussprechen konnten.«

»Aber einen Haken gibt es dabei noch«, gab Jasmin zu bedenken. »Hieß die Mutter der beiden Jungen nicht mit Nachnamen Zirner? Und meines Wissens waren Wilhelm und Clara ja nicht verheiratet. Also müssten die Kinder eigentlich ihren Namen tragen.«

»Was wäre, wenn Wilhelms Bruder, Ferdinand, diese Clara in Amerika geheiratet hätte? Dann würde es doch wieder passen, oder?«

»Ja, ja, schon! Aber was beweist das jetzt? Was kann das für unseren Fall bedeuten? Mir fehlt da noch der Zusammenhang.«

»Okay, dann in Kurzform. Tomas Burger kennt seine deutsche Herkunft. Er kommt nach Iphofen und beginnt nachzuforschen. Vielleicht ist diese wissenschaftliche Arbeit, die er angeblich schreibt, nur ein Vorwand, um ungestört und ohne neugierige Fragen im Archiv stöbern zu können. Beim ersten Mal findet er nichts. Darum kehrt er erneut zurück und dieses Mal fallen ihm die alten Berichte in die Hand. Er liest, so wie wir, den Namen des Zeugen und erfährt, das just dieser Birkner sich in das gemachte Nest gesetzt hat, das für den getöteten Dannemann bestimmt war. Da Burger nicht dumm ist, kombiniert er genauso wie ich, dass Birkner der Mörder hätte sein können und die Tat seinem Ur…, na ja eben einem seiner Vorväter angehängt wurde. Also eine späte Rache.«

»Wie ich es drehe und wende, die Sache wirft für mich aber immer noch zwei große Fragen auf. Eine davon habe ich dir schon einmal gestellt und sie besteht immer noch: Was ist mit dem zweiten Opfer, diesem Herbrecht, wie passt er da hinein? Die zweite Frage, die du dir stellen solltest, lautet: Warum sollte Tomas Burger den Birkners an den Kragen gehen? Rein theoretisch müsste er Georg Birkner sogar dankbar sein, denn sonst wäre diese Clara Zirner vermutlich nie ausgewandert und seine Vorfahren hätten nie ein kleines Imperium in den Vereinigten Staaten gründen können.«

»Hmm! Die zwei Fragen stelle ich hintenan. Es gibt dafür sicherlich eine plausible Erklärung.« Mit dem Kugelschreiber deutete Theo auf seine Kollegin. »Was du jetzt noch machen könntest, wäre Folgendes. Um festzustellen, ob Burgecker mit der Frau und ihren Kindern tatsächlich Deutschland verlassen hat, gäbe es noch eine Möglichkeit.« Er gab den Hinweis weiter, den ihm der alte Lehrer mit Bremen und den Listen gegeben hatte. »Versuche mal herauszubekommen, ob diese Verzeichnisse noch existieren und ob man darauf die Namen unserer Auswanderer findet.«

Gerade als sich Jasmin wieder an die neue Arbeit machen wollte, öffnete sich die Tür und Berger, der Chef der Kriminaltechnik, trat in Habichs Büro. In der Hand hielt er ein Schriftstück, das er vor Theo auf den Schreibtisch legte.

»Hier bringe ich dir den Abschlussbericht des DNA-Abgleiches und der Fingerabdrücke. Ich hatte gerade hier zu tun, da dachte ich, ich reich den Bericht persönlich herein.«

»Ist etwas Auffälliges dabei?«

»Nun, wie man es nimmt! Zu der Fremd-DNA am Toten gibt es keine Übereinstimmung und zu den Fingerabdrücken auch nicht. Ausschließen konnten wir die Abdrücke der Personen, die den Stapler fast täglich benutzen. Aber etwas haben wir doch gefunden, das dein Interesse wecken könnte. Karola Birkner ist nicht die Tochter von Hermann Birkner.«

»Wie das?«, fragte Theo verblüfft.

»Ganz einfach, weil die DNA zwischen den beiden nicht übereinstimmt, und das müsste sie zu mindestens fünfzig Prozent.«

»Schau, schau, da hat Waltraud Birkner ihrem Hermann ein Kuckucksei ins Nest gelegt …«

»Moment, ich bin noch nicht ganz fertig mit unseren neuesten Erkenntnissen«, unterbrach Berger die beginnenden Gedankengänge des Hauptkommissars. »Wir haben noch etwas anderes herausgefunden …«

»Erich, nun erzähl schon«, machte Theo Druck.

»Stattdessen haben wir eine andere Übereinstimmung festgestellt.« Er kratzte sich am Kopf und meinte: »Es ist etwas seltsam, aber ich selbst habe es überprüft. Karolas DNA stimmt zu zirka fünfzig Prozent mit der von Karl Birkner überein.«

»Wie bitte?«, erkundigte sich Habich erstaunt. »Bist du sicher?«

»Hundertprozentig«, nickte Berger.

»Das …, das würde ja bedeuten … Also, damit wäre der alte Birkner der Vater von Karola«, meinte der Hauptkommissar fassungslos.

»So sieht es nach unseren Untersuchungen aus«, bestätigte Berger.

»Ob Hermann Birkner das wusste?«

Jasmin, die bisher schweigsam zugehört hatte, mischte sich nun ein. »Warte mal«, überlegte sie, »Hermann Birkner hat doch vor einem Jahr die Nachfolgeregelung geändert. Möglicherweise hat er da erfahren, dass er nicht der Vater von Karola ist.«

Habich nickte energisch. »Das wäre durchaus möglich. Aber ob er auch erfahren hat, dass sein Vater der Erzeuger war? Wir werden morgen versuchen es zu klären.« Mit einem Blick auf die Uhr sagte er: »Chris hat sich bis jetzt noch nicht gemeldet. Mal sehen, ob er in Lugano etwas erreicht hat.« An Jasmin gewandt fragte er: »Willst du nicht dein Glück noch wegen der Listen versuchen? Dann kannst du morgen mit uns nach Iphofen fahren.«

»Sofort!« Die Kommissarin erhob sich unverzüglich und verschwand im Nachbarzimmer.

Gleichzeitig mit Jasmin verabschiedete sich auch der Kriminaltechniker. Zurück blieb ein nachdenklicher Hauptkommissar, der versuchte, die neuesten Erkenntnisse gedanklich einzuordnen. Schließlich schaltete er seinen Computer ab und entschied sich, etwas früher Feierabend zu machen. Ihm war eingefallen, dass sein Kühlschrank eine gähnende Leere aufwies, da er Ende vergangener Woche wegen seines Einsatzes im Archiv nicht zum Einkauf gekommen war. Mit den knappen Worten »Ich mache Feierabend« informierte er seine Kollegin und schloss sofort wieder die Tür, um nicht durch irgendwelche Bemerkungen aufgehalten zu werden.

Zwischen den Regalen des Supermarktes erreichte Theo der Anruf des Kollegen Rautner. »Hallo Theo, wollte dir nur Bescheid geben, dass ich morgen wieder zurück bin.«

»Okay, hat sich dein Trip gelohnt?«

»Ja, ich habe mit dem Doktor reden können. Alles Weitere morgen früh. Oder kannst du heute Nacht nicht schlafen, wenn ich dir jetzt nichts erzähle?«

»Da mach dir mal keine Gedanken, ich kann sehr gut schlafen. Auch wenn ich auf deine Neuigkeiten bis morgen warten muss. Jetzt muss ich mich aber um meinen Einkauf kümmern, sonst kann ich nicht schlafen, wenn ich weiß, dass nichts im Kühlschrank ist, wenn der kleine Hunger kommt.« Ohne auf Rautners Entgegnung zu warten, drückte Theo auf die rote Taste und trennte damit die Verbindung. »Was brauch ich jetzt noch alles?«, begann er ein halblautes Selbstgespräch und widmete sich erneut den Lebensmittelregalen.

*

Obwohl Habich gestern Abend behauptet hatte, nicht neugierig gewesen zu sein, so war er doch auf die morgendliche Besprechung mehr als nur gespannt. Hatte Jasmin mit den Passagierlisten Erfolg gehabt und die gesuchten Personen waren verzeichnet, so stand für ihn zweifelsfrei fest, dass die Namen Burgecker und Burger ein und denselben Personen galten. Noch viel mehr hoffte er auf gute Nachrichten von Rautner, damit er und Kriminaloberrat Schössler sich nicht umsonst bemüht hatten. Es war inzwischen der elfte Tag nach dem ersten Mord und sie waren dem Täter oder den Tätern noch keinen Schritt näher gekommen. Bisher gab es nur einen Kreis von Anfangsverdächtigen, die man so nach und nach hatte ausschließen können. Seine beiden Verdachtsmomente der Vergangenheit standen auch auf wackeligen Beinen. Jasmin zweifelte an seiner Theorie und er hatte gemischte Gefühle bei Rautners Ermittlungsrichtung. Es lag nicht daran, dass er an der Misshandlung des Mädchens zweifelte, die erschien ihm als erwiesen, aber an eine Verbindung zu ihrem Fall konnte er nicht so recht glauben.

Jasmin und Chris erwarteten ihn schon im Büro, wie immer mit der obligatorischen Tasse frischen Kaffees. Es herrschte Schweigen, bis Theo ins Zimmer seiner Kollegen trat und sich gesetzt hatte.

»Wer will beginnen?«, fragte er nur.

»Ladies first«, meinte Rautner mit einer großzügigen Geste.

»Also gut, ich versuche es so kurz wie möglich zu machen«, begann Jasmin, sah zuerst auf ihren Zettel und dann auf den Hauptkommissar. »Du hattest Recht! Und ja, es gibt solche Auswandererlisten noch. Sie befinden sich im Archiv der Handelskammer Bremen. Ich habe es trotzdem nur einem sehr netten Mitarbeiter dort zu verdanken, dass wir fündig wurden. Zuerst gab er mir zwar die Auskunft, es gäbe nur noch Dateien ab 1875 und ein Teil davon wäre den Bomben im Zweiten Weltkrieg zum Opfer gefallen. Daraufhin habe ich aber meinen Charme spielen lassen und er hat für mich nachgeschaut, ob nicht doch noch frühere Verzeichnisse existieren, und das Glück war mir hold. Scheinbar sind einzelne ältere Passagierlisten vom Zeitraum 1850 bis 1870 – wie auch immer – später wieder aufgetaucht und wurden nicht mehr vernichtet. Und was soll ich euch sagen, kurz vor Weihnachten – genau am heutigen Tag, also am 18. Dezember 1853 – lief die Segelfregatte ›*Padova*‹ von Bremen in Richtung New York aus. An Bord, laut der Liste, Ferdinand Burgecker und Clara Zirner mit ihren beiden Kindern.« Als Ergänzung fügte sie hinzu: »Das weiß ich so genau, weil die damals schon richtig gründlich waren und neben den kompletten Vor- und Nachnamen auch noch Geschlecht, Alter, Geburtstag – soweit bekannt –, Geburtsort, letzten Wohnort und dergleichen bis hin zum Zielort, Abreisedatum, Schiffstyp, Namen des Schiffes und noch einiges mehr festgehalten haben.«

»Hervorragend gemacht, Jasmin!«

»Halt, halt, es kommt noch besser. Der Mann aus dem Bremer Archiv gab mir noch einen Tipp. Ein ähnliches Prozedere soll es auch für die Ankunftshäfen gegeben haben. Dort wurden sogenannte Landungslisten erstellt und die Schiffskapitäne mussten neben den persönlichen Angaben über ihre Passagiere auch eine eidesstattliche Erklärung für sie abgeben. Ich hatte gestern dann Blut geleckt, nachdem mir der Mitarbeiter in Bremen weiterhin erzählte, diese Dokumente befänden sich jetzt in den National Archives in Washington D.C. und seien teilweise sogar mikroverfilmt. Also habe ich mich nach Washington gewandt. Jetzt kommt der schwierigere Teil ...«

»Ich dachte, du wolltest es kurz machen?«, konnte Rautner nicht mehr an sich halten und platzte in Jasmins Bericht.

»Du musst richtig zuhören. Ich habe gesagt, so kurz wie möglich«, wies sie Chris zurecht und fuhr mit der Schilderung ihrer Recherche fort. »Die größte Schwierigkeit ist, jemand an die Strippe zu bekommen, der sich auskennt. Nach mehrmaliger Weitervermittlung hatte ich schließlich eine Debbie Harper am Apparat. Die Frau schien kompetent zu sein. Es war trotz allem eine kleine sprachliche Herausforderung, ihr klarzumachen was ich wollte. Kurzum, ich habe es geschafft. Sie versprach mir gestern Abend, sich darum zu kümmern und mir alles, was sie findet, per E-Mail zuzuschicken.« Dieses Mal holte Theo Luft und wollte etwas sagen, kam aber nicht dazu. »Und siehe da, heute Morgen hatte ich eine Mail von Debbie.« Jasmin griff nach zwei Blättern und reichte sie ihren Kollegen. »Diese Landungsliste besagt, dass die ›*Padova*‹, mit der die Auswanderer Deutschland verlassen haben, am 13. Februar 1854 den Ankunftshafen New York erreichte. Aber es gibt eine Besonderheit und hier muss ich gestehen: Chapeau, Theo! Dein Gespür war nicht verkehrt«, sagte Jasmin und deutete mit dem Finger auf das Blatt. Die beiden Männer hatten die mit einem Marker rot gekennzeichneten Spalten schon gesehen. »Eingeschifft haben sich unsere Gesuchten als Burgecker und Zirner, an Land gegangen sind sie als Familie Burgecker. Hier an den markierten Zeilen könnt ihr erkennen, dass alle den gleichen Nachnamen führen, einschließlich der Kinder. Entweder haben sie auf dem Schiff geheiratet oder sie haben sich nur als Familie ausgegeben. Das lässt sich hieraus nicht ersehen und darüber werden wir sehr wahrscheinlich auch keine Informationen bekommen können.«

»Prima! Das wäre somit geklärt«, meinte Theo erfreut, »nun zu dir, Chris. Was hast du in Lugano in Erfahrung bringen können?«

»Der Doktor hat sich am Anfang ganz schön geziert, den Mund aufzumachen. Gut, dass ich einen Offiziellen von der Schweizer Polizei dabeihatte. Ich habe Leutnant Ambrosetti auf der Fahrt den Sachverhalt erklärt, weshalb er entsprechend mitgeholfen hat Druck zu machen. Schließlich hat Tschadlik klein beigegeben und erzählt. Diese Clique sind alles Bekannte aus Studienzeiten, aus der Politik und dem Golfclub. Nur widerwillig ist er mit acht Namen herausgerückt, davon leben mittlerweile drei nicht mehr. Ob er auch dazugehörte, hat er tunlichst verschwiegen, obwohl ich es vermute. Zumindest wusste er ziemlich genau über die Geschehnisse Bescheid. Auf jeden Fall haben sich diese Männer alle Vierteljahr zu einem ›*Herrenabend*‹ getroffen. Dabei ging es zünftig her. Es wurde gepokert, es wurde getrunken und zu späterer Stunde kamen auch junge Damen dazu. Ob da auch noch andere Mittelchen oder bunte Pillen eingeschmissen wurden, darüber hat sich der liebe Doktor nicht geäußert. Nun gab es in der Runde bei einigen den Hang zu noch ›*jüngerem Fleisch*‹, wie sich Tschadlik ausdrückte. Leider konnte diesem Wunsch nicht immer entsprochen werden …«

»Komm zur Sache. Was ist denn nun damals passiert?«, unterbrach der Hauptkommissar ungeduldig.

»Langsam, langsam! Ich will meine Geschichte auch auskosten und von Anfang bis Ende erzählen, so wie Jasmin«, beschwerte sich Rautner.

»In Gottes Namen, mach hin, wir haben nicht den ganzen Tag Zeit.«

»Wie ich eben schon angemerkt habe, war es scheinbar nicht jedes Mal möglich, allen Wünschen der ›*Herren*‹ gerecht zu werden. So auch an diesem Abend, der auf dem Landsitz eines Unternehmers stattfand. Nun wollte es das Unglück, dass es auf diesem Gut einen neuen Verwalter gab, der eine vierzehnjährige Tochter hatte. Das junge Mädchen ist gutgläubig in die Gesellschaft geraten und das Schicksal nahm seinen Lauf …«

»Warum gab es von Seiten des Verwalters nie eine Anzeige oder Ähnliches?«

»Der Mann war geschieden, hatte das Sorgerecht für seine Tochter und hätte dies vielleicht verloren, wenn es an die Öffentlichkeit gekommen wäre. Zudem bekam er eine Jobgarantie und eine großzügige finanzielle Abfindung. Da der

Mann wegen der Scheidung klamm war und dringend den Job brauchte, hat er geschwiegen und auch seine Tochter dazu gebracht zu schweigen. Was da genau an Zuwendungen geflossen ist, wusste Tschadlik auch nicht …«

»Jetzt das Wichtigste, die Namen.«

Rautner holte ein Notizbuch hervor und las die Namen daraus vor. Theo schlug die Hände vors Gesicht und stöhnte. Alle Genannten bis auf zwei waren ihm mehr oder weniger von früher her bekannt.

»Das gibt immer noch ein mittleres Erdbeben, wenn wir zu ermitteln anfangen, selbst wenn schon welche verstorben sind. Was ist mit Karl Birkner, wie hängt der da mit drin?«

»Er gehörte definitiv zu der Gesellschaft, aber welche der Männer explizit an dieser Geschichte mit dem Mädchen beteiligt waren, konnte oder wollte uns der Doktor nicht sagen. Aber das eigentlich Interessante kommt zum Schluss«, versuchte Chris die Spannung zu steigern. »Wisst ihr, wie der Verwalter heißt?« Nach der Frage machte Rautner eine mehrere Sekunden dauernde Pause. »Sagt euch der Name Issing etwas?«

»Issing … Issing«, überlegte der Hauptkommissar, »ist das nicht der Name der Mitarbeiterin in Birkners Weingut, diese Jessica Issing? Könnte es da einen Zusammenhang geben? Hat nicht die alte Krankenschwester, bei der du warst, den Vornamen Jenny oder Jessy genannt?«

»Ganz genau! Jessy steht für Jessica und ihr Alter kommt auch hin. Die Frau bei den Birkners könnte das Mädchen sein, das damals das Leid ertragen musste.«

»Das werden wir die Dame fragen. Aber zuerst haben wir noch einen Termin beim Kriminaloberrat.« Sofort rief Habich den Chef der Mordkommission an. »Wir können zu ihm kommen«, sagte Habich zu Rautner, nachdem er aufgelegt hatte, erhob sich und machte mit dem Kopf ein Bewegung, die Chris andeutete, dass er ihm folgen solle. »Jasmin, versuch du doch noch ein bisschen was über Jessica Issing zu erfahren«, gab er noch schnell seine Anweisung, bevor die beiden Männer zur Tür draußen waren.

Ein weiteres Mal musste sich Habich den Bericht von Rautner anhören, der Kriminaloberrat Schössler ins Bild setzte. Mit unbewegtem Gesicht hörte sich der hagere Mann mit dem blassen Äußeren an, was sein junger Kommissar in der Schweiz in Erfahrung gebracht hatte. Wie immer verlor er dabei nicht viele Worte. Wer Schössler länger kannte, so wie Habich, dem war klar, dass dieser, während er noch zuhörte, sich die nächsten Schritte bereits überlegte. Schon länger im Dienst als Habich und besser mit diesen Kreisen vertraut, kannte der Kriminaloberrat sicherlich alle Namen der Beteiligten mindestens ebenso gut wie sein Hauptkommissar.

Kaum hatte Rautner geendet, fragte Schössler: »Eine offizielle, vielleicht sogar unterschriebene Aussage haben wir aber nicht, oder?«

»Nein.« Rautner schüttelte den Kopf und räumte gleichzeitig ein: »Und Doktor Tschadlik hat mir deutlich zu verstehen gegeben, dass er nicht bereit ist, seine Angaben vor Gericht zu wiederholen.«

»Dann könnten wir nur noch diese Jessica Issing dazu bewegen, eine Anzeige zu erstatten, ansonsten sehe ich keine Chance, die Strafsache zu verfolgen. Wir haben keine brauchbare Aussage und keinen Zeugen. Alle, die damals damit zu tun hatten, werden auch weiterhin in ihrem eigenen Interesse schweigen oder schweigen sowieso schon für immer. Es gibt noch eine einzige Chance, die verbliebenen Täter ihrer gerechten Strafe zuzuführen.« Schössler verließ seinen Bürosessel, trat ans Fenster und schaute hinaus. Augenblicke später drehte er sich um, zupfte seinen Anzug zurecht und sagte: »Klären Sie, ob Ihre Frau Issing die Richtige ist, und falls ja, überzeugen Sie die Frau, dass sie auch jetzt noch versuchen kann ihre Peiniger hinter Gitter zu bringen. Mehr gibt der Sachverhalt zurzeit nicht her.« Er setzte sich wieder und sah von einem Kommissar zum anderen. »Aber andersherum sehe ich jetzt auch bei Jessica Issing ein Motiv, sich zumindest an Karl Birkner zu rächen, wenn sie das junge Mädchen von früher ist.«

»Wieso erst jetzt?«, traute Rautner sich einzuwenden. »Sie ist schon drei Jahre im Betrieb und ist dem alten Birkner schon zigmal über den Weg gelaufen …«

»Trotzdem könnte sie ihn erst später wiedererkannt haben, schließlich sind über zwei Jahrzehnte vergangen. Womöglich hat sie sich erst vergewissert, ob er es tatsächlich ist, und auf eine passende Gelegenheit gewartet«, schaltete sich Habich in die Überlegung ein.

»Meine Herren, wenn Sie hier sitzenbleiben und weiterhin nur Vermutungen anstellen, werden Sie es nie herausbekommen.« Mit diesen eindeutigen Worten beendete der Kriminaloberrat die Besprechung.

Zurück im eigenen Büro entschied der Hauptkommissar: »Wir fahren alle nach Iphofen und teilen uns auf. Jasmin, Chris, ihr zwei geht ins Weingut und sprecht mit Waltraud Birkner wegen ihrem ›*Kuckuckskind*‹ und mit Jessica Issing wegen der alten Geschichte. Ich finde, da ist es besser, wenn eine Frau mit dabei ist«, meinte er an Jasmin gerichtet. »Ich werde mir Karola und diesen Tomas Burger vorknöpfen.«

Die beiden jungen Kommissare nahmen den Dienstwagen. Chris hatte darauf bestanden, da er so gut wie möglich Jasmins Fahrweise entgehen wollte. Bei dem Dienstfahrzeug hatte er die Schlüsselgewalt und die gab er so schnell nicht aus der Hand, wenigstens nicht bei seiner Kollegin. Theo fuhr in seinem privaten BMW hinterher. Ihm war es sowieso am liebsten, wenn er alleine war und seinen Gedanken nachgehen konnte. Die leise Musik aus dem Radio störte ihn dabei nicht. Auch heute war er am Grübeln, während er sich auf das Heck des vor ihm fahrenden schwarzen Dienstwagens konzentrierte. Was würden sie noch über die Familie Birkner zutage fördern? Die tolle äußere Fassade des Weingutes und der Familie schien zu bröckeln. Da taten sich mehr Abgründe auf, als sich der Hauptkommissar und seine Kollegen hatten vorstellen können. Der ausgegrenzte Künstler, seine geltungsbedürftige Schwester, eine fremdgehende Schwiegertochter, ein uneheliches Kind, eine kriselnde Ehe und jetzt noch der Senior ein Kinderschänder, wenn er denn beteiligt war. Jedenfalls war er dabei gewesen, denn er stand auf der Liste, die Chris aus der Schweiz mitgebracht hatte. Für alle an dem bewussten Abend Beteiligten würde es eine Rufschädigung über den Tod hinaus sein, falls sich Jessica Issing dazu entschied, etwas zu unternehmen. Ob auch das Weingut wirtschaftlich darunter leiden würde, wenn die Sache an die Öffentlichkeit käme?, überlegte Habich. Was konnten spätere Generationen für die Verfehlungen ihrer Väter und Großväter? Aber so war die Menschheit nun mal, gute Taten wurden weitaus schneller vergessen als schlimme Dinge. Er schweifte ab zu Tomas Burger, während sie Kitzingen erreichten und sich von Ampel zu Ampel in kleinen Etappen vorwärtsquälten. Hatte Jasmin womöglich recht mit ihrem Einwand, dass die Familie Burger gar keinen Grund hatte, nachtragend zu sein, selbst wenn damals nicht alles mit rechten Dingen zugegangen sein sollte? Eine neue Frage tauchte in Habichs Kopf auf. War es Zufall oder steckte ein Grund dahinter, dass Burger gerade mit Karola liiert war. Hatte er bewusst ihre Nähe gesucht?

Über die letzten Ampeln der Kitzinger Siedlung hinweg genoss Theo den Anblick des Schwanberges und des dortigen Schlosses, das halb verdeckt durch Büsche und Bäume zu sehen war, genauso wie die riesigen Antennenmasten, die dort standen. Einen optisch noch schöneren Reiz als die Silhouette der Erhebung boten die Weinberge an seinen Hängen und zu Füßen des Berges. Leider weckte das Ganze bei ihm nicht nur angenehme Erinnerungen. Auf dem rund 400 Meter hohen Berg hatten sie im Rahmen eines früheren Falles verzweifelt nach Jasmin gesucht, die dort droben verschwunden war. Genau wie heute hatte die Vergangenheit damals eine Rolle gespielt, nur dass sie bis zurück zu den Kelten gereicht hatte. Dagegen war manch einer der Orte im Kitzinger Landkreis mit seinen teilweise gut erhaltenen Befestigungsmauern, Toren und Türmen für ihn ein Augenschmaus. Ihm fielen neben Iphofen und Mainbernheim – an dem sie gerade vorbeifuhren – auf die Schnelle noch Sulzfeld, Dettelbach und Prichsenstadt ein. Die durch die alten Gemäuer noch sichtbar und lebendig gebliebene Historie war einer von Theos Beweggründen, sich hier in der Region wohl zu fühlen. Nicht zu vergessen natürlich das Zugpferd Nummer eins, der Frankenwein, der stetig an Beliebtheit gewann. Immer mehr Touristen sahen das auch so, weswegen sich vom Frühjahr bis zum Spätherbst ziemlich viele Fremde hier in der Region tummelten. Nur in den Wintermonaten fiel die Gegend in eine Art Dornröschenschlaf, wie der Hauptkommissar immer scherzhaft behauptete. Habichs nostalgische Phase endete, als sie Iphofen erreicht hatten und ihn die Erschütterungen des Kopfsteinpflasters wieder in die Wirklichkeit holten. Während Rautners Dienstwagen am Julius-Echter-Platz rechts Richtung Birkners Weingut abbog, fuhr Habich weiter in die Maxstraße. Erneut hatte er Glück und fand einen Parkplatz gleich vor Karola

Birkners Haus. An einem Wochentag zu dieser Jahreszeit waren die Chancen größer, innerorts eine Parkmöglichkeit zu finden, als im Rest des Jahres.

Hoffentlich traf er überhaupt jemand an, sonst hatte er den Weg umsonst gemacht, kam es ihm in den Sinn, als er ausstieg. Durch die Besprechungen und Diskussionen im Büro war er gar nicht auf die Idee gekommen, dass niemand da sein könnte. Er verwarf den negativen Gedanken, da es nun eh zu spät war, etwas zu ändern. Entschlossen drückte er den Klingelknopf. Die Nachbarin vom ersten Besuch ließ sich heute nicht blicken. Wieder wurde seine Geduld auf die Probe gestellt und er betätigte den Knopf ein weiteres Mal. Schon wollte er aufgeben und sich abwenden, als er im Haus ein Geräusch vernahm. Es klang wie heftiges Husten und wie wenn sich jemand die Nase putzte. Gleich darauf wurde die Haustür einen Spalt geöffnet und der Hauptkommissar gewahrte einen mitleidsvollen Anblick. Rotgeschwollene und tränende Augen, ein rotleuchtendes Etwas, das an eine Nase erinnerte, wirres Haar à la Pumuckl und eine Hand mit einem Papiertaschentuch waren das Erste, was Habich sah. Dann folgte eine raue Stimme, bei der man sofort die angegriffenen Stimmbänder und den starken Schnupfen oder Schlimmeres heraushörte.

»Ach, Sie schon wieder, Herr Kommissar. Was gibt's denn noch?«

»Ich hätte da noch ein paar Fragen.«

»Sie sehen ja, dass es mir nicht gut geht«, versuchte Karola ihn mit heiserer Stimme abzuwimmeln.

»Dauert auch nicht lange«, blieb Theo hartnäckig.

»Na dann, meinetwegen. Kommen Sie rein«, gab die junge Birkner überraschend schnell auf. Die Tür öffnete sich noch ein kleines Stück, sodass der Besucher gerade so hineinschlüpfen konnte. Mit dicken Socken und in eine bunte Decke eingewickelt ging Karola voraus in das gleiche Zimmer, in dem Habich schon einmal gewesen war. Nur gab es mehrere Veränderungen im Vergleich zu seinem ersten Besuch. Die Unordnung war bedeutend größer, der Fernseher lief und der Raum war völlig überhitzt. Der Tisch war belagert mit Medikamenten, gebrauchten Taschentüchern, Essensresten und Zeitschriften. Auf dem Sofa erweckten mehrere Kissen und zwei Decken den Anschein, als wenn das Sitzmöbel derzeit zur Übernachtung diente. Scheinbar hatte Karola gerade ein verspätetes Frühstück, bestehend aus Tee, Toast und Marmelade, zu sich genommen. »Treten Sie näher, wenn Sie auch eine fette Erkältung haben wollen«, sagte sie etwas sarkastisch und ließ sich in die weiche Bettwäsche ihres Krankenlagers sinken.

»Ich hoffe, das kann ich vermeiden«, entgegnete der Hauptkommissar und blieb vorsichtshalber auf Abstand. Er war am Überlegen, ob er der jungen Frau raten sollte, mal etwas frische Luft ins Zimmer zu lassen, da er den Sauerstoffgehalt als ziemlich niedrig empfand, entschied sich aber dagegen. Schließlich war es nicht sein Auftrag, Krankenpfleger zu spielen. Dafür zog er aber demonstrativ seine dicke Jacke aus, da ihm schon nach kurzer Zeit die ersten Schweißperlen auf die Stirn traten. Jetzt einen Aufguss und die Sauna ist fertig, dachte er dabei.

»Sorry, aber ich kann die Wärme im Moment gebrauchen.« Ein schiefes Lächeln deutete an, dass sie Habichs Hitzewallung mitbekam. »Fragen Sie, umso schneller sind Sie hier wieder draußen«, forderte Karola den Hauptkommissar auf.

»Wo ist eigentlich Ihr Freund?» Habich sah sich dabei um und nahm unaufgefordert auf dem Bürostuhl Platz, auf dem beim letzten Mal Burger gesessen hatte.

»Tomas? Was wollen Sie von ihm?«, erkundigte sich die Kranke mit einem Anflug von Neugier und gleichzeitigem Misstrauen.

»Einfach mit ihm reden. Er hat Dinge im Archiv recherchiert, die auch für uns von Interesse sein könnten.«

Mit leicht gesenktem Kopf, sich dabei herzhaft in ein Taschentuch schnäuzend, erklärte sie: »Er hält eine Vorlesung, seine letzte für dieses Jahr vor der Weihnachtspause. Aber sprechen werden Sie ihn nicht können, da er danach in die Staaten zu seiner Familie fliegt, wo er die Feiertage verbringen will.«

»Ach so«, nickte Habich gelassen, fast wie gelangweilt, obwohl seine Gedanken ganz andere waren. Sollte seine Vermutung stimmen, so würde der Herr Doktor vielleicht nicht mehr wiederkommen und war für sie als Zeuge oder sogar als Verdächtiger verloren. Gleich nach dem Gespräch müsste er etwas dagegen unternehmen. »Nun aber erst mal zu Ihnen. Ich möchte gerne von Ihnen wissen, warum Sie so ein schlechtes Verhältnis zu Ihrem Vater und Großvater hatten.«

»Hab ich das?«, fragte Karola mit einem Unschuldsblick, mit dem sie genauso gut hätte versuchen können Steine zum Erweichen zu bringen.

»Verdammt noch mal, verkaufen Sie mich nicht für blöd.« Habich verlor die Geduld. »Sie sind ebenso eine Außenseiterin in der Familie wie es Ihr Onkel, der Künstler, ist.«

»Vielleicht will ich es so. Auf jeden Fall macht es mir nichts aus. Ich brauch diese ganze scheinheilige verlogene Bande nicht.«

»Das war keine Antwort auf meine Frage.«

»Sie werden es sicherlich selbst herausfinden, wenn Sie nur lange und tief genug graben.«

»Hermann Birkner hat Sie vor einem Jahr aus der Nachfolge für das Weingut ausgeschlossen ...«

»Ich hatte daran sowieso noch nie Interesse.«

»Trotzdem ist es keine Erklärung dafür, dass Sie plötzlich so grundlos Ihre Erbansprüche an dem Weingut verlieren. Oder ist es nicht ganz grundlos?« Die Gefragte gab keine Antwort. »Hat er damals erfahren, dass Sie nicht seine Tochter sind?«

Ruckartig hob Karola den Kopf. Sie starrte Habich an. »Woher wissen Sie …«

»Oh, die Polizei hat schon so ihre Möglichkeiten und ›*wir graben sehr tief*‹, wie Sie vorhin selbst angemerkt haben.«

»Mein V…, äh, Hermann nannte mich plötzlich einen Bastard, als ich das letzte Mal im Weingut auftauchte. Meine Mutter betitelte er als ein Flittchen und war ganz erbost. So habe ich ihn noch nie erlebt. Ich wusste gar nicht, worum es ging und was er wollte. Als er weg war und ich mich beruhigt hatte, habe ich darüber mit meiner Mutter gesprochen. Sie hat bestätigt, dass Hermann nicht mein Vater ist, wollte aber nicht damit herausrücken, wer es dann ist. Dann meinte sie, sie wäre damals jung und dumm gewesen, sonst wäre es nicht so gekommen, wie es nun sei. Vielleicht würde sie mir irgendwann mal die Wahrheit erzählen.« Ob die Tränen vom Schnupfen kamen oder einen anderen Grund hatten, konnte der Hauptkommissar nicht zweifelsfrei feststellen. Nur, dass die Sache nicht so spurlos an ihr vorbeigegangen war, wie sie nach außen hin glauben machen wollte, erkannte Theo sofort. »Das hat mich in meiner Meinung bestärkt, mich von dieser Familie fernzuhalten. Ich will mit denen nichts mehr zu tun haben und hatte auch seither keinen Kontakt mehr.«

»Und was hatten Sie gegen Ihren Großvater?«

»Er hat mich ständig genervt und mir Vorhaltungen gemacht, weil ich mich nicht für das Weingut interessiere und nach dem Abi nicht studiert habe.«

Wenn es stimmte, dass Karola bis vor einem Jahr nicht wusste, wer ihr eigentlicher Vater war, gab es für sie auch keinen Grund, den Männern etwas anzutun. Gut, so eine Beleidigung und Diffamierung ihrer eigenen Person von der bisherigen Vaterfigur musste erst mal verkraftet werden, aber deswegen zu morden? Und dann gleich Karl, Hermann und Andreas Birkner zusammen ins Visier zu nehmen, hielt der Hauptkommissar für sehr zweifelhaft. Vor allen Dingen war der Vorfall schon ein Jahr her. Warum hätte sie jetzt erst darauf reagieren sollen und nicht schon kurz nach dem Geschehnis, ging es Habich durch den Kopf.

Er runzelte die Stirn. »Haben Sie sonst mit jemand über Ihre veränderte Situation gesprochen? Ich meine, dass Sie …«

»Ja, ja, ich habe verstanden, was Sie meinen. Nein, eigentlich nicht …«, murmelte Karola hinter ihrem Taschentuch hervor, dann stockte sie. »… doch … äh, ich glaube, ich habe mit Tomas darüber gesprochen. Ich war damals so aufgewühlt und musste mit jemandem reden.«

»War das zu dem Zeitpunkt, als Doktor Burger zum ersten Mal hier in Iphofen war?«

Die junge Frau nickte und lächelte doch tatsächlich kurzzeitig. »Das war da, wo wir uns kennengelernt haben. Er war ein guter Zuhörer.«

»Und sonst haben Sie mit niemand darüber gesprochen? Auch nicht mit Hannes Birkner vielleicht oder sonst einer Person aus dem Verwandten- oder Bekanntenkreis?«

»Nein, ganz sicher nicht«, behauptete sie fest. Ihr Handy, dass auf dem Tisch lag, begann zu klingeln und Karola hob ab. »Hi, Noah«, begrüßte sie den Anrufer mit ihrer verschnupften Stimme und schüttelte während des Zuhörens den Kopf. »Danke für deine Fürsorge, aber ich brauche nichts. Ich muss Schluss machen, die Polizei ist bei mir.« Gleich darauf legte sie auf und das Handy zurück auf den Tisch.

»Gut, das war's fürs Erste«, beendete Habich die Befragung und erhob sich. Mit den Worten »Ich finde alleine hinaus«

machte er sich auf den Weg zur Tür, als er sich nochmal umdrehte. »Wussten Sie eigentlich, dass Sie die Stelle im Hotel Traube Ihrem Onkel Andreas verdanken, der jetzt im Würzburger Klinikum um seine Gesundheit ringt?«, dramatisierte Theo etwas die Lage des Patienten.

»Nein … das … das wusste ich nicht.« Die Überraschung, die Karola zeigte, beurteilte der Hauptkommissar als echt. Sie schien tatsächlich keine Ahnung gehabt zu haben.

»Er hat für Sie ein gutes Wort bei Ihrer Chefin eingelegt Sie einzustellen, also können nicht alle Birkners so schlecht sein«, sagte Habich abschließend, drehte sich erneut um und verließ das Zimmer, ohne auf eine weitere Bemerkung zu warten. Im Flur zog er seine Jacke an und trat aufatmend vor die Haustür. War das Wetter nicht gerade das angenehmste, war es draußen aber immer noch besser als in dieser Brutstätte für Viren und Bazillen, die er gerade verlassen hatte.

Theos nächster Schritt war die telefonische Anweisung, Doktor Burger daran zu hindern abzufliegen und ihn stattdessen nach Würzburg auf die Dienststelle zu bringen.

*

Im Weingut herrschte Hochbetrieb, als Blume und Rautner dort ankamen. Bis auf eine Ausnahme waren alle Parkplätze belegt. Wahrscheinlich stand auf so mancher Geschenkeliste für Weihnachten ein guter Schluck Frankenwein, daher der Run auf die edlen Tropfen. Vielleicht brauchte man ihn aber auch zum Anstoßen beim Festbraten, für den besinnlichen Abend unter dem Weihnachtsbaum, einfach nur, um die Festtage gut zu überstehen, oder schon für die geplante Silvesterparty. Auf jeden Fall fanden reichlich Weinkartons den Weg in die Kofferräume oder auf die Rücksitze der geparkten Pkws.

Angesichts des regen Kundenzulaufes hielt sich Waltraud Birkners Begeisterung deutlich in Grenzen, als die beiden jungen Kommissare auftauchten und nach Jessica Issing fragten.

»Sie sehen doch, was hier los ist. Sie wird irgendwo im Lager Bestellungen zusammenstellen«, sagte sie und wirkte dabei ein bisschen genervt, während sie gerade Kundschaft verabschiedete. Sämtliche Frauen des Weingutes waren im Einsatz. Cornelia Birkner, die Frau von Andreas, betreute in einem anderen Teil des Verkaufsladens ein älteres Ehepaar und selbst Waltrauds Schwiegertochter, Diana, war im Einsatz und mit Kunden beschäftigt. Die Frau von Stefan hatte sich Urlaub von ihrem Job als Arzthelferin genommen, solange alle Hände im Weingut gebraucht wurden.

»Dann machen wir uns mal auf die Suche«, meinte Rautner ungerührt trotz der abweisenden Reaktion von Waltraud Birkner. »Wir möchten uns später auch noch mit Ihnen unterhalten«, gab Chris ihr zu verstehen.

»Muss das heute sein?«

»Wir machen auch nur unsere Arbeit und können Sie genauso auf die Dienststelle vorladen. Das ist für Sie noch umständlicher und kostet noch mehr Zeit. Nehmen Sie sich nachher ein paar Minuten und Sie sind uns danach wieder los, falls …«

Demonstrativ wandte sich die Frau der nächsten Kundschaft zu und ließ die beiden Kommissare einfach stehen.

»Komm, lass sie«, sagte Jasmin und stupste ihren Kollegen an, »später ist es vielleicht etwas ruhiger.«

In einer der weitläufigen Lagerhallen fanden sie Jessica Issing, die mit einem Hubwagen unterwegs war, auf der eine Holzpalette lag, die Jessica mit Kartons unterschiedlicher Weinsorten bestückte. Sobald sie die zwei Kommissare bemerkte, hob sie den Kopf und unterbrach ihre Arbeit. Einen

Moment lang starrte sie die beiden an, bevor sie die spitzzüngige Bemerkung losließ: »Oh, dieses Mal kommt der Herr Kommissar mit Verstärkung. Habe ich Ihnen beim letzten Gespräch Angst gemacht?«

Rautner ignorierte die Bemerkung und konfrontierte die Frau stattdessen direkt mit dem Grund ihres Besuches. »Wir würden gerne mit Ihnen über eine bestimmte Angelegenheit sprechen, die Ihnen vor rund fünfundzwanzig Jahren passierte. Ich denke, Sie wissen, wovon ich rede.«

Die Angesprochene wurde schlagartig blass und schluckte so heftig, dass ihr Adamsapfel unruhig zu hüpfen begann. Trotzdem startete sie einen kläglichen Versuch, die Unwissende zu spielen. »Ich habe keine Ahnung, was Sie meinen.«

»Ach kommen Sie, ich dachte, diesen Teil des Spielchens könnten wir auslassen«, knurrte Chris gereizt angesichts der Ahnungslosigkeit, die Jessica vorgab. »Wir haben genug Beweise und Zeugenaussagen, dass Sie das junge Mädchen sind, das damals in die Klinik eingeliefert wurde«, bluffte Rautner.

»Welches junge Mädchen? Welche Klinik? Was reden Sie da?«, ereiferte sich Jessica.

»Das Mädchen, das von mehreren Kerlen sexuell misshandelt wurde.«

Bevor Rautner die Frau weiter provozieren konnte, schaltete sich Jasmin ein. Sie versuchte es auf die einfühlsame Art. »Tut uns leid, wieder alles aufwühlen zu müssen, aber wir sind im Rahmen unserer Ermittlungen über die damaligen Ereignisse gestolpert.« Jasmin spürte, wie Jessicas Widerstand nachließ. Es herrschte einen kurzen Augenblick Schweigen und Blume gab ihrem Kollegen durch ein Zeichen zu verstehen, die Frau einen Moment in Ruhe zu lassen.

Jessica setzte sich auf eine Palette voller Weinkartons und

starrte vor sich auf den Betonboden. Dann plötzlich hob sie den Kopf, sah die beiden Polizisten mit tränenfeuchten Augen an und sagte: »Eigentlich hatte ich die Geschichte endgültig abgehakt. Aber scheinbar holt einen auch nach so langer Zeit die Vergangenheit immer noch ein. Was wollen Sie wissen?«

»Was damals genau passierte und wer die Schuldigen waren«, preschte Rautner wieder vor.

Jasmin warf Chris einen vorwurfsvollen Blick zu und bedeutete ihm, ihr die Befragung zu überlassen. »Rein theoretisch müssen Sie gar nichts dazu sagen, aber wie mein Kollege schon andeutete, haben wir Kenntnisse von der alten Geschichte erhalten und es gibt eine Verbindung zu unserem aktuellen Fall.« Nach diesen Worten blieb Jessica schweigsam und so fuhr Kommissarin Blume mit ihren Ausführungen fort. »Im Prinzip können Sie Ihre Peiniger sogar heute noch verklagen. Die Frist der Verjährung ist noch nicht abgelaufen.«

»Und was soll mir das bringen? Alle drei sind inzwischen tot«, sagte sie kaum hörbar.

»War Karl Birkner auch dabei?«

»Ja«, nickte die Rothaarige, »aber ich habe ihn nicht umgebracht, wenn Sie das denken.«

»Ich finde es aber schon etwas seltsam, bei einem Ihrer Peiniger in Lohn und Brot zu stehen«, konnte Rautner nicht an sich halten.

»Da haben Sie durchaus Recht«, bestätigte Jessica, »aber es ist anders, als Sie glauben.«

»Dann erzählen Sie doch einfach mal, wie es wirklich ist oder war«, forderte sie der angehende Oberkommissar auf.

So als wenn sie sich Mut machen müsste, holte Jessica tief Luft, ehe sie zu erzählen begann: »Ich war damals vierzehn Jahre alt und meine Eltern waren gerade geschieden worden. Meine Mutter hatte irgendwelche psychischen Probleme und so erhielt mein Vater das Sorgerecht für mich. Ausschlaggebend war unter anderem der neue Job auf dem Gut des Unternehmers …«, Jessica Issing überlegte kurz, »… Schornhardt. Ja, genauso hieß er. Dort wurde er als ›*Mädchen für alles*‹ eingestellt. Wissen Sie, so ein bisschen Hausmeister, ein bisschen Gärtner, ein bisschen Mechaniker, schließlich war mein Vater handwerklich begabt. Manchmal durfte er auch Chauffeur spielen. Dann kam der besagte Abend. Für meinen Vater war es die erste dieser Zusammenkünfte, bei denen er mit dafür verantwortlich war, dass alles perfekt funktionierte. Sein Chef hatte ihm eingeschärft, dass wichtige Geschäfts- und Parteifreunde kommen würden, die zufrieden gestellt werden sollten. Es waren sechs, sieben oder sogar acht Männer, so ganz genau weiß ich es nicht mehr und sie kamen vom Golfspielen, habe ich mitbekommen …«

»Und wie kam es dann zu diesem … diesem Übergriff?«, erkundigte sich Chris.

»Die Herrschaften haben zuerst ganz gesittet und vornehm gegessen und getrunken, danach begannen sie ausgelassen zu feiern«, sie lachte etwas gezwungen. »Eigentlich bin ich selbst mit daran schuld, was später passierte. Ich war jung, dumm und neugierig. Diese Männer mit ihrem Geld und Einfluss – mein Vater hat mir das so erzählt – haben mich fasziniert, da es eine andere und neue Welt für mich war. Zu späterer Stunde kam letztendlich noch so ein Großraumtaxi und brachte ein paar junge Damen. Dass es Professionelle waren, habe ich erst danach durch meinen Vater erfahren. Die Feier wurde nach deren Eintreffen noch ausgelassener und ich immer neugieriger. Daraufhin habe ich mich ins Haus geschlichen, wurde unvorsichtig und nach Kurzem prompt erwischt. Zwei der alkoholisierten Männer haben mich gepackt und in ein Zimmer gebracht, ein dritter kam dazu.«

Hier unterbrach Jessica ihren Bericht kurzzeitig und schlug die Hände vor das Gesicht, ehe sie stockend weitersprach. »Es … Es war grauenhaft. Lange hatte ich Alpträume … oder konnte nicht schlafen. Ich weiß nicht … Also, bis heute habe ich keine Ahnung, ob die Männer glaubten … Dass sie vielleicht dachten, ich gehöre zu den anderen Mädchen. Ich … Ich habe mich gewehrt, aber sie hielten das für eine Inszenierung, die dazugehört. Zwei Sätze sind mir noch in Erinnerung geblieben: ›*Endlich mal eine richtig kleine niedliche Wildkatze*‹ und ›*Lasst uns das Täubchen vernaschen*‹, dann weiß ich nicht mehr viel. Doch! Als Nächstes vernahm ich eine laute energische Stimme, die rief: ›*Seid ihr verrückt, das ist die Tochter meines Angestellten.*‹ Wie viel Zeit dazwischen lag, kann ich nicht mehr sagen, aber nach den Worten ließen die Männer von mir ab. Na ja, den Rest mit dem Krankenhaus und so wissen Sie ja.«

»Und wie kommen Sie jetzt zu Birkner?«

Jessica sah Rautner fest in die Augen. »Es dauerte fast zehn Jahre, bis ich mein Trauma überwunden hatte. Nachdem ich mein Leben so langsam wieder im Griff hatte, kam die Wut auf die Männer. Ich habe mir immer wieder vorgestellt, dass ich diesen Kerlen etwas antue. Dann habe ich angefangen nachzuforschen und dabei erst gar nicht gemerkt, wie meine Wut immer schwächer wurde, so sehr war ich beschäftigt. Ich habe wieder und wieder mit mir gehadert, soll ich oder soll ich keine Anzeige machen. Zuerst natürlich gegen unbekannt, da ich zu dem Zeitpunkt noch keine Namen wusste. Als ich aber dann die Namen kannte, kam es mir plötzlich so sinnlos vor, etwas gegen sie zu unternehmen. Wer hätte mir geglaubt oder für mich ausgesagt? Wie ich schon erwähnte, eigentlich hatte ich durch meine Unvorsichtigkeit mein Unglück selbst mit heraufbeschworen, obwohl das die Triebhaftigkeit dieser Kerle nicht rechtfertigen soll. Selbst mein geldgeiler Vater dachte nur an sich und hat mir abgeraten …«

»Das erklärt aber immer noch nicht, wie Sie nun hierherkommen.«

»Trotz meiner Zweifel habe ich die drei nach und nach aufgesucht und musste feststellen, dass sie mittlerweile alte bedauernswerte Männer geworden waren, zumindest die ersten beiden. Ich erfuhr, dass sie krank waren, und sie sind dann auch im Abstand eines Jahres gestorben.« Ihr Blick ging abwechselnd zwischen Jasmin und Rautner hin und her. »Aber nicht dass Sie denken, ich hätte was mit deren Tod zu tun.« Jessica Issing schüttelte energisch den Kopf. »Nein, nein, es waren natürliche krankheitsbedingte Todesfälle. Schließlich kam ich hierher zu den Birkners. Ich … Ich wollte wissen, wie so ein Mensch privat mit seiner Familie lebt. Deswegen habe ich begonnen hier zu arbeiten, obwohl mir das am Anfang schwerfiel, hauptsächlich als ich dem alten Birkner immer wieder über den Weg lief. Dann trat etwas ein, womit ich nie gerechnet hätte. Nach einer gewissen Zeit verliebte ich mich in Andreas Birkner. Zuerst war es nur einseitig, aber irgendwann ist er auf mich und meine Gefühle für ihn aufmerksam geworden und hat sie erwidert.

»Das heißt, Sie haben ein Verhältnis mit Andreas Birkner?«

»Es ist kein Verhältnis, er liebt mich.«

»Weiß seine Frau davon?«

»Ich denke nicht. Er ist zu feige, es ihr zu sagen und zu mir zu stehen. Ich habe erst letztens wieder mit ihm darüber gesprochen.«

Rautner kam etwas in den Sinn. »Kann es sein, dass Andreas Birkner an dem Abend, als er überfallen wurde, bei Ihnen war?«

»Ja, er ist kurz vor 22 Uhr gegangen.«

»Und wissen Sie noch, wo Sie am Dienstag letzter Woche abends ab 19 Uhr waren?«

Die Gefragte starrte Rautner an. »War das nicht der Abend, an dem Hermann starb? Wollen Sie etwa … Verdächtigen Sie mich?«, fragte sie empört.

»Nur der Form halber«, beschwichtigte Chris, »wir fragen jeden, der mit den Birkners zu tun hat.«

»Da war ich zuhause … Alleine!«

»Okay! Jetzt noch eine letzte Sache und wir sind fertig. Da ihre drei Peiniger von damals alle tot sind, können Sie wegen der sexuellen Übergriffe ja nun keine Anzeige mehr anstreben. Oder gab es da noch andere, die daran beteiligt waren?«

»Nein, ich möchte das Kapitel jetzt endgültig abschließen.«

»Kann ich verstehen«, nickte Rautner, dann verabschiedeten sich die beiden Kommissare.

Tatsächlich brachte die Mittagszeit etwas Ruhe in das Weingut. Blume und Rautner fanden Waltraud Birkner in der Probierstube, wo sie gerade etwas Ordnung machte, indem sie gebrauchte Gläser und angebrochene Weinflaschen aufräumte. Als die Kommissare eintraten, setzte sie sich hin und schaute erwartungsvoll.

»Das passt ja ganz gut, es scheint im Moment etwas ruhiger zu sein«, sagte Rautner erfreut.

»Dann legen Sie mal los. Was wollen Sie noch wissen?«, fragte Waltraud. Sie wirkte auf die beiden Kommissare etwas erschöpft.

»Wir würden gerne mehr über die Umstände wissen, die mit Ihrer außerehelichen Tochter Karola zu tun haben«, übernahm Jasmin dieses Mal die Befragung.

Waltrauds Frage kam geradezu herausgeschossen: »Woher wissen Sie …«

»Die DNA-Tests.«

Mit einer Hand fuhr sie sich durchs Haar, seufzte und antwortete dann: »Das ist ein schmerzhaftes Kapitel in meiner Vergangenheit.«

»Gab es da eine Beziehung mit Ihrem Schwiegervater?«, tastete Jasmin sich vor.

»Beziehung!« Hermanns Ehefrau rang sich einen entrüsteten Laut ab. »Dass ich nicht lache. Der Scheißkerl! Vergewaltigt hat er mich. Am Tag der Verlobung mit Hermann. Er war alkoholisiert und ich ... Na ja, ich habe damals den Wein noch nicht so gut vertragen und hatte auch drei oder vier Schoppen.«

»Wie bitte?«, fragte Kommissarin Blume völlig erstaunt. »Ihr eigener Schwiegervater hat Ihnen so etwas angetan?«

»Ja, nicht wahr«, sagte sie mit einem sarkastischen Unterton. »Wollen Sie noch mehr Details?«

»Nein, nein! Warum haben Sie nichts unternommen?«

»Was hätten Sie denn an meiner Stelle getan? Wären Sie zur Polizei gelaufen und hätten den Schwiegervater der Vergewaltigung angezeigt? Das wäre der Anfang vom Ende gewesen. Ich habe versucht damit zu leben, da ich meinen Mann sehr geliebt habe. Mir klingen noch heute Karls Worte im Ohr: ›*Stell dich nicht so an, es bleibt doch in der Familie.*‹« Aus Waltrauds Worten hörte man einen bitteren Beigeschmack heraus. »Meinem Mann habe ich nie etwas darüber erzählt, da ich unsere Zukunft und die des Weingutes nicht gefährden wollte. Ich bin mir nicht sicher, wie er seinem Vater gegenüber reagiert hätte, und wollte ein Unglück vermeiden. Und ich ... Ich konnte nicht zurück. Ich hatte mich mit meinen Eltern verkracht. Meine Ausbildung zur Goldschmiedin hatte ich gerade beendet, da lernte ich Hermann kennen. Als einziges Kind sollte ich natürlich die beiden Juweliergeschäfte meines Vaters übernehmen. Stattdessen hängte ich mich einem Weinbauern an den Hals, wie sich mein Vater ausdrückte. Meine Eltern und ich haben uns erst viel später wieder versöhnt.«

»Hat Ihr Schwiegervater gewusst, dass das Kind von ihm ist?«

»Nein, weder er noch jemand anderer wusste Bescheid.«

»Wie konnten Sie sich sicher sein, dass Ihre Tochter von Karl Birkner war?«

»Ich habe heimlich einen Vaterschaftstest machen lassen, um Gewissheit zu haben. Da erhielt ich die Bestätigung.«

»Und wie hat Ihr Mann davon erfahren?«

»Ich habe mich zu einem unverzeihlichen Fehler hinreißen lassen, der nicht mehr rückgängig zu machen war«, sagte sie und ihre Stimme klang niedergeschlagen. »Wir hatten einen handfesten Streit, unter anderem wieder einmal wegen Karola. Hermann hat es nicht gepasst, dass sie für andere jobbte, wo es doch hier im Weingut genug Arbeit gab. Mein Mann meinte dabei beiläufig, sie wäre komplett aus der Art geschlagen: ›*Man könnte glauben, sie wäre nicht von mir.*‹ Ich habe ihn dann noch gereizt und die unvorsichtige Aussage gemacht: ›*Vielleicht ist sie ja wirklich nicht von dir, andere Mütter hatten damals auch schöne Söhne.*‹ Den Blick werde ich nicht vergessen, den er mir daraufhin zugeworfen hat. Eine Mischung aus Verärgerung und Nachdenklichkeit. Womit ich nie gerechnet hätte, war, dass er meine Äußerung ernst genommen hatte. Zumindest hat es ihn scheinbar ins Grübeln und dann zum Handeln gebracht. Drei Monate später hielt er mir wahrhaftig einen Vaterschaftstest vor die Nase und verlangte eine Erklärung. Auch da war ich nicht bereit ihm die Wahrheit zu sagen. Ich wusste, wie er seinen Vater verehrte und an ihm hing, obwohl dieser sich hin und wieder noch ins Geschäft einmischte, was Hermann so gar nicht passte, aber er nahm es geduldig hin.

Also habe ich etwas von einem fremden Weinlesehelfer gestottert, der mich beeindruckt hatte, und dass es gewesen wäre, bevor er, Hermann, um meine Hand angehalten habe. Wie Sie sich sicherlich vorstellen können, war er außer sich und hat mir eine Szene gemacht. Das Unglück wollte es, dass Karola gerade an diesem Abend mal zu einem ihrer seltenen Besuche vorbeikam. Sein Zorn hat ihn dann Worte sagen lassen, die er später wieder bereut hat. Zwei Wochen hat er kein Wort mit mir gesprochen, dann plötzlich sagte er zu mir: ›*Es ist so, wie es ist, und nicht mehr zu ändern, machen wir das Beste daraus.*‹ Wieder mal hatte er zweckdienlich gedacht und Rücksicht auf das Unternehmen und den guten Ruf der Familie genommen. Außerdem hätte ihn eine Scheidung Geld gekostet und ein uneheliches Kind hätte zu viel Staub aufgewirbelt.« Chris glaubte eine leichte Ironie herauszuhören.

»Aber er hat Ihre Tochter aus der Erbnachfolge des Weingutes ausgeschlossen.«

»Richtig! Er meinte nur, dass es unter diesen Umständen und da Karola sowieso noch nie Interesse gezeigt hätte, das Beste sei. Sie sei ja von meinem Vater großzügig finanziell bedacht worden. Ich habe seine Entscheidung stillschweigend akzeptiert.«

»Also weiß außer Ihnen und natürlich uns niemand, wer der Vater von Karola ist?«

»Davon gehe ich aus. Ich habe es niemandem anvertraut und wenn Hermann damit nicht hausieren gegangen ist – wovon ich überzeugt bin –, dann sollte es sonst auch grundsätzlich keiner wissen, dass Karola nicht von ihm ist.«

»Was ist denn mit Ihrer Tochter, wollte die keine Erklärung?«

»Doch, doch, aber ich habe sie vertröstet und sie hat es akzeptiert. Nur habe ich seitdem nichts mehr von ihr gehört oder gesehen. Sie hat sich komplett von den Birkners zurückgezogen. Was ich auch verstehen kann«, sagte sie mit einer gewissen Enttäuschung.

»Du meine Güte! Was hältst du von dem, was wir heute gehört haben?«, erkundigte sich Chris bei seiner Kollegin auf dem Weg zu ihrem Wagen.

»Zwei starke Frauen, die sich nicht haben unterkriegen lassen.«

»Nein … Ja, natürlich, aber das meinte ich nicht. Könnte es uns in unserem Fall weiterhelfen?«

»Ich kann es mir fast nicht vorstellen, aber lass es uns mit Theo besprechen, was der dazu meint«, entgegnete Jasmin.

Ermittlungsdruck

Zwei Nachrichten erreichten Hauptkommissar Habich während der Rückfahrt nach Würzburg. Kollegen hatten Tomas Burger auf dem Weg zum Flughafen abgefangen und waren mit ihm unterwegs nach Würzburg. Die zweite, schönere Nachricht kam aus dem Uniklinikum. Andreas Birkner war aufgewacht und so wie es aussah, würde er keine schwerwiegenden bleibenden Schäden davontragen. Spontan entschied sich Habich, den Patienten in der Uni-Klinik aufzusuchen, obwohl er sich im derzeitigen Stadium nicht viel davon versprach. Der Kranke war erst um die Mittagszeit zu sich gekommen und musste erst mal wieder ins Leben zurückfinden. Seine Befürchtungen wurden bestätigt. Den Angreifer hatte Birkner nicht erkennen können und spontan fiel ihm auch kein Grund für so eine Tat ein.

»Jetzt erholen Sie sich erst einmal und dabei denken Sie in aller Ruhe nach«, ermunterte Habich den Mann auf dem Krankenlager, »vielleicht kommt ja noch etwas mehr Erinnerung zurück oder Ihnen fällt doch noch ein, was die Morde und den Überfall auf Sie hätte auslösen können.« Er nickte Birkner aufmunternd zu. »Sie können mich jederzeit anrufen.« Aus seiner Tasche nahm er eine Visitenkarte, hob sie hoch, zeigte sie dem Kranken und legte sie auf das Schränkchen neben dem Bett.

Sein Gespür sagte Theo, dass es keine zufälligen Verbrechen waren. Irgendein Anlass musste dazu geführt haben, dass jemand plötzlich auf die Birkners losging. Der Hauptkommissar gab die Hoffnung nicht auf, dass Andreas Birkner etwas wusste und es bisher nicht mit den Taten in Verbindung gebracht hatte.

Auf der Dienststelle traf Habich einen völlig erbosten Tomas Burger an.

»Was bilden Sie sich eigentlich ein, mich wie einen Schwerverbrecher zu behandeln?«, tobte Burger los, als er in Theos Büro gebracht wurde. »Sie lassen mich von Uniformierten abholen und hierherbringen und ich verpasse meinen Flug. Was ist los? Habe ich etwas verbrochen? Wenn, dann sage ich nichts und möchte …«

»Herr Doktor, bitte beruhigen Sie sich«, redete Habich in besänftigendem Ton auf den Mann ein. »Es gibt keinen Grund, laut zu werden …«

»Doch, den gibt es. Ich sollte jetzt in Frankfurt am Flughafen sein und in den Flieger steigen, stattdessen sitze ich hier und weiß nicht warum. Verraten Sie mir, was Sie mit dieser Freiheitsberaubung bezwecken?«

»Aber, aber, ich bitte Sie! Wer wird denn gleich so ein unschönes Wort in den Mund nehmen. Ich habe nur einige Fragen an Sie und möchte mich über bestimmte Dinge mit Ihnen unterhalten. Sie werden wissen, dass ich zwei Morde und einen Mordversuch aufklären muss«, rechtfertigte sich der Hauptkommissar mit leicht erhobener Stimme.

»Und was habe ich damit zu tun?«, erkundigte sich Burger gereizt. »Ich hoffe nicht, dass Sie mir die Taten anhängen wollen, oder womit sonst habe ich Ihr Missfallen erregt?«

Auf diese Äußerung ging der Hauptkommissar gar nicht ein. Stattdessen legte er seinem Gegenüber die Kopien der alten Zeitungsberichte vor und sagte: »Ich gehe davon aus, Sie kennen diese Schriften.«

Der Doktor für amerikanische Geschichte warf einen Blick

darauf und schob das Papier wieder zu Habich hinüber. Er zuckte mit den Schultern, bevor er antwortete: »Na und, was soll das jetzt werden?« In seinem Blick lag ein Moment lang ein Anzeichen von Verunsicherung, dann wechselte er wieder in einen Anflug von Überheblichkeit. »Sie lassen mich wegen irgendwelcher alten Papiere hierherholen? Selbst wenn es so wäre, dabei ginge es um die Recherche für meine wissenschaftliche Abhandlung und hat nichts mit Ihrem Fall zu tun.«

Der Hauptkommissar schüttelte den Kopf und tippte mit dem Finger auf die Schriftstücke, die vor ihm lagen. »Nein, hier geht es nicht nur um Ihre Arbeit. Hier geht um die ersten dokumentierten Anfänge des Werdeganges Ihrer Familiengeschichte.«

»Wie kommen Sie auf diesen Unsinn? Was soll meine Familie damit zu tun haben? Ich komme aus den Vereinigten Staaten und dort lebt auch meine Familie.«

»So weit richtig«, nickte Habich, »aber der Ursprung Ihrer Familie liegt hier in Iphofen. Das kann ich Ihnen auch beweisen.«

»Selbst wenn es so wäre«, räumte Burger vorsichtig ein, »ist das noch kein Verbrechen.«

»Die Tatsache, dass Sie deutschstämmig sind und Ihre Vorfahren hier aus Iphofen kommen, selbstverständlich nicht«, gab der Hauptkommissar unumwunden zu, »nur entsteht dadurch eine gewisse Verbindung zu den Birkners.«

Burger lehnte sich auf seinem Stuhl zurück. »Jetzt bin ich aber mal gespannt, wo Sie das alles herholen wollen. Entspringt das nicht eher Ihrer Einbildung? Sind Sie so verzweifelt bei Ihrer Tätersuche, dass Sie jetzt schon solchen Hirngespinsten nachjagen?«

»Oh, es ist keinesfalls Verzweiflung, die mich zu dieser Theorie führt, vielmehr intensive akribische Kleinstarbeit.«

»Die Sie aber scheinbar auf eine falsche Fährte geführt hat.«

»Bisher sind Sie mir mit Ihren Antworten immer nur ausgewichen oder haben meine Fragen mit Gegenfragen beantwortet. Das ist nicht die Art, die ich von jemandem erwarte, der behauptet, nichts mit der Angelegenheit zu tun zu haben. Wenn Sie nicht in die Taten verstrickt sind, dann lassen Sie uns wie zwei vernünftige Menschen unterhalten und spielen Sie keine Versteckspielchen und auch nicht den Ahnungslosen. Dass Sie die Zeitungsberichte in Händen hatten, ist im Archiv dokumentiert. Ich gehe auch mal fest davon aus, Sie haben sie gelesen.« Als Burger etwas entgegnen wollte, stoppte ihn Habich, indem er zum Zeichen des Schweigens den Zeigefinger auf die Lippen legte. »Bevor Sie jetzt weiter dementieren, hören Sie mir noch einen Augenblick zu. Wir haben Ihre Familiengeschichte durchleuchtet, und das bis in Ihre Heimat, nach Pittsburgh. Wir können die Auswanderung Ihrer Vorfahren lückenlos nachvollziehen. Wann ausgewandert, mit welchem Schiff abgereist, wo angekommen und dass die Einwanderer ›*Burgecker*‹ in den Staaten zu ›*Burger*‹ wurden. Julius und Philipp Burgecker wurden zu Jules und Phil Burger, den Begründern Ihrer Firmendynastie. Warum Sie hier in Iphofen Ahnenforschung betrieben haben, weiß ich leider nicht. Vielleicht erzählen Sie es mir ja. Dabei sind Sie im Archiv über diese Zeitungsausschnitte gestolpert und haben genauso kombiniert wie wir auch. Dieser Birkner hat damals Ihren Vorfahren angeschwärzt, sodass dieser vermutlich unschuldig ins Gefängnis musste. Sich selbst hat er später ins gemachte Nest gesetzt, das eigentlich für den jungen getöteten Dannemann gedacht war. Bei reiflicher Überlegung könnte man zu dem Schluss kommen, Birkner hat diesen Jungen auch selbst umgebracht, um die gute Partie Elisabeth Hollbein zu ehelichen, was er ja auch getan hat. Nur wie der zweite Tote da hineinpasst, ist mir noch nicht ganz klar.« Der Hauptkommissar kratzte sich an der Stirn, dann fuhr er fort: »Nachdem auch Sie die Zusammenhänge durchschaut hatten, wollten Sie die Birkners für die Taten ihres Vorfahren bestrafen, der Ihrem Großvater – mit dreimal ›*Ur*‹ vornedran, wenn ich richtig im Bilde bin – so böse mitgespielt hatte. Ach ja, in dem Falle würde ich mich jetzt mit einem Verdächtigen unterhalten. Es sei denn, Sie haben eine andere Version, die Sie mir gerne erzählen können.«

Burger hatte während der Ausführungen Habichs nervös mit den Fingern auf die Tischplatte getrommelt. Als das Wort »*Verdächtiger*« fiel, hörte er damit auf und straffte seinen Oberkörper. Nach einigen Sekunden Bedenkzeit entgegnete er: »Sie vergessen, dass ich ein Alibi habe. Zu den Tatzeiten war ich mit Karola in deren Haus zusammen.«

Mit zusammengekniffenen Lippen wiegte Habich den Kopf hin und her, ehe er eine Antwort gab: »Ich möchte diese Aussage nicht überbewerten. Sie steht auf wackeligen Beinen. Karola Birkner stand mit ihrer Familie auf einer Art ›*Kriegsfuß*‹, wenn ich das mal so ausdrücken darf. Daher könnte sie theoretisch sogar eine Komplizin sein und Sie geben sich gegenseitig Alibis. Aus dieser Sicht wirkt das Ganze dann wieder sehr dürftig und könnte durchaus angezweifelt werden.«

»Die Geschichte ist so lange her, glauben Sie wirklich, dass ich jetzt deswegen einen Rachefeldzug starte? Was hätte ich davon? Auch wenn Ihre Theorie stimmen würde, meiner Familie geht es gut, mir geht es gut, ich bin zufrieden, so wie es ist«, gewann Burger mit seiner Argumentation wieder die Oberhand und seine Selbstsicherheit zurück.

Von Seiten Habichs kam ein unmerkliches Nicken. Eine ähnliche Begründung hatte er sich schon von seiner Kollegin Jasmin anhören müssen. Verrannte er sich da in irgendetwas?

War er überhaupt auf der richtigen Spur? Konnte man es eigentlich eine Spur nennen, oder war es ein Strohhalm, an den sich Theo klammerte? Er entschied, hier die Unterredung abzubrechen und abzuwarten, was Jasmin und Chris in Erfahrung gebracht hatten.

»Es tut mir leid, Herr Burger, aber ich muss Sie bitten, Deutschland vorerst nicht zu verlassen, bis wir Gewissheit haben, dass Sie nichts mit den Verbrechen zu tun haben.«

»Ich werde mich mit meiner Familie in Verbindung setzen und sie informieren, auch wegen eines Rechtsbeistandes.«

»Tun Sie das«, nickte der Hauptkommissar ein weiteres Mal, »und lassen Sie sich gleich von Ihrem Anwalt erklären, welche Konsequenzen es nach sich zieht, falls Sie trotzdem versuchen das Land zu verlassen. Kann ich davon ausgehen, Sie die nächste Zeit in Iphofen bei Frau Birkner anzutreffen?«, erkundigte sich Habich.

»Wo soll ich sonst schon hin?«

»Okay! Lassen wir Ihre Angaben mal so im Raum stehen. Aber etwas würde ich gerne noch wissen. Haben Sie mit anderen Personen über die alten Berichte mit den Mordfällen gesprochen?«

Nach kurzem Zögern antwortete Burger: »Ja, ich sehe es nicht als Geheimnis an.«

»Mit wem haben Sie alles darüber gesprochen?«

»Ich habe es Karola erzählt und meinem Vater in Pittsburgh.«

»Kennen Sie denn Ihre genaue Familiengeschichte?«

»Herr Kommissar, ich bin Historiker, natürlich habe ich mich für die Vergangenheit und meine Vorfahren interessiert.«

»Dann erübrigt sich jeder weitere Kommentar. Sie wissen also Bescheid.« Mit diesen Worten verabschiedete Habich den Mann.

Zwei Türen öffneten sich zur gleichen Zeit. Durch die in Habichs Büro verließ Burger den Raum, während Blume und Rautner nebenan ihr Dienstzimmer betraten. Chris, der Jasmin folgte, nahm noch aus den Augenwinkeln die Person wahr, die sich über den Gang entfernte. Die Verbindungstür zu Theos Zimmer war einen Spalt geöffnet und so steckte Rautner den Kopf herein.

»Wir sind auch wieder da«, meldete er sich und die Kollegin zurück. »Hattest du Besuch?«, folgte gleich darauf seine Frage.

»Ja, das war Doktor Burger, der Freund von Karola Birkner. Gibt es etwas Neues? Wie ist es bei euch gelaufen? Kommt rein und erzählt.«

Nach der Aufforderung trat Rautner vollständig ins Zimmer, gefolgt von Jasmin. Ehe Chris den Mund aufmachen konnte, hatte Kollegin Blume schon mit ihrem Bericht begonnen. Ausführlich schilderte sie ihre Gespräche mit Waltraud Birkner und Jessica Issing, unterbrochen von Rautners jeweils passenden Zwischenbemerkungen.

Die abschließende Beurteilung ließ sich Chris aber nicht nehmen. »Bei Waltraud Birkner sehe ich keinen Grund und keine Veranlassung, dass sie jetzt plötzlich Amok läuft und die Männer tötet. Dagegen würde ich Jessica Issing nicht von der Liste der Verdächtigen streichen. Theoretisch hat sie für die ersten beiden Morde kein hieb- und stichfestes Alibi. Während der ersten Tatzeit war sie irgendwo im Weingut, konnte aber nicht genau sagen wo und niemand hat sie gesehen. Noch schlechter sieht es für sie bei dem zweiten Mord aus, da war sie angeblich alleine zuhause. Bei Andreas Birkner … Ich meine … Da schwanke ich noch. Wenn sie ihn wirklich liebt, was hätte sie für einen Grund, ihn nachts zu überfallen? Andererseits vertröstet er sie und hält sie hin, sich endgültig für sie und gegen seine Frau zu entscheiden.

Vielleicht hat Jessica die Nase voll und ihre Liebe hat sich in Wut gewandelt.«

»Ich gebe dir Recht, aber auch zu bedenken, dass das letzte Opfer laut Doktor Wollner mit den Fäusten niedergeschlagen wurde, und dazu gehört schon eine ordentliche Portion Kraft. Außerdem wäre es möglich, dass der Täter an den Fingerknöcheln Abschürfungen haben könnte.«

»Davon haben wir bei Jessica nichts bemerkt«, schaltete sich Jasmin ein.

»Trotzdem werden wir sie nicht ganz außer Acht lassen, genauso wie diesen amerikanischen Doktor, diesen Burger. Ihn und Karola Birkner müssen wir noch ein bisschen mehr durchleuchten. Außerdem werde ich morgen noch einmal ein Gespräch mit Andreas Birkner im Krankenhaus führen. Ich werde ihn mal fragen, ob er weiß, wie die Birkners an das Weingut gekommen sind.« Aufmunternd richtete Theo an seine beiden Kollegen die Worte: »Um etwas Schriftliches in Händen zu haben, wäre es schön, wenn ihr von euren Befragungen einen Bericht anfertigen könntet. Das wäre doch jetzt noch so eine abschließende Aufgabe für diesen Tag, oder nicht?«

Wortlos zogen sich die beiden in ihr Dienstzimmer zurück. Theo schloss aber sich selbst auch nicht von diesen Aufgaben aus und fasste seine Befragungen in schriftlicher Form ab. Bevor er Feierabend machte, fiel ihm ein, dass er gestern vergessen hatte, nach neuen E-Mails zu sehen. Prompt stach ihm eine ins Auge, die von dem alten Lehrer Proskov gekommen war und schon seit gestern in seinem Eingang schlummerte. Es waren die Ergebnisse seiner Nachforschungen im Archiv, um die ihn der Hauptkommissar gebeten hatte. Seiner Neugier folgend, öffnete er die Mail und las Proskovs Zusammenfassung der Recherche. Ganz zum Schluss erregte ein Name seine Aufmerksamkeit. Proskov hatte nicht vergessen diesen zu erwähnen. Dabei war es um die einzige Tochter gegangen, die noch von dem Stammbaum des Namens Herbrecht übrig geblieben war. Durch ihre Heirat hieß sie nun Kassling. Es waren nur Bruchteile von Sekunden, bis es bei dem Namen in Habichs Kopf »*Klick*« machte und er wusste, woher er ihm bekannt war. Der junge Mann, der ihm bei Karola begegnet war, hatte sich als Noah Kassling vorgestellt. Dass die Namensgleichheit Zufall war, daran glaubte Theo nicht.

Habichs Überlegungen wurden jäh unterbrochen, als Kriminaloberrat Schössler bei im hereingeschneit kam. Verstohlen sah Theo auf seine Armbanduhr, stellte fest, es war schon kurz vor Feierabend, und wunderte sich über den späten Besuch des Chefs.

Unaufgefordert setzte sich Theos Besuch und fragte: »Wann wollten Sie mir eigentlich Ihre neuesten Erkenntnisse mitteilen? Was hat Kommissar Rautner in Bezug auf die junge Frau herausbekommen, ist sie es?«

»Ja«, bestätigte Theo und kniff die Lippen zusammen, »aber laut ihren Angaben sind die drei Männer – Karl Birkner einbezogen – inzwischen tot. Da eine Anzeige gegen Verstorbene nicht möglich ist, ist die Angelegenheit damit hinfällig. Sie verzichtet außerdem auf jeglichen Wirbel, den die Sache auslösen würde, wenn sie denn trotzdem bekannt würde, und beteuert gleichzeitig, nichts mit dem Tod der drei zu tun zu haben.«

»Na gut, dann wäre diese Angelegenheit vom Tisch. Ich hatte nämlich deswegen schon wieder nervige Anrufe. Man hat auch im Nachhinein noch Angst um Rufschädigung, sowohl der Verstorbenen und anderer Beteiligter als auch ihrer Familie. Man bat mich um Rücksichtnahme.«

Der Hauptkommissar kannte seinen Chef gut genug, um

zu wissen, was Schössler von dieser Art von Vertuschung hielt, nämlich gar nichts. Nur musste auch er manchmal gute Miene zum bösen Spiel machen, um dann andersherum wieder Gefälligkeiten einfordern zu können. Wie hatte er dazu schon so schön gesagt: »*Geben und Nehmen ist ein Tauschgeschäft, das so alt ist wie die Menschheit, selbst wenn es nicht Waren im üblichen Sinne sind.*«

»Sehe ich auch so, dass es wenig Zweck hat, eine Anklage gegen Tote zu erwirken«, nickte Habich. »Leider ist es wieder ein Verbrechen, das ungesühnt bleibt«, schickte er hinterher.

»Gut, damit können Sie ja wieder alle Kräfte auf den aktuellen Fall bündeln. Wie sieht es denn da aus? Gibt es Neuigkeiten? Es wäre schön, den Fall bis zu den Feiertagen abschließen zu können«, meinte der Kriminaloberrat ganz ruhig und fast wie nebenbei. Jedoch wusste Theo genau, dass damit Schössler den Druck auf ihn erhöht hatte.

Stichpunktartig informierte er den Kriminaloberrat über ihre Fortschritte mit dem Hinweis, dass die Kopien der entsprechenden Berichte morgen früh auf seinem Schreibtisch liegen würden. Wie Habich wusste, eine bewährte Methode, um den Leiter der Mordkommission erst einmal ruhigzustellen. Die Strategie zeigte schon gleich darauf Wirkung, indem Schössler wohlwollend nickte und sich in den Feierabend verabschiedete. Kaum war die Tür von außen geschlossen worden, erhob sich Theo und ging ins Nachbarzimmer, wo Blume und Rautner noch fleißig an den Berichten schrieben.

»Jasmin, mach bitte noch Kopien unserer bisherigen Ermittlungsergebnisse, wenn ihr fertig seid. Ich habe Schössler versprochen, dass die Sachen morgen bei ihm auf dem Tisch liegen.« Dann wandte sich der Hauptkommissar an Rautner. »Also, Frau Issings alte Angelegenheit legen wir ›*ad acta*‹ und du nimmst dir den Namen Noah Kassling vor. Ich will ein bisschen was über den jungen Mann wissen, und zwar so schnell wie möglich.«

»Sofort oder gestern schon?«, fragte Chris scherzhaft, wurde aber ernst, als er den vorwurfsvollen Blick seines Teamleiters sah. »Ja, ist ja gut, aber schau mal auf die Uhr. Heute kann ich wahrscheinlich nicht mehr viel erreichen«, versuchte er sich zu rechtfertigen.

»Fang an, sobald du kannst, und gib Gas«, murrte Theo und verschwand wieder in seinem Zimmer.

»Ich befürchte, unser Kriminaloberrat hat Theo Feuer unter dem Hintern gemacht, so wie der reagiert«, bemerkte Chris, der genau wie Jasmin durch die nicht ganz geschlossene Tür zum Nebenraum den Besuch ihres Chefs mitbekommen hatte.

Kaum zurück an seinem Schreibtisch, klingelte Habichs Telefon. Er meldete sich in einem hörbar mürrischen Ton.

»Oho, schlechte Laune, dann lege ich gleich wieder auf«, vernahm Theo eine angenehm weiche Stimme am anderen Ende der Leitung.

»Nein, nein», beeilte sich der Hauptkommissar zu entgegnen, »ein wenig Stress halt, mehr nicht. Was verschafft mir denn die Ehre Ihres Anrufes, Frau Doktor?«, fragte Habich versöhnlich.

»Ich dachte, wir wären beim ›*Du*‹ oder habe ich eine neue Situation verpasst?«

»Entschuldige, dass war die Macht der Gewohnheit, wie man das immer so schön umschreibt. Also alles auf Anfang! Wie kann ich dir helfen oder was ist der Grund deines Anrufes?«

»Hmm, eigentlich wollte ich mich nur mal melden, gleichzeitig ›*Danke*‹ für den schönen Samstagabend sagen«, Dorothea Wollner zögerte kurz, bevor sie weitersprach, »und fragen, was du an Weihnachten machst.«

»Weihnachten?« Theo lehnte sich im Bürostuhl zurück, strich sich über seinen glatt rasierten Schädel und meinte: »Du meine Güte, damit kann ich ja gar nichts anfangen. Ich habe immer freiwillig Bereitschaft gemacht, damit andere, die Familie haben, die Feiertage genießen können. Warum fragst du?«

»Ich habe mich als ›*Neue*‹ auch freiwillig für die Bereitschaft gemeldet und sitze daher alleine zuhause herum. Wollen wir nicht die Langeweile gemeinsam totschlagen?«

»Ehrlich gesagt, verschwende ich daran noch keinen Gedanken. Ich möchte zuerst unseren Fall abschließen, sonst habe ich eh keine ruhigen Festtage.«

»Okay, kann ich verstehen. Dann reden wir kurz zuvor noch einmal darüber, oder …?« Sie ließ den Satz unvollendet.

»Prima, so machen wir es. Das wäre das Beste. Dann habe ich vielleicht auch wieder den Kopf frei.«

Kaum war das Gespräch beendet, hatte Theo ein ganz schlechtes Gewissen. Irgendwie hatte er Dorothea ohne ein freundliches Wort abgefertigt. Das hatte sie wirklich nicht verdient, musste er sich eingestehen. Sie konnte schließlich nichts dafür, dass die Ermittlungen nicht so richtig vorwärtsgingen. Aber das Thema war für Habich zur völlig falschen Zeit gekommen, wo er doch mehr damit haderte, dass er keinen nennenswerten Schritt weiterkam. Du meine Güte, schoss es Theo durch den Kopf, hoffentlich fängt sie nicht mit besinnlichen Weihnachten an. Dieser Kommerz, diese Rennerei nach Geschenken waren ihm genauso zuwider wie Plätzchen und die ganze übertriebene Völlerei. Bloß kein Weihnachtsbaum mit Krippe, Liedern und dem ganzen Kitsch, war sein nächster Gedanke, der ihm nicht gefallen wollte. Er erinnerte sich an seine Kindheit, wo er und seine zwei Geschwister immer mit in die Christmette mussten. Dort war es regelmäßig zu Platzproblemen gekommen, da jeder, den man das Jahr über nicht in der Kirche gesehen hatte, glaubte, sich an Weihnachten sehen lassen zu müssen. So saßen sie immer – wenn sie denn noch einen Platz ergattern konnten – eng umringt von Menschen in Kleidung, die modrig, muffig, nach Schweiß und nach Rauch roch oder sonstige meist unangenehme Düfte hatte. Zudem glaubte er, je älter er wurde, immer weniger von dem, was da von der Kanzel gepredigt wurde. Schließlich hatte er als junger Mann die Entscheidung getroffen, ganz aus der Kirche auszutreten. Vielleicht ging ja mit Dorothea alles ein bisschen zu schnell und er sollte es etwas bremsen, sinnierte Habich, brach seine Überlegungen jedoch schließlich ab, da sie ihn momentan zu keinem Ergebnis führten. Unzufrieden mit sich und dem Fall verschwand er wortlos in den Feierabend.

*

Am nächsten Morgen schien nicht nur die Sonne, auch Hauptkommissar Habich schien wieder bessere Laune zu haben. Das sollte sich noch steigern, nachdem man ihn aus dem Krankenhaus angerufen hatte, denn Andreas Birkner wollte ihn sprechen. »Er möchte persönlich mit Ihnen über etwas reden«, sagte eine Dame am Telefon. Habich versprach so bald wie möglich zu kommen. Ohne morgendliche Besprechung mit seinem Team machte sich der Hauptkommissar auf den Weg ins Klinikum.

In der Klinik traf Theo auf einen Patienten, der noch an Maschinen angeschlossen war, die seine Werte überwachten. Auch der Ständer mit den zwei Infusionen, die über Schläuche zu einer Kanüle im Arm führten, zeigten, dass noch lange nicht alles zum Besten stand. Andreas Birkner war ansprechbar, wirkte aber noch sehr schwach. Wie üblich galt die Fürsorge der Schwester dem Kranken und daher erfolgte auch prompt die Mahnung an Theo: »Ich weiß nicht, wer das überhaupt erlaubt hat, aber bitte, so kurz wie möglich.« Ein strenger Blick untermauerte die Worte. Der Hauptkommissar nahm sich einen Stuhl, setzte sich neben das Bett und wartete geduldig, bis Birkner zu sprechen begann.

»Cornelia war gestern Abend da und hat erzählt, Sie hätten sie und Waltraud nach einer alten Geschichte gefragt.«

»Das stimmt«, nickte Habich, »aber beide wussten nichts davon …« Irgendwie klang der Satz unvollendet.

»Ich kann Ihnen mehr darüber sagen. Könnte es etwas mit den Anschlägen auf uns zu tun haben?«

»Es ist nicht auszuschließen«, antwortete Theo ausweichend.

»Wie haben ›*Sie*‹ eigentlich davon erfahren?«

»Ihr Vater hat bei Horst Proskov vage Andeutungen über ein Unrecht gemacht, das ein Birkner begangen hätte, und der hat es uns erzählt. Danach haben wir im Stadtarchiv recherchiert und sind fündig geworden. Es gibt dort alte Zeitungsausschnitte, die von den Verbrechen und auch von der Verurteilung des für schuldig befundenen Mannes berichten.«

Für einen Moment schloss Andreas die Augen. Theo dachte schon, der Patient wäre eingeschlafen, als dieser plötzlich die Augen wieder aufschlug und den Hauptkommissar ansah. »Sehr unrühmliche Sache«, meinte er schwer atmend. »Ich wollte, ich könnte es ungeschehen machen, aber …«

»Sie sprechen von den beiden Gewalttaten Ihres Vorfahren?«

Der Kranke wendete seinen Blick zum Fenster und wieder zurück. »Sie wissen davon. Sind Sie zu den richtigen Schlussfolgerungen gekommen?«

»Wovon Sie reden, weiß ich, kenne aber die wirklichen Umstände nicht. Bei mir sind es bislang nur Vermutungen.«

»Okay! Mein Urur…«, Birkner überlegte, »…urgroßvater, Georg Birkner, hat sich zweier Verbrechen schuldig gemacht. Er hat Franz Joseph Dannemann und später Gustav Herbrecht getötet. Darüber gibt es sogar ein schriftliches Geständnis …«

»Wie denn das?«, fragte der Hauptkommissar überrascht.

»Im Alter kamen ihm vielleicht Gewissensbisse oder Schuldgefühle. Auf jeden Fall hat er alles niedergeschrieben. Es war ein Brief, der bei seinem Testament lag und daher erst nach seinem Tod bekannt wurde.« Andreas Birkner machte eine kurze Pause. »Nun, jedenfalls hat mein Vorfahr auch die verschwundenen Sachen von Gustav Herbrecht an sich genommen und bewahrt. Es gibt sie heute noch …«

»Sie meinen das Gewehr und die Taschenuhr?«

»Genau die.« Habich merkte, dass Birkner das Sprechen schwerfiel.

»Alles, was mit dem damaligen Ereignis zu tun hatte, wurde aber bisher so gut gehütet, dass noch nicht mal die Frauen davon wussten«, stellte der Hauptkommissar fest.

»Keiner der Birkners hat sich getraut darüber ein Wort zu verlieren, das Geheimnis wurde von einem zum anderen Verantwortlichen weitergegeben. Mein Vater hat es Hermann gesagt, als er das Weingut übernahm, und Hermann hat sich zum Glück vor wenigen Tagen entschieden, mich auch einzuweihen. Hätte er es nicht getan, so wäre mir mit seinem Tod einiges an Information verloren gegangen. Gut, das alte Geständnis liegt inzwischen in unserem Safe, aber das Versteck der Sachen wäre vielleicht nur zufällig irgendwann entdeckt worden.« Nach dieser langen Rede schloss Birkner wieder die Augen und holte tief Luft.

Bevor Habich etwas sagen konnte, blickte eine Krankenschwester zur Tür herein, drohte energisch mit dem Zeigefinger und deutete wortlos auf die Uhr.

»Noch eine Frage, dann bin ich verschwunden«, versprach Theo und wandte sich wieder dem Mann im Krankenbett zu. »Könnte noch jemand anderes von dem Schriftstück und den Sachen Kenntnis erlangt haben?«

»Meines Wissens nicht.«

»Dann noch eine allerletzte Frage. Wo befinden sich Gewehr und Taschenuhr zurzeit?«

»In einem kleinen Nebenraum der Kelterhalle, ganz hinten, gleich neben dem Aufzug, steht ein alter Waffenschrank von Großvater, der Jäger war. Darin befinden sich das Gewehr und die Uhr. Der Schrankschlüssel ist in dem Briefumschlag, in dem auch das Geständnis aufbewahrt wird. Beides liegt, wie ich vorhin schon erwähnte, in unserem Bürosafe.«

Das waren die letzten Worte, die die beiden wechseln konnten. Im gleichen Augenblick, als sich Habich von seinem Sitz erhob, stürmte ein weibliches Mitglied des Klinikpersonals in berryfarbenem Schlupfkasack und weißer Hose herein. Wie eine Tiermutter, die ihren Nachwuchs verteidigt, baute sie sich mit den Händen in den Hüften vor dem Kommissar auf. Die Körpermaße der Frau sowohl in der Höhe als auch in der Breite beeindruckten den Hauptkommissar. Spontan kam ihm der Begriff »*Walküre*« in den Sinn. »Jetzt reicht es endgültig«, fauchte sie Habich an, »der Patient braucht Ruhe.« Um sich keiner weiteren Gefahr auszusetzen, entschied sich Habich schleunigst für den, wenn auch nicht überstürzten, sondern halbwegs geordneten Rückzug. Über die Schulter der Schwester, die ihn unmissverständlich hinauskomplimentierte, konnte er Birkner noch »Danke, für die Auskünfte« zurufen, dann knallte die Tür vor seiner Nase zu und er stand auf dem Gang.

»Ein Raubtiergehege kann nicht gefährlicher sein«, murmelte Theo verdutzt und drehte ab, um die Klinik zu verlassen.

»So, was hast du inzwischen über Noah Kassling herausgefunden?«, erkundigte sich der Hauptkommissar bei Blume, nachdem er nach seiner Rückkehr in die Dienststelle seine beiden Kollegen sofort über das Gespräch im Krankenhaus ins Bild gesetzt hatte.

»Nicht ich, sondern ›*wir*‹ haben Folgendes über den jungen Kassling gefunden. Er ist das Kind von Christina und Rudolf Kassling und hat noch eine drei Jahre jüngere Schwester. Die Mutter Christina stammt gebürtig aus Markt Einersheim und Noahs Vater lebt seit seiner Jugend in Iphofen. Die Familie wohnt auch in Iphofen im Elternhaus von Rudolf Kassling. Noah ist genauso alt wie Karola Birkner und deren Schulfreund seit der Grundschule. Ab dem Zeitpunkt, als Karola ins Gymnasium ging, trennten sich ihre schulischen Wege, weil Kassling nur den qualifizierten Hauptschulabschluss gerade so schaffte. Das liegt aber nicht daran, dass er dumm ist, sondern einfach nur faul war. Jasmin hat sich mit seiner ehemaligen Klassenlehrerin unterhalten und die konnte sich noch gut an ihn erinnern, da er für sie ein Problemfall war. Beruflich ist Noah bei einer Dachdeckerfirma, die momentan in der Schlechtwetterzeit ist, weshalb er gerade nicht arbeitet. Strafrechtlich ist er noch nicht in Erscheinung getreten, nur verkehrstechnisch mit zwei Punkten in Flensburg. Ich habe mit Karolas Mutter telefoniert und die hat mir gesagt, dass Noah und ihre Tochter seit der Schule dicke Freunde sind, aber mehr auch nicht. Sie haben aber ein gemeinsames Hobby, und das ist der Kampfsport. Sie betreiben beide Taekwondo.«

Jasmin ergänzte Rautners Bericht. »Ich habe auch mit Noahs Schwester gesprochen und die lässt kein gutes Haar an

Karola. Sie meinte, ihr Bruder wäre Karola hörig. Das würde sich dahingehend zeigen, dass sie ihn manipuliere und ausnutze. Ich habe sie gefragt, wie sich das äußert, aber sie konnte oder wollte dazu nicht deutlicher werden.«

Nachdem Jasmin geendet hatte, blieb es einen Moment lang still im Zimmer. Der Hauptkommissar drehte gedankenversunken einen Kugelschreiber in den Händen.

»Lässt du uns an deinen Überlegungen teilhaben?«, unterbrach Chris die Stille.

Er musste sich mit einer Antwort gedulden, da Habich zuerst gar nicht auf seine Anspielung zu reagieren schien. Mit einem Mal ließ er den Schreiber auf den Tisch fallen und lehnte sich zurück.

»Was wäre, wenn die beiden Toten gar nicht beabsichtigt waren?«

»Wie meinst du das?«

»Na ja, laut Gerichtsmedizin waren die möglichen Todesursachen bei Karl Birkner nicht zwingend gewollt. Der plötzliche Herzinfarkt … Das Aneurysma, von dem keiner wusste … Ein unglücklicher Treppensturz mit tödlichen Folgen. Alles Dinge, die im Streit oder Gerangel passieren können, ohne dass der Verursacher dabei den Tod des Mannes wollte. Ähnlich bei Hermann Birkner … Ein Schubserer … Birkner stolpert und knallt mit dem Kopf auf den Stapler … Der Täter denkt, dass Birkner tot ist, will die Leiche verstecken und ab damit in die Trommel …«

»Moment, Moment, hier hat die Sache einen Haken«, unterbrach Jasmin. »Warum haben der oder die Täter dann die Maschine eingeschaltet? Ich an ihrer Stelle wäre stillschweigend verduftet.«

»Ich gebe zu, das passt nicht so ganz ins Bild«, gestand Theo, setzte aber trotzdem seine Ausführung fort. »Lassen wir das mit der Weinpresse mal außen vor und sehen uns den Überfall auf Andreas Birkner an. Auch hier könnte man vermuten, dass kein Mord oder eine derart schwere Verletzung geplant war. Vielleicht sollte es nur ein Denkzettel oder eine Warnung sein, die schiefging und zu heftig ausfiel.«

»Ehrlich gesagt verstehe ich nicht so ganz, wohin deine Überlegungen führen«, wunderte sich Chris.

»Ich auch noch nicht, aber mir geht das Trio nicht aus dem Kopf, Tomas Burger, Karola Birkner und dieser Kassling. Chris, du fährst noch einmal ins Weingut. Dort stellst du das Gewehr, die Uhr und das Geständnis sicher. Unsere Kriminaltechniker sollen sich alles mal anschauen.«

»Was hoffst du zu finden?«

»Keine Ahnung, mach es einfach«, meinte Theo etwas gereizt, dann wandte er sich an Jasmin. »Du lädst für morgen früh die drei Herrschaften vor, die ich eben genannt habe, diesen Burger, die Birkner, den Kassling und außerdem Jessica Issing. Wir werden uns mal hier mit ihnen unterhalten. Außerdem kümmere dich bitte mal darum, dass du die Telefonlisten der vier gerade Genannten bekommst.«

Zusammen mit Rautner verließ auch Habich das Dienstgebäude. Während Chris, den Anweisungen folgend, nach Iphofen fuhr, schlug der Hauptkommissar den Weg zur Gerichtsmedizin ein.

Dort traf er die Rechtsmedizinerin bei ihrer Mittagspause an. Sie saß mit übergeschlagenen Beinen an ihrem Schreibtisch und knabberte Rohkost aus einer Brotzeitdose. Gerade zerkleinerte sie mit mehreren schnellen Bissen das Stück einer geschälten Karotte.

»Ach, Herr Hauptkommissar, wie kann ich helfen?« Die Begrüßung fiel – wegen der Karottenstückchen im Mund – etwas undeutlich aus.

»Jetzt wirst ›*du*‹ aber förmlich«, stellte Theo verwirrt fest.

»Ich wollte dir nur zeigen, dass ich das auch beherrsche. Wir sind quitt«, lächelte Dorothea den Hauptkommissar an, um dann schelmisch grinsend zu sagen: »Bist du gekommen, um dich über Weih…«

»Bitte nicht«, unterbrach sie Theo, »bitte sprich das Wort nicht aus. Ich bin dienstlich hier.«

Die Mundwinkel der Gerichtsmedizinerin zogen sich vor lauter Vergnügen von einem Ohr zum anderen. »Nun, dann wollen wir unser Gespräch mal auf die beruflichen Belange beschränken. Was kann ich für dich tun?«, fragte sie dienstbeflissen.

»Hmm, es geht um die Hämatome bei Karl und Hermann Birkner …«

»Du meinst die, die bei dem alten Birkner das Aneurysma auslösten, und die, die ich bei Hermann Birkner wegen der rotierenden Trommel nicht zuordnen kann?«

»Wenn du es so ausdrückst, klingt es nicht sehr positiv.«

Ihre Stirn kräuselte sich, als sie fragte: »Sag mir doch einfach, was du wissen willst, oder ist das zu kompliziert?«

»Ich möchte dich bitten, dir die Verletzungen noch einmal anzuschauen und miteinander zu vergleichen.«

»Was hoffst du, dass ich dabei finde?«

»Ob es Übereinstimmungen bei den Hämatomen gibt … Also, ich meine, gleiche Stelle … vielleicht gleiche Kraft … ob mit Fuß oder Hand ausgeführt … einfach nur Ähnlichkeiten oder so etwas.«

»Wieso glaubst du, dass es so etwas gäbe?«

»Na ja, zum Beispiel ein Kampfsportler verwendet doch immer wieder die gleichen Griffe oder Schläge. Könnte es da nicht Gemeinsamkeiten geben, wenn es der gleiche Täter war?« Habich sah den zweifelnden Blick der Rechtsmedizinerin. »Kannst du es dir nicht wenigstens noch einmal anschauen?«

»Das dürfte schwer zu beweisen sein.« Dorothea wiegte den Kopf hin und her, drehte sich dabei aber in Richtung des Computers.

»Vielleicht muss ich es gar nicht beweisen, sondern nur jemanden mit der Erkenntnis konfrontieren«, zwinkerte der Hauptkommissar Dorothea zu.

Nachdem Frau Doktor Wollner mehrere Mausklicks vollzogen hatte, tauchten auf zwei nebeneinanderstehenden Computerbildschirmen Fotografien von menschlicher Haut auf. Rötliche und bläulich rote Merkmale zeigten die verletzten Stellen.

»Das ist Karl Birkner«, die Rechtsmedizinerin deutete auf den linken Bildschirm, »und das sind die Kennzeichnungen bei Hermann Birkner«, sie zeigte auf den rechten Bildschirm. Zwei Augenpaare wanderten von einem zum anderen Computer. »Wie ich dir schon sagte. Beim ersten Opfer sind die Blutergüsse klar und deutlich zu sehen, bei dem zweiten Opfer werden die betroffenen Stellen von anderen überlagert. Das kam durch das ständige Rollen und Aufschlagen in der Trommel. Es ist zwar der gleiche Körperbereich, aber eine Gemeinsamkeit kann ich beim besten Willen nicht feststellen, höchstens mit mehr Einbildungskraft als Realität.«

»Schade«, meinte Theo enttäuscht, »ich hatte zumindest auf kleine Anzeichen von Übereinstimmungen gehofft.«

Mit diesem unbefriedigenden Ergebnis verabschiedete sich Habich von der Rechtsmedizinerin, ohne das andere leidliche Thema noch mal angesprochen zu haben.

Nach seiner Rückkehr auf die Dienststelle setzte sich der Hauptkommissar vor die Wand mit den Namen und Bildern der Familie Birkner und aller, die jemals in dem Fall als verdächtig galten. Die meisten Namen waren mit einem X überschrieben und somit vom Tatverdacht ausgeschlossen worden. Dagegen stand hinter Jessica Issing, Tomas Burger und Karola Birkner ein Fragezeichen. Theo nahm einen Filzstift, schrieb den Namen Noah Kassling dazu und versah ihn ebenfalls mit einem Fragezeichen. Aus den Augenwinkeln beobachtete Jasmin, was ihr Chef da trieb, ohne sich dazu zu äußern. Intensiv las sich Habich anschließend die dazugehörigen Aussagen noch einmal durch.

»Warum kommt dieser Kassling jetzt auch auf die Liste der Verdächtigen?«, konnte sich Jasmin irgendwann doch nicht mehr zurückhalten.

»Weil er ein Nachkomme des ermordeten Herbrecht ist«, antwortete Theo, ohne die Augen von den Unterlagen zu nehmen.

»Du glaubst also wirklich, dass diese uralte Sache etwas mit den aktuellen Geschehnissen zu tun hat?«

»Hast du eine andere Theorie?«, fragte Theo und sah sie an. »Ich bin jederzeit bereit zuzuhören.« Jasmins Schweigen nahm er als dementsprechende Antwort. »Siehst du, ich auch nicht.« Wieder senkte sich sein Blick auf die Unterlagen. Er schüttelte sein haarloses Haupt. »Irgendwer spielt hier eine Art Racheengel oder so etwas Ähnliches.«

Habichs Theorie

»Warum muss ich hier erscheinen?« Diese Frage stellte nicht nur Jessica Issing, mit der sich Hauptkommissar Habich als Erstes unterhielt, sondern alle, die vorgeladen waren. Durch einen venezianischen Spiegel verfolgten Jasmin und Chris aus einem kleinen Nebenraum die Befragung ihres Chefs.

»Frau Issing, ich möchte Sie bitten, sich noch einmal genau zu erinnern, wo Sie zu den Tatzeiten waren oder was Sie da gemacht haben.« Habich nannte ihr den jeweiligen Tag und den dazugehörigen, von der Gerichtsmedizin festgestellten Zeitraum.

»Das habe ich Ihren Kollegen doch schon gesagt.«

»Ihre Aussagen sind ein bisschen dürftig«, meinte Habich und blätterte in den Papieren. »Beim ersten Mord waren Sie ›*irgendwo*‹ im Weingut, als Hermann Birkner umkam, waren Sie angeblich alleine zuhause und bei Andreas Birkner auch. Theoretisch haben Sie also für keine der Zeiten ein vernünftiges Alibi.«

»Ja, wenn ich gewusst hätte, dass ich so etwas brauche, dann hätte ich mich natürlich darum bemüht«, entgegnete Jessica ein wenig sarkastisch. »Glauben Sie wirklich, ich habe die Taten begangen? Bei dem alten Birkner könnte ich Ihren Verdacht ja noch verstehen, aber Hermann hat mir nichts getan und Andreas erst recht nicht. Den liebe ich und könnte ihm nichts antun«, argumentierte sie selbstbewusst.

Habich kniff die Lippen zusammen, bevor er sagte: »Dann versuchen Sie sich doch wenigstens an den Freitag zu erinnern, an dem Karl Birkner starb. Sie haben ausgesagt, dass Sie bis nach 20 Uhr anwesend waren. Vielleicht ist Ihnen doch etwas aufgefallen, das Sie nicht für wichtig hielten, das es aber durchaus sein könnte. Jemand der sich auffällig verhielt, ein Fremder, der da war, wo er nicht hingehört, ein Streit oder sonstiger ungewöhnlicher Lärm.«

Angestrengt überlegte Jessica und versuchte ihrem Gedächtnis Details zu entlocken. Nach kurzer Zeit schüttelte sie den Kopf. »Außer Cornelia, Waltraud und den Gästen der Weinprobe habe ich an dem Abend niemand gesehen.«

»Und die waren alle in der Probierstube?«

»Nein, nein, Waltraud habe ich auf dem Hof gesehen, wie sie in die Halle ging, unter der die Weinkeller sind. Kurz darauf musste ich noch einmal raus und da habe ich einen jungen Mann bei den parkenden Autos gesehen, der dort rauchte. Ich nahm an, dass er zu der Gesellschaft gehörte, die drinnen eine Weinprobe hatte.«

»Was sagen Sie da?«, erkundigte sich der Hauptkommissar ganz überrascht. »Waltraud Birkner ist am Tatabend in der Halle gewesen? Womöglich auch im Keller?«

»Das weiß ich nicht. Ich habe sie nur gesehen, wie sie die Richtung einschlug. Was sie dort wollte, kann ich Ihnen auch nicht sagen. Vielleicht hat sie für die Weinprobe noch einen besonderen Tropfen oder etwas anderes Alkoholisches gebraucht.«

»Wissen Sie noch, wann das war?«

Wieder überlegte Jessica. »Ich bin danach in den Verkaufsladen, habe noch ein paar Dinge hergerichtet und dann in die Probierstube, um zu fragen, ob ich gehen kann. Also ungefähr eine halbe Stunde vor meinem Feierabend.«

»Können Sie den jungen Mann näher beschreiben, den Sie draußen sahen?«

»Nein, er war groß und schlank. Mehr konnte ich nicht erkennen, da er unter seiner Jacke so ein Shirt mit Kapuze trug, und das hatte er auf. Außerdem sah ich ihn nur von der Seite.«

Hinter dem Einwegspiegel sahen sich Jasmin und Chris an, während ihr Chef die erste Befragung beendete.

»Das würde ja bedeuten, dass Hermanns Frau um die Tatzeit herum in der Nähe des Tatortes oder direkt dort gewesen sein könnte«, meinte Rautner.

»Ja, aber du glaubst doch nicht wirklich, dass die Frau den alten Birkner, ihren Mann und beinahe auch Andreas Birkner beseitigt hat?«, fragte Jasmin ungläubig. »Und wer war der Raucher?«

»Ich denke, darüber sollten wir uns Gewissheit verschaffen, indem wir Frau Birkner fragen«, gab Theo, der gerade den Raum betreten hatte, zur Antwort. »Zudem haben wir jetzt einen neuen Unbekannten im Spiel.«

»Willst du eigentlich die ganzen Befragungen selbst machen?«, erkundigte sich Jasmin vorwurfsvoll.

»Da ihr Zweifel an meiner Theorie habt, hört zu und lernt«, antwortete Theo schulmeisterhaft. »Obwohl«, Habich stieß seinem jungen Kollegen mit dem Zeigefinger vor die Brust, »du fährst ein weiteres Mal nach Iphofen und sprichst mit Waltraud Birkner. Sollte ihre Aussage für dich nicht plausibel sein oder sie leugnet, in der Halle gewesen zu sein, dann bringst du die Frau gleich mit.« Danach machte der Hauptkommissar Anstalten, den Raum wieder zu verlassen. »Ich werde jetzt als Nächstes mit Karola Birkner reden«, informierte er Jasmin und war zur Tür draußen.

Eine Minute später sah ihn Blume mit der jungen Frau in den Vernehmungsraum eintreten. Mit einem Handzeichen forderte er Karola Birkner auf sich zu setzen.

»Was wollen Sie denn noch von mir?«, ging Karola sofort wieder auf Konfrontationskurs.

Gelassen rückte Habich seinen Stuhl zurecht und legte die Hände flach auf den Tisch. »Auch wenn Ihnen die Familie Birkner sonst wo vorbeigeht, es sind zwei Menschen gestorben, einer wurde schwer verletzt und ich möchte den Täter finden.«

»Und was habe ich damit zu tun?«, war alles, was die junge Frau darauf entgegnete.

Jasmin bewunderte Theo, der mit Engelsgeduld die Arroganz Karolas ertrug. Sie glaubte aber auch ein bisschen Unsicherheit in ihrem Verhalten zu erkennen. Oftmals waren Gleichgültigkeit oder Überheblichkeit ein Schutzschild gegen die wahren Empfindungen.

»Sie stecken mittendrin. Ihren Groß…, äh den alten Birkner konnten Sie nicht ausstehen, Ihren …, also Hermann Birkner hat Sie beleidigt und gedemütigt, vielleicht hatten Sie auch etwas gegen Andreas Birkner. Für mich sind das genug Gründe, Sie als Tatverdächtige anzusehen.« Beim letzten Satz hatte der Hauptkommissar seine Stimme erhoben und war energischer geworden. »Es wäre besser für Sie, den Mund aufzumachen …« Es klopfte an der Tür. »Was ist?«

Kommissarin Blume kam herein und legte ein DIN-A4-Blatt vor ihren Chef mit dem Hinweis: »Der Untersuchungsbericht der KTU von den zwei Sachen … Na, du weißt schon«, deutete sie an und verschwand wieder.

Es wurde still im Zimmer, da Habich den Bericht überflog und Karola trotzig auf den Spiegel starrte. Dann nickte er, brummte kurz vor sich hin und hob den Kopf.

»Kommen wir zu etwas anderem. Ihr Freund Burger hat Ihnen von der alten Geschichte erzählt, in die ein Vorfahre der Birkners verstrickt war.« Von der jungen Frau kam keine Reaktion auf Theos Bemerkung. »Wann sind Sie mit den Sachen in Berührung gekommen, die damals verschwanden?«

Karola zögerte mit der Antwort, woraufhin Habich ihr einen Anstoß gab, indem er den Zettel hochhielt, den seine Kollegin gerade hereingereicht hatte. »Bevor Sie anfangen zu leugnen, hier habe ich einen Beweis. Und zwar den eindeutigen Nachweis, dass Sie das Zeug sogar schon in Händen hielten. Ihre Fingerabdrücke waren – zusammen mit anderen – sowohl auf der Waffe als auch auf der Uhr.«

Es dauerte einen Augenblick, bis Karola zu reden begann. »Wir waren damals Kinder von sieben oder acht Jahren. Versteck spielen und auf Entdeckungsreisen gehen waren unsere liebsten Beschäftigungen …«

»Wer ist *›wir‹*?«, unterbrach Habich.

»Noah und ich. Dabei sind wir eines Tages im hintersten Eck des Weinkellers – abgedeckt durch mehrere Planen und Säcke – auf eine große Truhe gestoßen. Es war ein verziertes Teil mit Eisenbeschlägen und Ornamenten im Holz. Leider war das prachtvolle Stück mit einem Vorhängeschloss versperrt. Wie nun mal Kinder so sind, hat das natürlich erst recht unsere Neugier geweckt. Am nächsten Tag waren wir wieder dort und Noah hatte Werkzeug dabei. Wie er das Schloss aufbekommen hat, weiß ich heute nicht mehr, aber er hat es geschafft. Wir fanden darin allerlei verschiedene alte Dinge, teilweise in Stoffe eingepackt.« Karola überlegte. »Woran ich mich noch erinnern kann, war eine Öllampe aus Messing, ein aufwendig verzierter Bierkrug, eine geschnitzte Heiligenfigur und ein kleines Gemälde. Aber da war noch einiges mehr drin. Ganz unten in der Truhe stießen wir auf einen Leinensack. In dem Sack befand sich ein länglicher Gegenstand, in irgendein festes Papier – ich weiß nicht, ob es Öl- oder Wachspapier war – eingeschlagen, anschließend in eine grobe Decke gewickelt und verschnürt. Es war ein altes Gewehr aus Holz und Eisenteilen. Des Weiteren eine ähnlich verpackte kleine Schatulle mit einer – wie ich fand – toll glänzenden Taschenuhr. Leider erwischte uns mein Großvater bei unserer Erkundigung, machte ein Riesenspektakel und jagte uns schimpfend davon, bevor wir unseren Fund näher in Augenschein nehmen konnten.«

»Natürlich hat ihr Großvater gleich danach die Sachen vor Ihnen in Sicherheit gebracht, vermute ich mal.«

»Ja, die alte Truhe wurde irgendwann danach restauriert und steht schon seit Jahren als Zierde im Verkaufsraum des Weingutes. Vielleicht waren wir sogar der Auslöser dafür, dass das alte Schmuckstück wieder neuen Glanz und eine neue Bestimmung bekam. Was mit dem Inhalt passierte, darüber kann ich nichts sagen.«

»Hmm! Und von Ihrem Freund erfuhren Sie nun, was es mit den Fundstücken von damals auf sich hat? Weiß Noah auch über den Fund aus der Vergangenheit Bescheid?« Karola nickte zweimal zaghaft. »War Ihnen klar, was das bedeuten könnte? Ich meine, dass ein Birkner bei dem Verbrechen seine Hände im Spiel hatte.«

»Ja! Tomas hat aufgrund der Zeitungsberichte Vermutungen angestellt.«

Unverhofft schoss aus dem Mund des Hauptkommissars die Frage: »Haben Sie Karl und Hermann Birkner getötet sowie Ihren Onkel schwer verletzt?«

Die junge Frau schluckte nervös einige Male, dann setzte sie wieder ihre trotzige Miene auf. »Nein, nein, ich war das nicht.«

»Gut, vorläufig war's das erst mal. Sie bleiben aber bitte noch hier für den Fall, dass ich noch Fragen habe.«

Theo ließ Karola von einer uniformierten Kollegin abholen und bat diese, Noah Kassling ins Vernehmungszimmer zu bringen. Währenddessen hatte er sich erneut den Bericht der Kriminaltechnik vorgenommen und ein weiteres interessantes Detail ein zweites Mal gelesen.

Als der junge Mann vor ihm saß, eröffnete der Hauptkommissar seine Befragung mit der Feststellung: »Ihre Eltern sind Christina und Rudolf Kassling?«

»Ja, aber warum bin ich eigentlich hier?«

»Dazu komme ich sofort. Ihre Mutter ist eine geborene Herbrecht?«

»Ja!«

»Sie sind doch viel mit Karola Birkner zusammen.«

»Klar, Karola und ich kennen uns schon seit der Schule.«

»Und ihren neuen Freund Tomas Burger kennen Sie dann sicherlich auch.«

»Logisch, er wohnt ja bei Karola.«

»Wissen Sie auch, was er beruflich macht und warum er hier ist?«

»Er ist so ein … ein«, Noah suchte nach dem richtigen Begriff, »na halt jemand, der sich für die Vergangenheit interessiert, und er hat im Archiv herumgestöbert.«

»Dann haben Sie doch sicherlich mitbekommen, dass er etwas über den Doppelmord herausfand, der im 19. Jahrhundert auf Iphöfer Gebiet passierte?« Der unsichere Blick und die Frage, die Noah in den Augen stand, *»soll ich oder soll ich es nicht zugeben«*, nötigten den Hauptkommissar zu einer zusätzlichen Erklärung. »Tomas Burger hat von dem Ereignis aus alten Zeitungsausschnitten erfahren und Ihnen beiden, also Karola und Ihnen, davon berichtet.«

»Äh … ja, ja … Ach so, davon sprechen Sie.«

Nicht nur Jasmin hinter der Scheibe, sondern auch Theo bemerkte die Unsicherheit und Nervosität des jungen Mannes.

»Dann wissen Sie ja auch, dass dabei ein Vorfahre von Ihnen – es müsste Ihr Ururgroßvater gewesen sein – umgebracht wurde. Er war Jagd- und Forstaufseher des Grafen und

Sie haben sogar schon sein Gewehr und seine Uhr in Händen gehalten.«

Noahs Augenlider begannen unruhig zu flackern. »Was? ... Wieso? ... Gewehr ... Uhr, also davon weiß ich jetzt nichts. Wie kommen Sie darauf?«

Leise aufstöhnend lehnte sich Habich zurück. »Ach, Herr Kassling, wollen wir nicht diese Spielchen lassen? Wir haben die beiden Gegenstände sichergestellt und neben Karola Birkners Fingerabdrücken und einigen anderen, die wir nicht zuordnen konnten, auch Ihre darauf gefunden.« Demonstrativ legte der Hauptkommissar die linke Hand auf den KTU-Bericht. »Es ist zwar schon sehr lange her, aber seitdem sind die beiden Altertümer scheinbar nicht mehr ›*so*‹ oft angefasst worden.«

Gleich nach Eintreffen der einbestellten Personen hatte Jasmin die erkennungsdienstliche Erfassung Noah Kasslings in die Wege geleitet, trotzdem sie an Habichs Theorie immer noch Zweifel hatte. Die Kriminaltechnik war mit dem Abgleichen der Abdrücke schnell gewesen, deswegen lagen die Ergebnisse auch jetzt schon vor Habich auf dem Tisch. Das Ergebnis hatte Jasmin überrascht und ließ sie in ihrer Meinung wanken.

»Und wissen Sie, was hier noch drinsteht? Ihre Abdrücke waren nicht nur auf dem Gewehr, sie waren auch an dem Gabelstapler, mit dem Hermann Birkner in die Trommel verfrachtet wurde. Ich kann Ihnen auch sagen, was das für Sie bedeutet.« Die Unruhe des jungen Kassling nahm zu. »Sie sind höchst verdächtig, die zwei Morde und den Überfall auf Andreas Birkner begangen zu haben.«

»Na und, dann habe ich die Sachen mal angepackt. Das ist zig Jahre her, da waren wir noch Kinder. Dafür können Sie mich nicht verantwortlich machen und meine Abdrücke auf dem Stapler kommen davon, dass ich ihn benutzt habe, als ich bei der Weinlese geholfen habe. Das können Sie nachprüfen.«

»Nein, nein«, der Hauptkommissar schüttelte den Kopf, »die Spuren sind frisch. Wäre das in der Weinlesezeit gewesen, dann wären die Abdrücke schon längst von anderen weit mehr überlagert worden und womöglich nicht mehr erkennbar gewesen.«

Der Klingelton von Theos Handy stoppte seine Befragung, Rautner war am anderen Ende. Um ungestört reden zu können, verließ der Hauptkommissar den Verhörraum.

»Was gibt es?«, fragte Theo kurz angebunden.

»Ich habe mit Waltraud Birkner gesprochen. Zuerst hat sie abgestritten in der Halle gewesen zu sein. Dann habe ich aber durchsickern lassen, dass ihre Tochter bei uns sitzt und als mögliche Verdächtige verhört wird. Plötzlich hat sie ihre Meinung geändert und behauptet nun, die Taten begangen zu haben. Was hältst du davon?«

»Ich habe doch gesagt, wenn etwas unklar ist, bring sie hierher, dann werden wir sehen.« Theo wollte schon auflegen, als ihm noch etwas einfiel. »Ach Chris, lass dir mal von der Frau zeigen, wie man die Weinpresse bedient und den Gabelstapler benutzt.« Bevor Rautner noch etwas sagen konnte, trennte Habich die Verbindung. »Jetzt kommt endlich Bewegung in die Sache«, brummte er zufrieden und betrat dabei den Raum in dem Jasmin stand.

»Was meinst du damit?«, erkundigte sich die Kommissarin, da sie Theos Worte vernommen hatte.

Er klärte sie kurz über das Telefonat mit Rautner auf und sah gedankenversunken auf den jungen Mann im Nachbarzimmer, der auf glühenden Kohlen zu sitzen schien, so wie er auf seinem Stuhl hin und her rutschte. Dann wandte er sich an Jasmin und meinte: »Ich glaube, wir stehen kurz vor der

Aufklärung des Falles, und den da«, damit drehte er den Kopf in Richtung des jungen Kassling, »lassen wir noch ein bisschen schmoren. Erst will ich mit Waltraud Birkner gesprochen haben, dann sehen wir weiter.«

Wortlos ging der Hauptkommissar in den Vernehmungsraum, nahm die Akten, die noch auf dem Tisch lagen, an sich und verschwand damit in seinem Zimmer. Nachdem er sich im Bürosessel niedergelassen hatte, schlug er die Unterlagen auf und nahm ein besonderes Schriftstück heraus, das durch eine Klarsichthülle vor Verschmutzung geschützt wurde. Es war ein über hundert Jahre altes Bekenntnis eines Mörders, der nicht mehr zur Verantwortung gezogen werden konnte, deren Nachfahren aber mit der Kenntnis ein schweres Erbe angetreten hatten. Wieder stach die alte Kurrentschrift – Theo inzwischen nicht mehr fremd – ins Auge. Gegenüber den akkuraten Schriften, die er im Archiv gesehen hatte, wirkten die Buchstaben hier unsauber und verwackelt, als wenn sie von zittriger Hand geschrieben worden wären. Wie bei einem Vermächtnis oder Testament war das Schreiben mit dem Namen des Verfassers – Georg Birkner – versehen. Auch ein Datum fand der Hauptkommissar. Das wie eine Beichte für die Nachwelt klingende Geständnis war am 24. Dezember 1895 verfasst worden. Es war sicherlich kein Zufall, dass das Schriftstück genau am Heiligen Abend aufgesetzt worden war. Wenn man, so wie Habich, wusste, dass Georg Birkner im Februar 1896 verstorben war, dann war der Gedanke naheliegend, dass der Mann krank war und sein Ende nahen sah. Unwillkürlich stellte sich Habich vor, wie der Schreiber der Zeilen sein Gewissen auf diese Weise versucht hatte zu erleichtern. Ausführlich schilderte er seine heimliche Liebe zu der schier unerreichbaren Elisabeth Hollbein, die ja anderweitig versprochen war. Dann das zufällige Aufeinandertreffen mit deren angehendem Verlobten Franz Joseph Dannemann. Er habe die Gunst der Stunde genutzt, um den Rivalen zu beseitigen in der Hoffnung, dann freie Bahn bei der jungen Hollbein zu haben. Der zweite Mord sei aus der Verkettung unglücklicher Umstände entstanden, schrieb Birkner. Der Aufseher Herbrecht habe ihn am Tattag in der Nähe des Tatortes gesehen. Anstatt diesen Umstand den Gendarmen zu melden, hatte Herbrecht ihn einige Wochen später angesprochen und ihm den Verdacht ins Gesicht gesagt, dass er ihn für den wirklichen Täter hielt. Gleichzeitig hatte er Andeutungen gemacht, *»wie man die Sache regeln könnte«*, wie er es nannte. Der junge Birkner, der aus der gleichen Gemeinde wie Herbrecht kam, wusste um die Habgier des gräflichen Angestellten. Angst vor der Enttarnung als Täter hätte ihn falsch reagieren lassen, gestand Birkner, und er sei auf die Forderung Herbrechts eingegangen. Erst später wäre ihm bewusst geworden, dass er damit die Tat eingestanden habe. Was ihm danach noch klar geworden war, sei die Tatsache, dass Herbrecht ihn nun in der Hand hatte und diese immer wieder aufhalten würde. Daher sei ihm kein anderer Ausweg geblieben, als dieses Übel ebenfalls aus der Welt zu schaffen. Die Gelegenheit habe sich kurz darauf ergeben, als die beiden sich unweit der Stelle des ersten Mordes wieder über den Weg gelaufen seien. Die Idee, die beiden Morde Burgecker anzulasten, habe er noch am gleichen Tag aufgegriffen, als er diesen in den Weinbergen sah und sich an die Aussage der alten Rathke erinnerte. Die Tatwaffe habe er ohne Schwierigkeiten in dem Haus, in dem Burgecker mit seiner Lebensgefährtin wohnte, deponieren können, las der Hauptkommissar weiter. Den Verlockungen, das Gewehr, die Uhr und den Geldbeutel mitgehen zu lassen, habe er nicht widerstehen können. Was Habich in dem Schreiben vermisste, war ein Wort der Entschuldigung und der Reue. Eigentlich bestand der Text nur aus Rechtfertigungen für seine Gräueltaten.

Schwer atmend legte Habich das Papier zur Seite und lehnte sich zurück. Zumindest in der Hinsicht, dass ein Birkner für die damaligen Schlagzeilen verantwortlich war, hatte er schon mal Recht behalten. Nun musste er nur noch die Zusammenhänge zu den aktuellen Taten ins rechte Licht rücken.

Wie im Wachsfigurenkabinett saß Theo minutenlang regungslos da. Aber leider konnte der Hauptkommissar nicht lange seinen Gedanken nachhängen, denn Rautner stürmte unangemeldet und ohne anzuklopfen in sein Büro.

»Wo möchtest du mit Waltraud Birkner reden?«

»Hier bei mir.« Chris war gerade im Begriff, den Raum wieder zu verlassen, als sein Chef hinterherrief: »Was ist jetzt, hast du ihre technischen Kenntnisse überprüft?«

»Ach so, ja klar.« Rautner machte auf dem Absatz kehrt. »Die Weinpresse hat sie anbekommen, nachdem sie mehrmals unkontrolliert auf dem Display herumgedrückt hat. Ich denke, das war mehr Zufall als gekonnt. Ähnlich schlecht hat Frau Birkner sich mit dem Stapler angestellt. Weder das Gerät zu fahren noch zu bedienen hat so richtig geklappt. Es hat sich mehr wie Verzweiflung angefühlt, etwas beweisen zu müssen, was nicht funktionierte. Wenn du mich fragst, ich würde es ihr eher nicht zutrauen.«

»So ungefähr habe ich mir das vorgestellt«, nickte Theo. »Also, dann hol die Dame mal herein.«

Die Person, die da ins Zimmer kam, in Jeans, Pullover und dicker Jacke, war nicht mehr die souveräne Geschäftsfrau, wie Theo sie vor ein paar Tagen im Weingut kennen gelernt hatte. Sie wirkte müde, niedergeschlagen und schien gealtert zu sein oder sie war nur schlecht geschminkt. Der Hauptkommissar hatte sein Gespräch noch nicht begonnen, da kam Rautner aus dem Nebenzimmer hinzu und spielte stiller Zuhörer.

»Frau Birkner, bleiben Sie auch weiterhin bei der Behauptung, dass Sie die Taten begangen haben?«

»Ja!«

»Verraten Sie mir warum? Warum jetzt? Warum überhaupt?«

Sekundenlang schwieg die Gefragte, dann zuckte sie mit den Schultern. »Es ist einfach passiert. Mit meinem Schwiegervater hatte ich Streit und Hermann … Na ja, er hat mich in letzter Zeit auch nicht gut behandelt, und dann die Sache mit Karola …«

»Und was war mit Ihrem Schwager Andreas?«

»Ich wollte den Weg für meinen Sohn frei machen. Andreas ist schwach und kann so ein Weingut nicht führen. Er hätte aber nicht freiwillig Platz gemacht.«

»Können Sie mir im Detail schildern, wie Sie die Taten begangen haben.«

»Wieso? Ich habe doch alles gestanden. Was wollen Sie noch mehr?«, fragte sie mit weinerlicher Stimme.

»Ich will gerne mehr über die Tathergänge wissen«, blieb Habich hartnäckig.

»Karl ist mir auf der Treppe begegnet, als ich aus dem Keller kam, wo ich für die Weinprobe einen besonderen Brand geholt habe. Wieder mal hat er herumgenörgelt und mich angepöbelt. Da habe ich ihn die Treppe hinabgestoßen …«

»Wie genau?«, wollte der Hauptkommissar wissen.

»An den Schultern gepackt und einen Stoß versetzt.«

»Mehr war da nicht?«

»Nein, was sollte da noch gewesen sein?«

Habich gab ihr auf die Frage keine Antwort.

»Gut, wie war es bei Ihrem Mann?«

»Er hat wieder mit Karola angefangen und mich beschimpft, da habe ich zugeschlagen.«

»Wie oder mit was?«

»Weiß ich nicht mehr, da lag irgendwas herum, eine Stange, ein Kantholz oder ein Rohr.« Waltraud schüttelte den Kopf. »Ich weiß es wirklich nicht mehr.«

»Sie können schöne Geschichten erzählen, Frau Birkner, aber leider sind es auch nur Geschichten und nicht mehr ...«

»Verdammt, warum glauben Sie mir denn nicht?«, wurde Waltraud Birkner laut. In ihrer Stimme war ein leichtes Zittern. Theo hatte Waltraud als starke Frau erlebt, aber hier und jetzt machte sie nervlich nicht den stabilsten Eindruck.

»Weil Sie uns etwas vorlügen. Sie wollen jemand schützen, von dem Sie glauben, dass er es getan hat«, erhöhte Habich den Druck. »Es wird Ihnen aber nichts nützen. Wir sind demjenigen oder soll ich lieber sagen derjenigen schon auf der Spur.«

Waltraud hielt sich beide Hände vors Gesicht und begann zu schluchzen. »Nein, das darf nicht sein«, hörte Theo sie stammeln. »Warum lassen Sie es nicht, wie es ist, und akzeptieren mein Geständnis?«

»Weil ich niemand Unschuldigen ins Gefängnis stecke. Auch nicht, wenn er sich opfern will«, entgegnete Habich knallhart. Er ließ die flache Hand auf den Tisch fallen, sodass Waltraud zusammenzuckte. »Nun reden Sie endlich. Sagen Sie das, was Sie wissen, aber bitte schön die Wahrheit. Ihr falsche Aussage kann Ihnen nur Ärger einbringen, aber der wahre Täter entgeht dadurch seiner Bestrafung nicht.«

Schniefend zog Waltraud ein Taschentuch hervor und putzte sich die Nase. Eine Zeitlang rang sie mit sich, bevor es aus ihr herausplatzte: »Ich ... Ich kann doch nicht ... nicht meine ...«, erschrocken hielt Waltraud Birkner inne, ihr Satz blieb unvollendet.

»... meine Tochter ans Messer liefern, wollten Sie sagen«, vollendete Habich. »Das brauchen Sie auch nicht, wir haben Ihre Fingerabdrücke an zweien der Tatorte«, log Habich, um die Frau aus der Reserve zu locken. »Ihre Tochter ist dringend tatverdächtig. Geben Sie sich einen Ruck und sagen Sie mir, was passiert ist?«

»Nein, das kann ich nicht!«

»Warum nicht?«

»Ich habe nichts gesehen und weiß daher nicht, was geschehen ist.« Dann erzählte sie doch mit brüchiger Stimme: »Die Herrschaften von der Weinprobe wollten eine größere Menge Weinbrände, Liköre und einige Flaschen unserer besonderen Weine mitnehmen. So viel an Vorrat hatte ich nicht oben, also musste ich nach unten in den Keller, um etwas zu holen. Da ich die ganzen Flaschen nicht über die Treppe schleppen konnte, habe ich einen Transportwagen benutzt und den Aufzug genommen. Gerade als ich oben war und den Aufzug verlassen wollte, habe ich Karola und ihren Freund, diesen Amerikaner, gesehen, wie sie die Treppe hochkamen und die Halle verließen.«

Überrascht fragte der Hauptkommissar nach: »Sind Sie sicher, dass es Tomas Burger war, der dabei war?«

»Natürlich bin ich das, ich habe noch gute Augen«, antwortete Waltraud vorwurfsvoll. »Mich haben sie gar nicht bemerkt. Ich habe mir ehrlich gesagt auch nichts dabei gedacht und hatte auch keine Zeit, mir großartig Gedanken zu machen. Erst als man dann Karl fand, kam mir ein Verdacht. Aber ich bin mir sicher, Karola ist keine Mörderin. Mehr kann ich dazu nicht sagen.«

»Aber Ihrem Schwiegervater sind Sie nicht begegnet?«

»Nein.«

Etwas anderes fiel Theo noch ein. »Wenn Ihre Tochter und

Burger im Keller waren, dann muss doch das Licht gebrannt haben, ist Ihnen das nicht aufgefallen?«

»Das ist nichts Außergewöhnliches.« Waltraud zuckte mit den Schultern. »Zu der Jahreszeit gibt es genug Kellerarbeiten, auch bis spätabends. Dann ist es jederzeit möglich, dass Andreas oder Stefan oder sogar beide dort beschäftigt sind …«

»Und davon haben Sie nichts mitbekommen?«

»Die Keller sind sehr weiträumig und ich habe nicht darauf geachtet, da ich schnell wieder zu der Kundschaft in die Probierstube wollte. Es kann immer wieder mal vorkommen, dass die ganze Nacht irgendwelche Lichter brennen, obwohl niemand mehr unten ist.«

Habich begriff und nickte. Danach sah er lange die Frau an, die in kurzer Zeit einige Schicksalsschläge zu verkraften hatte. Ihr Leben, ihre Familie, ihre Existenz, alles drohte zu zerfallen. War ihr Mann doch die ganzen Jahre der Kopf des Unternehmens gewesen und sie das Rückgrat. Dieses Gespann war ein für alle Mal hinfällig. Nun bangte sie auch um ihre Tochter.

Ein anderer Aspekt brachte den Hauptkommissar noch mehr ins Grübeln. Hatte dieser Burger doch mehr mit der Sache zu tun? War er vielleicht ein Mittäter oder sogar der Haupttäter und Karola nur zufällig mit dabei? Die Situation warf neue Fragen auf. Nur in einem war sich Habich inzwischen ziemlich sicher, der oder die Täter gehörten zu dem heute anwesenden Personenkreis.

Unter der Aufsicht eines uniformierten Kollegen ließ er Waltraud Birkner in seinem Büro zurück und nahm das von Jasmin und Chris in Beschlag. Nachdem er die Verbindungstür geschlossen hatte, forderte er Chris auf, Tomas Burger zu holen.

»Herr Hauptkommissar, warum vergeuden Sie Ihre Zeit

mit mir? Ich habe mit alledem nichts zu tun«, beschwerte sich Burger während er sich auf den angebotenen Stuhl setzte.

»Diese Behauptung möchte ich Ihnen gerne widerlegen«, entgegnete Habich gelassen. »Sie wurden an dem Abend, als Karl Birkner getötet wurde, etwa zur Tatzeit im Weingut gesehen. Falls Sie es abstreiten, kann vielleicht Karola Birkner Auskunft darüber geben.«

Angesichts dieser Konfrontation verlor Burger für einen Moment seine Selbstsicherheit. Seine erste Reaktion war Schweigen. Theo merkte, wie es in seinem Kopf arbeitete. Er hielt ihn für intelligent genug, seine Situation richtig einzuschätzen.

»Also gut! Ich war im Weingut …«

»Mit Karola Birkner.«

»Ja, auch! Aber wir haben nichts mit dem Tod von Karl Birkner zu tun.«

»Moment! Wieso ›*auch*‹, war da noch jemand dabei?«

Burger nickte. »Noah.«

»Was haben Sie dort gemacht?«

»Wir waren auf Schatzsuche«, grinste Burger schräg.

»Schatzsuche?«, stellte Habich sich etwas begriffsstutzig.

»Na, es ging um das Gewehr und die Uhr. Als ich Karola von der Geschichte erzählt habe, konnte sie sich an die Fundstücke von damals erinnern, die sie mit Noah entdeckt hatte. Eigentlich war es idiotisch, zu suchen, da die Truhe ja nicht mehr im Keller stand, aber Karola bestand darauf. Auch Noah war ganz heiß darauf.«

»Das kann ich mir gut vorstellen«, warf Habich ein.

»Wir haben den ganzen Keller abgesucht, aber nichts gefunden. Auf dem Weg nach oben bemerkten wir plötzlich, dass jemand die Treppe herunterkam. Es war der alte Birkner.

Karola meinte, es wäre besser, wenn wir ihm nicht begegneten. Daraufhin haben wir uns hinter den Weintanks versteckt. Als er weg war, sind wir die Treppe hinauf und haben das Weingut verlassen. Das Ganze war eine Schnapsidee, von der sich die beiden nicht haben abbringen lassen.« Tomas Burger hob etwas hilflos die Hände. »Eigentlich bin ich nur aus Sympathie für Karola mitgegangen.«

»Und Sie sind sicher, dass Karola und der junge Kassling Ihre Schilderung bestätigen?«

»Zumindest Karola kann das. Noah habe ich nicht mehr gesehen, nachdem wir uns versteckt hatten. Er stieß erst später außerhalb des Weingutes wieder zu uns.«

»Und Sie bleiben dabei, dass Sie zu den anderen Tatzeitpunkten mit Frau Birkner bei ihr zuhause waren?«

»Ja, hundertprozentig! Ich gebe Ihnen mein Ehrenwort! Als Hermann Birkner starb, hat Karola ferngesehen und ich Vorbereitungen für meine Vorlesung am nächsten Tag getroffen. Am Abend des Überfalles auf den Bruder kam Karola kurz nach 22 Uhr nach Hause und wir sind um Mitternacht ins Bett.«

Mit den Worten »Bitte gedulden Sie sich noch einen Augenblick« erhob sich der Hauptkommissar und verließ das Zimmer.

Auf dem Flur traf Theo seine beiden Kollegen, die ihn erwartungsvoll ansahen.

»Bist du auf der Suche nach einem weiteren Raum, den du belegen kannst?«, stichelte Rautner.

»Genau, bringt alle in unseren großen Besprechungsraum«, gab der Hauptkommissar Anweisung und ließ die beiden Kommissare stehen.

Jasmin zog die Stirn kraus, sah Chris an und fragte: »Soll das ein Showdown werden?«

»Ich bin gespannt. Komm, lass uns die Schäfchen einsammeln.«

Zehn Minuten später waren alle in dem Raum versammelt, wo sonst größere Dienst- und Einsatzbesprechungen abgehalten wurden. Neben Jessica Issing, Mutter und Tochter Birkner, Kassling und Burger waren die beiden jungen Kommissare und zwei uniformierte Kollegen anwesend. Habich glänzte durch Abwesenheit und ließ auf sich warten. Es entstand Nervosität bei dem einen oder anderen der fünf einbestellten Personen. Man sah sich unsicher an, die beiden Kommissare sahen sich fragend an, nur die Kollegen in Uniform blieben von allem unberührt.

Es dauerte fast noch eine Viertelstunde, da tauchte der Hauptkommissar auf. Wortlos legte er die Ermittlungsakten vor sich auf den Tisch und blickte wie ein Lehrer in die Runde. Letzte Erkundigungen und Informationen, die er sich geholt hatte, waren der Grund für die Verspätung und so langsam, aber sicher war ein Bild der Geschehnisse in ihm entstanden. Nun musste er sich von den Beteiligten die Bestätigung holen oder ihnen Geständnisse entlocken.

»Ich bin überzeugt, dass die Schuldigen für die drei Taten an den Männern der Familie Birkner hier unter uns sitzen, und das werde ich beweisen«, eröffnete Habich die Zusammenkunft.

Überraschung, Empörung und Protestgemurmel machten sich breit. Der Hauptkommissar ignorierte die aufkommende Unruhe.

»Kommen wir zur ersten Tat an Karl Birkner. Vorab noch eine Frage an Herrn Kassling. Warum standen Sie am Tatabend im Hof des Weingutes zwischen den parkenden Autos und rauchten? Die Aussage, dass Sie bei der Suche dabei waren, habe ich schon.«

Der junge Mann wirkte überrumpelt. »Äh … äh, also ich habe auf Karola und ihren Freund gewartet.«

»Das heißt, die beiden waren noch im Keller und kamen später?«

»Ja, gerade als ich mit Rauchen fertig war.«

»Waltraud Birkner hat die zwei die Treppe hochkommen sehen und wie diese die Halle verließen. Das bedeutet, Herr Kassling stand zu diesem Zeitpunkt schon draußen und kann somit nichts mit dem Tod des alten Birkner zu tun haben.«

Theo wandte sich dem Doktor der Geschichte zu. »Sie, Herr Burger, haben mir erzählt, was im Keller geschah, aber Ihre erste Schilderung war nicht richtig. Ich vermute, Sie und Ihre Freundin sind sehr wohl auf Karl Birkner getroffen. Wollen Sie mir nicht sagen, wie es wirklich war?« Bevor Burger antworten konnte, richtete der Hauptkommissar die Frage an Karola. »Oder wollen Sie es selbst erzählen?«

Die Betroffenheit stand der jungen Frau ins Gesicht geschrieben. »Ich … ich wollte … ich habe doch nicht … meinen Großvater getötet.« Ihre Augen wurden wässrig. »Er lebte doch noch, als wir ihn verließen.«

»Nun, dann schildern Sie doch mal den Ablauf«, forderte Theo Karola auf, die aber in Tränen ausbrach und nicht reden konnte.

»Ich werde Ihnen sagen, wie es wirklich war«, mischte Burger sich ein. »Wir haben uns tatsächlich vor Birkner verborgen, sind aber zu früh wieder aus unserem Versteck. Plötzlich tauchte er von irgendwoher auf, stand vor uns und schnauzte uns an, was wir hier suchen würden. Wir waren ein bisschen baff und wussten zuerst nicht, was wir antworten sollten, dann entschloss sich Karola aber zu der Wahrheit. Sie konfrontierte ihn mit der Vergangenheit und machte ihm heftige Vorwürfe. Mit einem Mal schien ihr Großvater die Kontrolle zu verlieren. Er ging auf Karola los, die ihn an den Armen packte und versuchte, ihn zurückzudrängen. Ich konnte gar nicht so schnell eingreifen, wie alles geschah. Schließlich versuchte er auf Karola einzuschlagen und sie wehrte sich mit zwei oder drei – wie ich finde – harmlosen Schlägen gegen seinen Oberkörper. Daraufhin hielt er inne, begann zu husten, schwer zu atmen und drehte sich weg. Seine kurze Schwächephase nahmen wir zum Anlass, zu verschwinden. Außerdem hörten wir den Aufzug und dachten, da kommt noch jemand. Deswegen haben wir uns auch keine weiteren Gedanken gemacht.«

»Also lebte Karl Birkner noch?«, hakte Habich nach und sowohl Burger als auch Karola nickten heftig. »Spielte sich das Ganze in der Nähe der Treppe ab?«

»Unmittelbar daneben, da wir ja nach oben wollten.«

Einen Augenblick herrschte Stille im Raum, dann senkte der Hauptkommissar bedächtig den Kopf. »Wie ich schon vermutet habe, entstand durch die Auseinandersetzung eine Verkettung unglücklicher Umstände.« Er richtete seinen Blick auf Karola, die ihren Tränenfluss gestoppt hatte. »Ob daraus eine Anklage wird, muss der Staatsanwalt entscheiden.«

Ausführlich erklärte er Karola, dass ihre Schläge das Aneurysma zum Platzen gebracht hätten. Zudem habe Karl Birkner durch die ganze Aufregung und Anstrengung einen Herzinfarkt erlitten. Während sie die Treppe hochgeflüchtet seien, hätte der alte Mann vermutlich einige unkontrollierte Schritte gemacht und sei die Treppe hinabgestürzt, was letztendlich zum Genickbruch führte.

»Nun zum Tod von Hermann Birkner. Hier sieht die Sachlage etwas anders aus. Diese Tat geschah aus Rachsucht oder Habgier oder beidem. Nicht wahr, Herr Kassling?«, wandte sich der Hauptkommissar an Noah.

Der Angesprochene begehrte auf. »Ich habe Ihnen schon einmal gesagt, dass ich es nicht war.«

»Oh doch! Das werde ich Ihnen beweisen …«

»Etwa mit diesen lächerlichen Fingerabdrücken am Stapler? Das ist kein Beweis«, lachte Noah verkrampft.

»Stimmt! Das alleine nicht, aber da gibt es noch mehr. Warten Sie es ab. Alles kam ins Rollen, als Herr Burger Ihnen und Karola die alte Geschichte erzählte. Dort wurden auch die Gegenstände erwähnt, die dem ermordeten Gustav Herbrecht gehörten und die verschwunden waren. Sie und Karola erinnerten sich an den Fund in Ihrer Jugend in einer Truhe im Keller des Weingutes. Damit war klar, dass Sie die beiden vermissten Sachen schon in Händen gehalten hatten. Jetzt kam noch ein dritter Aspekt dazu, und der war finanzieller Natur. Sie erfuhren, wie wertvoll die Altertümer waren …«

»Quatsch, woher sollte ich das wissen?«, fiel Noah dem Hauptkommissar in die Rede.

»Andreas Birkner hat uns gesagt, wo der Schlüssel für das Versteck liegt, indem sich das Gewehr und die Uhr befanden, nämlich im Safe des Weingutes. Dort fanden wir auch ein ausführliches Geständnis des Mörders, Georg Birkner. Wissen Sie, was uns im Safe außer dem Gewehrschrankschlüssel und dem Bekenntnis des Urahnen noch in die Hände fiel? Zwei Gutachten. Einmal für das alte Gewehr und zum anderen für die Uhr.« Theo blätterte in den Unterlagen, bis er gefunden hatte, was er suchte. »Hier steht es schwarz auf weiß. Die Taschenuhr ist ein Schweizer Fabrikat von Longines in Rotgold und inzwischen weit über 10.000 Euro wert. Ähnlich wertvoll ist die alte Steinschlossbüchse des französischen Hofbüchsenmachers Bertrand Piraube mit dekorativen Mustern an Holz- und Eisenteilen. Eine routinemäßige Untersuchung durch unsere Kriminaltechniker ergab, dass Ihre Freundin«, der Hauptkommissar deutete auf Karola, »diese Gutachten in Händen hatte. Also haben Sie gewusst, wie wertvoll diese alten Sachen sind, da sie Ihnen und Herrn Burger davon erzählte. Habe ich Recht?«, erkundigte sich Habich bei der jungen Birkner.

Es kam ein zaghaftes Kopfnicken als Antwort, dann sagte Karola: »Diese Gutachten habe ich zufällig bei Hermann auf dem Schreibtisch gesehen, als ich ihn suchte und er nicht in seinem Büro war. Das ist aber schon ein Jahr oder sogar noch länger her. Eigentlich hatte ich es schon wieder vergessen, bis Tomas mit den Artikeln ankam.«

»Da Sie nun mehr als nur ahnten, dass ein Birkner Ihrem Vorfahren so übel mitgespielt hatte, wollten Sie daraus Kapital schlagen. Sie wussten, dass Hermann Birkner der Verantwortliche im Weingut war. Ihre Absicht war, ihn mit Ihrem Wissen zu erpressen. Er sollte die beiden Sachen herausgeben und 100.000 Euro als Wiedergutmachung zahlen, ansonsten wollten Sie die alte Geschichte publik machen.«

»Wo haben Sie denn diesen Blödsinn her?«, fauchte Kassling den Hauptkommissar an, machte dabei aber ein erschrockenes Gesicht.

»Tja, zu dumm, wenn man solche brisanten Dinge auf eine Sprachbox spricht und der Empfänger die Nachricht nicht löscht. Unsere Kriminaltechnik hat den Text gefunden.« Verbissen starrte Noah vor sich auf den Tisch. »Wollen Sie immer noch leugnen? Erzählen Sie uns, was passiert ist? Was ist schiefgelaufen?«, bohrte Habich weiter.

Alle Anwesenden blickten auf den jungen Kassling, in dessen Innerem ein Kampf stattfand, ob er alles zugeben oder weiter schweigen sollte.

»Verdammt, Noah, mach den Mund auf. Was hast du getan?«, fuhr ihn Karola an.

»Warum hat der Idiot mir nicht die Sachen und das Geld gegeben«, strömte es auf einmal weinerlich aus dem Angeschuldigten heraus. »Wir sind in die Halle gegangen, weil Birkner sagte, dort gäbe es einen Raum mit einem Schrank, in dem die beiden Stücke wären, und da stünde auch die Tasche mit dem Geld. Dann zog er mit einem Mal eine Pistole aus seiner Jackentasche, fuchtelte damit vor meiner Nase herum und meinte, er ließe sich von niemandem erpressen. Durch meine Kampfsporttechniken gelang es mir, ihn zu entwaffnen. Ich habe ihm dann zwei Tritte versetzt, die ihn auf den Gabelstapler schleuderten. Er blieb liegen und rührte sich nicht mehr. Danach bin ich nach hinten gelaufen und habe den Raum gesucht und gefunden. Natürlich war dort keine Geldtasche und der Schrank war mit einem massiven Vorhängeschloss versperrt. Also bin ich wieder zurück zu Birkner und habe seine Taschen nach einem Schlüssel abgesucht. Leider vergebens. Ich war daraufhin so sauer, dass ich den Mann auf eine Palette bugsiert habe und ihn mit dem Stapler in die Weinpresse verfrachtete. Da ich wusste, dass er noch lebte, wollte ich ihm lediglich einen Denkzettel verpassen. Meine Wut und Enttäuschung waren so groß, dass ich schließlich auf die Idee kam, die Maschine einzuschalten, um ihn ein bisschen durchzuschütteln. Töten wollte ich ihn ganz sicher nicht.«

»Das ist gründlich schiefgegangen«, kommentierte Habich Noahs Geständnis. »Wo ist die Waffe jetzt?«

»Ich habe sie bei mir zuhause versteckt.«

»Und was hatten Sie mit Andreas Birkner vor? Warum haben Sie ihm aufgelauert und ihn niedergeschlagen?«

»Nun, da Hermann Birkner tot war, wollte ich einen weiteren Versuch bei dem vermeintlich neuen Chef des Weingutes starten. Es sollte eine Vorabwarnung sein, dass ich nicht mit mir spaßen lasse und dass er nicht die gleichen Mätzchen mit mir macht wie sein Bruder. So wie es ausging, war es nicht geplant. Er ist unglücklich gefallen.«

»Ich würde sagen, es ist auch für Sie unglücklich ausgegangen.« Mit diesen Worten beendete der Hauptkommissar den Fall, indem er gleichzeitig die Akte zuklappte. Alles andere würden jetzt die Kollegen übernehmen.

»Dann komme ich ja doch noch zum Fest nach Hause«, hörte Habich jemanden sagen.

Er drehte sich um und sah in das Gesicht von Tomas Burger. Schon während seiner Ausführungen hatte Theo den Mann immer wieder verstohlen beobachtet und glaubte ein verstohlenes selbstgefälliges Schmunzeln erkannt zu haben. Daher konnte er sich einen Seitenhieb nicht verkneifen.

»Doktor Burger, sind Sie zufrieden mit dem Ausgang des Falles?«

Der Angesprochene hob überrascht die Augenbrauen. »Wie kommen Sie darauf, dass ich das sein müsste?«

»Sie haben Ihre kleine Rache, ohne sich die Finger schmutzig gemacht zu haben. Der Prozess wird zutage bringen, was damals passiert ist. Möglicherweise wird es dem Ruf des Weingutes schaden und irgendwie bekommt dadurch Ihre Familie, beziehungsweise der Name Burgecker, eine Art Rehabilitation.«

»Glauben Sie, dass dies meine Absicht war?«

»Absicht oder nicht, ich denke, Sie haben die Gelegenheit beim Schopf gepackt. Vielleicht haben Sie sie bewusst oder unbewusst manipuliert, um etwas zu unternehmen. Damit müssen Sie klarkommen, ich kann es Ihnen nicht beweisen. Nur, hätten Sie Karola und Noah nichts von der alten Geschichte erzählt, wäre der Stein nicht ins Rollen gekommen. Manche Dinge sollten bleiben, was sie sind, nämlich ›*Vergangenes*‹.« Ohne etwas zu entgegnen, blickte er Theo aus seinen tiefblauen Augen abschätzend an und wandte sich grußlos ab.

»Keine Antwort ist auch eine Antwort«, murmelte der Hauptkommissar hinterher.

Das Dunkelgrau des Himmels hatte sich heute den ganzen Tag über kein bisschen aufgehellt und kurz vor Feierabend war damit auch nicht mehr zu rechnen. Trotzdem saßen die beiden jungen Kommissare Blume und Rautner ohne Beleuchtung, nur im Schein ihrer hellen Computerbildschirme, in ihrem Büro. Ihre Arbeit war getan. Die Aussagen waren protokolliert, die Berichte geschrieben und alle Formalitäten erledigt. Jasmin hatte die Arme im Nacken verschränkt und Chris die Füße ganz entspannt auf der Kante seines Schreibtisches liegen, als Theo eintrat. Er hatte gerade dem Chef der Mordkommission, Kriminaloberrat Schössler, ausführlich Bericht erstattet.

»Gratuliere, du hattest Recht«, empfing ihn Jasmin.

»Recht, was heißt Recht? Ich habe mich nicht beirren lassen, da es für mich die einzige greifbare Schlussfolgerung war. Wäre die Spur versandet, stünden wir jetzt noch mit leeren Händen da. Hätte sich der junge Kassling etwas cleverer und ausgebuffter angestellt, hätten wir ihm nichts nachweisen können. Alleine die Spuren am Stapler waren zu dürftig«, gestand Habich. »Aber so könnt ihr beruhigt eure Weihnachtsgeschenke kaufen und du, Jasmin, kannst ganz entspannt deine Hochzeit genießen. Also, ich meine, die von Berbakowskis Bruder«, korrigierte er sich, als er den strafenden Blick hinsichtlich seiner scherzhaften Äußerung bemerkte.

Dann blitzten Jasmins Augen schalkhaft auf. »Und du kannst dich endlich entscheiden, wie und mit wem du die Feiertage verbringen willst.« Grinsend zwinkerte sie Theo zu, der ahnte, dass doch etwas durchgesickert war.

Chris waren die gegenseitigen Anspielungen der beiden entgangen. Er durchforstete gerade seine weiblichen Kontakte, die er für wert hielt, das Weihnachtsfest und den Jahreswechsel mit ihm zu verbringen. Schließlich galt es auch, eine Beförderung gebührend zu feiern.

Nachwort

Obwohl der Teil meiner Geschichte aus dem 19. Jahrhundert einer tatsächlichen Begebenheit nachempfunden wurde, sind die Namen und alle anderen Details willkürlich gewählt und entsprechen nicht der Realität.

Dank sagen möchte ich Dr. Josef Endres, der mir den Anstoß zu der Geschichte lieferte und mich mit Hintergrundwissen versorgte.

Des Weiteren gilt mein Dank dem Team des Iphöfer Stadtarchivs für die Einblicke und Informationen sowie meinem Hausarzt Dr. Frank Forster für die medizinischen Tipps und Ratschläge.

Wie immer hat auch meine liebe Frau wieder sehr viel Geduld mit mir bewiesen, wofür ich ihr herzlichst danken möchte.

Einen besonderen Dank möchte ich dem Echter-Verlag in Würzburg aussprechen, der mich nach dem überraschenden Tod meines früheren Verlegers aufgenommen hat und mir schon die Erscheinung meines vorherigen Franken-Krimis, *Schwarzfahrt – Tatort Hohenfeld,* ermöglichte.

Die historischen Daten und Fakten stammen von Dr. Josef Endres, unter anderem aus seinem Beitrag im Mainfränkischen Jahrbuch von 2009: *Betteln wird wieder allgemein. Erscheinungsformen und Lösungsversuche der »sozialen Frage« in Iphofen,* und aus den Büchern *Aus vergilbten Blättern, Dies und das aus Iphofens Vergangenheit* und *Eine fränkische Kleinstadt im Wandel der Jahrhunderte* von Andreas Brombierstäudl.